中国北方阿尔泰语言语序类型研究

陈新义　著

中国社会科学出版社

图书在版编目（CIP）数据

中国北方阿尔泰语言语序类型研究／陈新义著. — 北京：
中国社会科学出版社，2015.1
ISBN 978-7-5161-5281-2

Ⅰ.①中⋯ Ⅱ.①陈⋯ Ⅲ.①阿尔泰语系—词序—研
究—中国 Ⅳ.①H5

中国版本图书馆 CIP 数据核字（2014）第 297412 号

出 版 人	赵剑英	
责任编辑	任　明	
责任校对	韩书文	
责任印制	何　艳	

出　　版	中国社会科学出版社	
社　　址	北京鼓楼西大街甲 158 号（邮编 100720）	
网　　址	http://www.csspw.cn	
	中文域名：中国社科网　　010-64070619	
发 行 部	010-84083685	
门 市 部	010-84029450	
经　　销	新华书店及其他书店	

印刷装订	北京市兴怀印刷厂
版　　次	2015 年 1 月第 1 版
印　　次	2015 年 1 月第 1 次印刷

开　　本	710×1000　1/16
印　　张	15.75
字　　数	288 千字
定　　价	55.00 元

序

　　陈新义硕士毕业于内蒙古大学，后在沈阳师范大学任职。2009 年考入中央民族大学语言学及应用语言学专业，师从壮族著名语言学家覃晓航教授，攻读描写语言学方向博士学位。不幸的是，2012 年春季在他即将毕业答辩之际，覃晓航教授英年早逝，没能看到这篇他曾倾注心血并悉心指导的博士学位论文。

　　去年入秋的一天，陈新义来电话说到他的博士学位论文即将付梓，邀我为他的书稿写序。他答辩前的论文我的确曾拜读过并给予了一些力所能及的建议，感觉是一篇颇具理论水平的论文，也是我十分喜欢阅读并从中获得许多启发的佳作。而更重要的是，他是我的挚友晓航的高徒，这篇论文是他们师徒经多次切磋最终确定下来的选题，并共同倾注心血的结晶。因此，我十分愿意借此机会表述一下对论文的整体感觉和所获启发，权当一次深度交流，抑或替晓航兄代言？

　　阿尔泰语系假说自创建以来，学界的确已有丰硕成果，但总体上，主要集中于旨在构拟阿尔泰语系诸语之间发生学关系的历史比较研究和重在解析阿尔泰语系诸语言系统的结构描写研究等方面，而有关类型学专题研究的相关研究成果也多着墨于构词、构形等论题。陈新义选择以阿尔泰语系语言语序类型和词法类型作为研究论题，切入视角确属大胆且具新意，也极富可持续研究的价值，可谓在学位论文的写作上迈出了坚实而关键的一步。当然，此选题绝非凭空臆想，因为，陈新义也曾关注并比较过阿尔泰语系某些语言之间的异同，仅在博士学位在读期间就曾发表了蒙古语和满语、蒙古语和汉语的对比研究等相关注文，这些均为此选题的确定奠定了一定的理论与方法论基础。论文打破了以往阿尔泰语系各个语族之间的界限，以形态、词、短语、句子的顺序为参项，采用层层分类的方法，综合分析各语言的语序类型特征。作者巧妙地利用阿尔泰语系形态特征上的 SOV 型语序类型，并按其语序内部两个方向的语序特点即修饰成分类前置，附加成分类后置，并且名词性成分、动词性成分的结构都是"修饰语+中心语+附加成分"的结构的分布特点进行了阐释。凭借深厚的语言学功底和超常的执着与毅力，陈新义出色地完成了这个具有相当含金量的"巨大"工程，也给自己的博士学业画上了一个圆满的句号。

　　我认为，这篇论文至少有以下几个特点：其一，作者学术态度极其严肃。这体现在对前人的相关研究成果的梳理非常到位，既有全面详尽的介绍，也发现了存在的问题，在此基础上对当下阿尔泰语系的薄弱领域予以客观评述，为确定论文的选题和切入视角奠定了扎实的基础；其二，结构谋篇十分合理，语言类型学视角的论题均有涉猎，体现了作者对论文整体的驾驭能力和超强的逻辑思维能力；其三，作者选择了名词、动词、形容词、短语、句子等形态进行分析研究，重点突出，思路清晰；其四，在描写的基础上竭力使描写与解释有机结合。论文认为阿尔泰语系 SOV 型语序内部有两个方向的语序分布：修饰成分类前置，附加成分类后置，构成"修饰语+中心语+附加成分"结构，还从不同角度解释了产生不同语序类型的语义、结构机制；其五，区分了基本句型和句型变体。认为句子语序类型包括两种句式（双及物句和差比句）和三种句型（SOV 及其变体 OSV、OVS）。在句子中，谓语动词的结构是"外在语义成分+动词+内部语义成分"，外在语义成分是静态的，内部语义成分是动态的，所以谓语动词结构是平衡的结构。句子在结构上、语义上也都呈现平衡的状态。

　　当然，论文可能难以避免的不足是参考书目中缺少了一些俄罗斯和前苏联时期的相关研究文献，这些文献多以俄文或不同的现代突厥语撰写而成，其中涉及到与语序类型学等相关专题的研究文献应该也有一些。另外，在动词体及句子结构类型的深度论述上仍有后续研究并提升的较大空间。

　　陈新义在博士学位论文答辩时，答辩委员们给予了高度评价。如今，看到他充分吸纳各位评委的意见与建议后修订的书稿出版在即，由衷地为他高兴，也借此机会表示真诚的祝贺。

丁石庆
2014 年元月 26 日

目　录

第一章 绪论

第一节 研究对象和研究意义

一、研究对象

阿尔泰语系是我国第二大语系，主要分布在我国的北部，从东北三省、内蒙古自治区到甘肃、宁夏回族自治区、青海、新疆维吾尔自治区，总人口约 1344 万。

阿尔泰语系包括三个语族，即突厥语族、蒙古语族和满—通古斯语族。突厥语族是我国阿尔泰语系中最大的语族，人口约 970 多万，包括 9 种语言，即维吾尔语、哈萨克语、柯尔克孜语、乌孜别克语、塔塔尔语、撒拉语、西部裕固语、图瓦语、土尔克语，主要分布在新疆、青海等地。蒙古语族的人口约 340 多万，包括 7 种语言：蒙古语、达斡尔语、保安语、东乡语、土族语、东部裕固语、康家语。满—通古斯语族的人口大约有 4 万人，包括五种语言：满语、鄂温克语、鄂伦春语、锡伯语和赫哲语。另外，朝鲜语主要分布在黑龙江、吉林和辽宁三省，人口有 192 万。关于朝鲜语的系属，还存在着争议，但现在多数学者倾向于把朝鲜语归入阿尔泰语系。本书也持此观点，但朝鲜语属于哪一语族，暂时还没有结论。下面用图表的形式把阿尔泰语系各语言的类属情况作一总结：

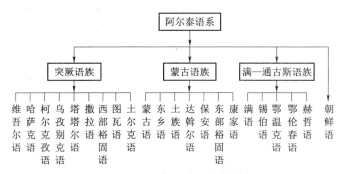

图 1-1 阿尔泰语系语言关系表

从类型学的角度看，阿尔泰语系具有以下两方面的典型特征：

（一）黏着语

阿尔泰语系属于黏着语，名词的数、格、领属，动词的时、体、态、式、人称等形态变化，都有专门的附加成分，基本上每一个附加成分表示一种语法意义，每一种语法意义用一个附加成分来表示。当动词要表示多个语法意义时，就在动词词根的后面分别加上表示各种语法意义的附加成分。当然，各种附加成分一起出现在动词后面时，不是杂乱的，而是有一定的顺序。例如：

维[①]:køjnɛk–ni　　tik – tyr – dy – m.

　　　衬衣-宾格　　缝-使动态-确定过去时-1S[②]

　　　我让别人给缝制了衬衣。

鄂温克:ʤaanʤɪ–maasɪ- ʤɪ -　　　ra – n.

　　　说 - 互动态-进行体-（现在-将来时）-3

　　　正在说话。

维吾尔语动词后面附加成分的顺序是：态→时→人称。鄂温克语动词后面时、体、态、人称附加成分一起出现时，顺序是态→体→时→人称。动词附加成分出现的顺序显然具有类型学的意义。

（二）SOV 的语序

阿尔泰语系所有语言的基本语序都是 SOV。例如：

维:bɑli–lɑr　　køjnɛk–liri–ni　　kij- iʃ　- ti.

　　孩子-复数　衬衣-复数-宾格　　穿-（交互-共同态）-确定过去时

　　孩子们都穿上了衬衣。

塔:biz　tʃej　itʃ- tɨ - k.

　　我们 茶　喝-过去时-1P

　　我们已喝茶了。

土:bu　ʂdəme de–va.

　　我 馍馍 吃-过去时

　　我吃馍馍了。

达:tər　daŋg　oo–gaatʃ.

　　他 烟 吸-经常体

　　他经常吸烟。

---

① 为了行文简便，文中所有的民族语言都用简称：维吾尔语称维，哈萨克语称哈，柯尔克孜语称柯，撒拉语称撒，塔塔尔语称塔，乌孜别克语称乌，西部裕固语称西裕，图瓦语称图，蒙古语称蒙，东乡语称东乡，土族语称土，达斡尔语称达，保安语称保，东部裕固语称东裕，康家语称康，满语称满，锡伯语称锡，鄂温克语称鄂温克，鄂伦春语称鄂伦春，赫哲语称赫，朝鲜语称朝。

② 为了行文方便，例句中有些附加成分用数字或字母表示，具体见第 10 页。

满：si　fa-bə　　yaksi.

　　你　窗-宾格　关

　　你把窗户关上。

鄂温克：sii arǐ nʊmʊxi mʊrin-ba aʊgʊ - xa.

　　　　你 这 老实的 马-宾格　骑-祈使式.2S

　　　　你骑这匹老实的马。

　　阿尔泰语系 SOV 语序的替换语序是 OSV，而不是 SVO。OSV 不是基本语序，只是在强调宾语时把宾语放到主语的前面，同时宾语的后面要有宾格标记。例如：

哈：bul kino-nə　　　men de　kør-me –p-pin.

　　这 电影-宾格 我　也　看-否定-传闻过去时

　　我也没看过这部电影。

柯：bul qabar-də　　　al　　bil – bes.

　　这 消息-宾格　　他　知道-否定

　　他或许不知道这个消息。

土：tɕaa-nə　　　bu　otɕə- n　　　　　　　ii.

　　茶-宾格　　　我　喝-反复体副动词　　是

　　我正在喝茶。

东裕：tere　pədʑəg-ə anɸudʑii　ab-a jawə-dʑ(ə)　wai.

　　　那个 书-宾格　安书记　拿　走 - CAV　是

　　　那本书安书记拿走了。

满：mim-bə　ʂudʑi xənxəndi gədʑər-xə.

　　我-宾格 书记　狠狠地　说-过去时

　　书记狠狠地批评了我。

鄂温克：sunə-wə　　　bii　ətə-suu　　　daa!

　　　　你们-宾格　我　胜-过去时.1S 语气词

　　　　我赢你们了。

　　SOV 语序决定了阿尔泰语系的形态特征、句法特征，这在以后的论述中会逐渐涉及到，这里就不作赘述了。

二、研究意义

本书的研究，有以下两方面的意义：

（一）进一步挖掘阿尔泰语系各语言的共性特征与个性差异

阿尔泰语系的突厥语族、蒙古语族和满—通古斯语族三个语族之间以及各个语族内部的语言之间，语音、词汇和语法上都有很多相同的地方。

如突厥语和蒙古语中，共同词汇占 25%，共同词法成分占 50%；突厥语族和蒙古语族语言与满—通古斯语言之间的共同词汇占 10%，共同词法成分占 5%[①]。

关于阿尔泰语系语言的共性研究，已有了大量的成果。本书运用语序类型学的理论和方法，在已有成果的基础上，进一步系统具体地归纳阿尔泰语系各语言在词法和句法上的语序共性，使阿尔泰语系的共性研究更加深入全面。同时，发现、归并各个语族语言的显性差异，对这些差异从认知和类型学的角度加以解释，为深入研究阿尔泰语系各语言的发展、论证阿尔泰语系各语言的亲属关系提供理论和实际的支持。

（二）促进类型学理论与阿尔泰语系语言研究的结合

我国的民族语言分为南北两大部分。南部主要是汉藏语系的语言，其次还有南岛语系、南亚语系的一些语言。汉藏语系的类型学研究已有了很大的进展，既有综合性的研究，也有许多关于某一方面的类型学研究。相比之下，阿尔泰语系的类型学研究成果却很少。阿尔泰语系语言的研究，既要从历史比较语言学的理论出发，论证三大语族语言间的亲缘关系及各语言发展的规律，也要从类型学的角度出发，把阿尔泰语系的语言放在世界更多语言的背景下，利用已有的类型学理论，分析探索阿尔泰语系更多的语言现象，从中总结概括出阿尔泰语系语言的特点。一种语言现象，从不同的角度分析，可以发现不同的特点及规律。同样，一个语系的语言，运用不同的理论来分析，也能发现新的特点及其规律。

第二节　研究方法和研究难点

一、研究方法

运用语序类型学的理论和方法研究各种语言，这是一种综合性的研究。在研究过程中，要做到以下几个结合：语言描写与解释的结合，共时与历时的结合，单一语言的结构分析与不同语言间对比的结合，语序类型学与非语序的语言类型学研究的结合，共性与个性研究的结合，同一语族内的语言对比、不同语族间的语言对比、不同语系间的语言对比研究的结合，类型学理论与非类型学理论的结合。只有这样，语序类型学的研究才能既有广度，又有深度。为此，本书在写作的过程中，主要采用以下两种方法：

---

① 力提甫·托夫提：《阿尔泰语言学导论》，山西教育出版社 2004 年版，第 15 页。

（一）描写法

语言描写是语言类型学研究的基础。只有语言各个层面的结构特点及结构关系都描写清楚了，才能作进一步的类型研究。描写是多角度、多层次的，可以描写形态成分的构成、功能、语义特点及其在某种语言中的地位，可以描写一个词或一类词的结构特点、分布特点、语义特点、语用特点，可以描写一个或一类短语的语序特点、语序功能、结构特点、结构功能、语义结构关系，可以描写一个或一类句子的句法结构关系、语义结构关系、语序特点、语用特点。描写不是零散的，而是系统的，对同类的语言单位都要采用同样的标准，从同样的角度进行描写，这样既能发现隐含在句法关系背后的语言共性，也能发现不同语言之间的个性差异。同时，描写要及时进行总结，这样才能使描写有深度，有方向，有升华。

（二）对比法

描写之后，只有通过对比才能发现语言间在某一参项上的共性与差异。类型学的研究主要是跨语言的研究，通过同一参项的语义结构功能的对比分析，通过对不同参项间所得结果的对比分析，可以发现更多的蕴含共性，使语言类型学的内容更加丰富。历史比较语言学通过比较揭示不同语言间的共性，发现了语言间的亲属关系，从而进一步构拟原始母语。语言类型学通过跨语言的对比分析，不断挖掘不同语言间的共性，从而进一步探索人类语言的普遍规律。

除了采用以上方法之外，本书对各类语言现象进行了分类。分类是本书分析的基础。分类时，要求每一类都具有共同的语序特征，这样可以清楚地对各个层级的语法单位进行分析，分析每一类语言现象的语序类型特征及其蕴含的共性规律。通过分类，可以把各种语言现象纳入不同的分析框架之内，以保证分析的全面、充分、合理。

论述既需要逻辑性的语言，也需要用更简便、清晰的方式表达出来，尤其是结论性的内容、对比性的内容、数量性的内容，运用图表表达比用文字叙述更简洁、透明，使人一目了然。如果说叙述性的语言是一种线性的表达，那么图表的语言则是一种立体性的表达。不同语言间相同功能的形态成分的对比、同级别的语言单位的语义功能的对比，都可以用图表列出来，这样既方便，又经济，更具有逻辑性，尤其在分析各个形态成分的构式特点时，更需要用图表来说明。

语言类型学在寻找人类语言共性的同时，要对各种语言现象作出解释。用来解释的理论很多。本书在解释语言现象时主要运用语序类型学的理论、历史语言学的理论、象似性理论、基本范畴理论、语法化理论等方面的内容。当然，并不是每一种语言现象都要用所有的语言理论来解释，有的语言现象可能运用这种理论来解释，有的语言现象可能运用那种理论来解释，有的可能运用一种理论就能解释清楚，有的语言现象要运用两种或多种理论才能解释完整。具体运用哪种理论，要视情况而定，不能一概而论。

二、研究难点

（一）如何进行解释是行文的难点之一

阿尔泰语系三个语族之间在形态、词法、句法上有很多不同的地方，这些不同之处对阿尔泰语系的语序类型有哪些影响，阿尔泰语系的语序类型特点应怎样进行解释，这是研究的难点之一。

（二）如何进行结合是研究的难点之一

既要有类型学的眼光，又要体现阿尔泰语系的特点，使二者有机地结合起来，从而揭示阿尔泰语系的语序类型特点，并透过阿尔泰语系的语序类型研究，能够发现一些具有普遍性及规律性的东西，这也是本书的难点之一。

（三）形态附加成分语序类型的研究是难点之一

阿尔泰语系名词和动词的形态变化很复杂，每个附加成分都有特定的语序位置，尤其是名词的各种附加成分能同时出现在同一名词的后面，动词的各种附加成分能同时出现在同一动词的后面，这些附加成分同现的顺序是什么，制约这些附加成分共现的原因是什么，这对研究阿尔泰语系的语序特征有重要的作用。

第三节　研究思路和语料来源

一、研究思路

阿尔泰语系各语族之间以及各语族内部的各语言之间，总的语序特征具有一致性，但相互之间在形态变化上、句法特征上存在着明显的差异。这些差异对各语言的语序特征有着明显的影响。研究阿尔泰语系的语序类型，离不开对阿尔泰语系的形态变化类型的分析，离不开对句法结构特征共性及个性的分析，也离不开与其他语言的对比分析。因此，本书的研究主要立足于以下几个方面：

（一）以形态变化的语序类型分析为基础

名词、动词的形态变化是阿尔泰语系语法的基础，对句法的分析及对语序类型的探讨，都要以形态变化的分析为切入点。阿尔泰语系各语言都有复杂的形态变化，但各个语族的形态变化又有所不同，有的语族形态变

化比较复杂，如突厥语族有谓词人称形态变化，鄂温克语、鄂伦春语格的
变化非常复杂。为了便于全面分析，在分析形态变化时主要分析各语族共
有的形态变化。这些共性的形态变化对阿尔泰语系的语序特征有着很深的
影响。

（二）按照形态、词、短语、句子的顺序进行分析

由于阿尔泰语系各语言都是 SOV 型语言，都是后置词语言，在形态、
词、短语、句子的语序类型及语序特征上基本一致。所以，本书把各语族
放在一起来统一分析，这样更有利于揭示阿尔泰语系中存在的一些语言现
象及制约阿尔泰语系的一些语言规律，有利于进行跨语言的对比分析。

（三）描写与解释相结合

描写是类型学的基础。阿尔泰语系各语言在各层次语法单位上有哪些
一致性，有哪些差异，它们之间有哪些相互关系，它们的语序特征如何，
这些都需要进行详尽的描写。但本书的描写不是穷尽式的描写，而是围绕
分析阿尔泰语系的语序类型及语序特征来进行的，所以每一步描写都是为
语序分析服务的。

在描写的同时要进行解释，这也是本书的一个重点。阿尔泰语系的 SOV
语序对其他语序特征有很大的影响，其后置词的语序特征对阿尔泰语系的
句法结构有很深的影响。这些都需要加以解释。限于篇幅，本书主要从共
时的角度进行解释。

（四）结合多种理论进行分析

本书主要从语序类型的角度分析阿尔泰语系的语序类型特征，但并不
是所有的类型学理论都适合阿尔泰语系的分析，尤其是阿尔泰语系语言现
象的分析与解释，需要从多个角度来进行。所以，在行文中，需要结合结
构主义语言学理论、认知语言学理论、类型学理论，挖掘出语言现象中所
蕴含的语言规律。

二、语料来源

本书的语料主要来源于：

《中国少数民族语言简志丛书》（《中国少数民族语言简志》编委会，《中
国少数民族语言简志丛书》修订本编委会，2009）

《突厥比较语言学》（程适良，1997）

《满—通古斯诸语比较研究》（D. O. 朝克，1997）

《维吾尔语基础教程》（阿孜古丽·阿布力米提，2006）

《现代哈萨克语语法》（耿世民，1989）

《西部裕固语研究》（陈宗振，2004）

《图瓦语研究》（吴宏伟，1999）

《蒙古语语法》（清格尔泰，1991）

《康家语研究》（斯琴朝克图，1999）

《现代满语八百句》（季永海，赵志忠，白立元，1989）

《满语研究通论》（刘景宪，赵阿平，赵金纯，1997）

《鄂温克语参考语法》（D.O.朝克，2009）

《鄂伦春语汉语对照读本》（韩有峰，孟淑贤，1993）等。

第四节　参项确定和术语缩略

一、参项确定

格林伯格（1963）提出的 45 条语言共性，实际上已经包括了常见的语序参项。刘丹青把语序参项分为三大类：具有语序蕴涵性(单向)或和谐性(双向)的参项；具有优势语序的类型参项，即 AB 和 BA 两种可能中，有一种可能在人类语言中更常见，更占优势，出现更无条件；语序不太稳定的参项，即该结构的语序难以从其他语序推知，因为在其他方面类型相同的语言中，这类结构的语序常常不一致或不稳定。[①]李云兵提出："在目前的语序类型学研究中，选择参项较多的是德莱尔，他基于 855 种语言的数据库，给出了包括 31 种比较详细描写关于语序类型和形态语义的数据参项。"[②]他详细列举了德莱尔提出的语序参项。阿尔泰语系在语序特征上既有跟其他语言如汉藏语系相同的地方，更有很多不同之处。因此，根据已知的语序参项，结合阿尔泰语系的语言特点，本书选取了以下 18 个参项：

1. 名词与附加成分的语序（包括名词与复数附加成分的语序、名词与格附加成分的语序、名词与人称领属附加成分的语序、名词各附加成分在名词后共现时的语序）；

2. 动词与附加成分的语序（包括动词与态附加成分的语序、动词与时附加成分的语序、动词各附加成分在动词后共现时的语序）；

3. 名词与后置词的语序；

4. 动词与后置词的语序；

5. 疑问代词的语序；

6. 名词与形容词的语序；

7. 名词与指示词的语序；

---

① 刘丹青：《汉藏语言的若干语序类型学课题》，《民族语文》2002 年第 5 期。

② 李云兵：《中国南方民族语言语序类型研究》，北京大学出版社 2008 年版，第 25 页。

8. 名词与数词的语序；

9. 名词与领属成分的语序；

10. 名词与关系从句的语序；

11. 动词与副词的语序；

12. 动词与否定成分的语序；

13. 动词与助动词的语序；

14. 形容词与程度副词的语序；

15. 形容词与否定词的语序；

16. 句型的语序：SOV、OSV、OVS；

17. 差比句的语序：比较项与比较标准的语序；

18. 双及物句式的语序：直接宾语与间接宾语的语序。

二、术语缩略

为了行文的方便，本书运用了以下数字符号、缩写符号以及特殊符号：

1	第一人称
2	第二人称
3	第三人称
S	单数
1S	第一人称单数
2S	第二人称单数
3S	第三人称单数
1P	第一人称复数
2P	第二人称复数
3P	第三人称复数
1G	第一人称领属
1GS	第一人称领属单数
1GP	第一人称领属复数
2G	第二人称领属
2GS	第二人称领属单数
2GP	第二人称领属复数
3G	第三人称领属
3GS	第三人称领属单数
3GP	第三人称领属复数
A	形容词
CAV	并列副动词

Dem	指示词
G	领属成分
N	名词
NP	名词性词语
Num	数词
PAV	过去时形动词
Pr	前置词
Po	后置词
Rel	关系从句
S	主语
V	动词
O	宾语
VP	动词性词语
">"	多于或优于

第二章　语序类型学研究概述

　　语言类型学已经发展为有自己独特的研究方法和理论的语言学派。从 19 世纪初的形态类型学到格林伯格的语序共性理论，及至当代的语言类型学，研究的方法、研究的取向、研究的规模、基础理论等都发生了巨大的变化，甚至是质的变化。1984 年陆丙甫、陆致极翻译了格林伯格的经典论文《某些主要跟语序有关的语法普遍现象》，1989 年沈家煊翻译了科姆里的《语言共性和语言类型》。到现在，我国语言类型学的研究也取得了很多成果。国内民族语言的类型学研究呈现出"南多北少"的不平衡状态。

第一节　国外语序类型学研究概况

一、语言类型的研究

　　语言类型学的发展大致经历了三个阶段：整体类型学阶段、整体向局部类型学过渡阶段和局部类型学阶段。

　　整体类型学阶段是指 19 世纪的形态类型学（刘丹青称为"语种类型学"，沈家煊称为"词法类型学"）。最初施莱赫尔分出两个类：黏着语和屈折语。后来奥古斯特又增加了一个类型即孤立语。洪堡特又增加了第 4 个类型，以北美土著语为代表的多式综合语。整体类型学有两个特点：（1）根据词的结构特点分类；（2）对每一种语言从整体上分类，不是按其某一组成部分的特点分类。

　　整体向局部类型学过渡阶段是指萨丕尔的类型学分类。萨丕尔按词法特点分为两个参项。一个是词所包含的语素数目，一个是语素发生语音改变的程度。用前一个参项可以将语言分为分析语（只含一个语素）、综合语（含少量语素）、多式综合语（含大量语素，特别是词根）三类。用后一个参项可以将语言分为孤立语（没有词缀）、黏着语（有词缀，没有多少语音改变）、融合语（有较大的语音改变）、象征语（用一个不相关的形式替换词根与词缀的组合形式，即"异干替换"）四类。

　　萨丕尔还对语词所代表的各种概念按其抽象程度依次分为以下 4 类：A. 具体概念；B. 派生概念；C. 表具体关系的概念；D. 表抽象关系的概

念。他按表达的概念类别的多少将语言分为 4 个类型：（1）简单纯粹关系型：A、D；（2）杂纯粹关系型：A、B、D；（3）简单杂合关系型：A、C、D；（4）复杂杂合关系型：A、B、C、D。

局部类型学阶段也可以称之为特征类型学（刘丹青，2004）、部分类型学阶段，指格林伯格开创的语言类型学。局部类型学阶段的主要特点是通过跨语言的研究，找出语言共性，分析逻辑上没有联系的语言特征之间的内在联系，即探索蕴涵共性。格林伯格（1963）在分析了 30 种语言的基础上，首先确定了判断基本语序类型的三组标准，提出了六种可能出现的语序：SVO，SOV，VSO，VOS，OSV 和 OVS。他提出的 45 条语言共性，其中有 28 条是关于基本语序的，并提出了优势语序与和谐语序的概念。

科姆里（1989）认为根据词序区分语言类型，可以先区分出两种类型：一种是可以用 S、O、V 表述的基本语序，一种是没有这种基本语序。[①]

莱曼（1973，1978）认为，主要句法结构是由动词和宾语组成的，研究中可以不考虑主语。他认为在许多语言中主语根本不是句子的主要成分。他把格林伯格的三分类型缩减成了两个基本语序类型，即 VO 和 OV。因此，如果知道一个语言是 VO 还是 OV，就可以作出以下预测：在 OV 语中，动词的修饰性成分都出现在动词的右边；而在 VO 语中，动词的修饰性成分都出现在动词的左边。在 OV 语中，名词的修饰性成分放在名词的左边；在 VO 语中，名词的修饰性成分放在名词的右边。

莱曼（1973）、维纳曼（1973）对比分析了 OV 和 VO 两种语序的基本语序类型，总结了这两种语序的小句、短语的语序类型。如下表所示：

表 1-1   OV 和 VO 语序类型[②]

	OV	VO
小句语序	SV 动词—助动词 动词—从属连词 目的小句—动词 宾语补语—动词 句子—疑问词	VS 助动词—动词 从属连词—动词 动词—目的小句 动词—宾语补语 疑问词—句子
短语语序	后置词 属格—名词 关系小句—名词 数词—名词 指示代词—名词 数词—名词 副词—形容词	前置词 名词—属格 名词—关系小句 名词—数词 名词—指示代词 名词—数词 形容词——副词

---

① [美] 伯纳德·科姆里：《语言共性与语言类型》，沈家煊译，华夏出版社 1989 年版，第 40 页。
② [美] 威廉·克罗夫特：《语言类型与语言共性》，龚群虎译，复旦大学出版社 2009 年版，第 85 页。

克罗夫特认为，根据陈述句的语序类型，OV 和 VO 是两种和谐类型。[①]

维纳曼（1974）在莱曼分析的基础上，提出了操作符（相当于修饰语）和操作域(相当于中心语)的语序，或者操作符在操作域的前边，或者操作域在操作符的前边，并列出了操作符和操作域的成分表[②]：

（1）

操作符	操作域
宾语	动词
副词性成分	动词
主要动词	助动词
形容词	名词
关系小句	名词
所有格	名词
数量成分	名词
指示词	名词
形容词	比较标记
比较标准	比较的形容词
名词短语	附置词

德莱尔在分析了 603 种语言的基础上，也支持 OV—VO 的分法。但他（1997）认为除了 OV—VO 类型外，还要研究 SV—VS 类型。他认为使用这个新的类型有许多优点。首先，不及物主语到现在为止在语序类型中完全被忽略了，现在可以考虑它了。其次，可以把 VSO 和 VOS 合并为 VS 兼 VO 类型，因为这两个语序有许多共同的特征。把 VSO 和 VOS 缩减成 VO 和 VS 两个参数，反过来增强了 OV—VO 的效力。

霍金斯(1983)放弃了以动词为根据的语序分类。他放弃动词的原因大部分是因为他相信 SVO 在类型上是矛盾的。霍金斯(1983)采用了前置词和后置词作为其他语序特征的预测项，因此，他讲到了两个主要的语序类型，即前置词语言和后置词语言，并提出了前置词和后置词跟语言中其他范畴之间的蕴含关系：

（2）a. Pr⊃(NA⊃NG)　　b. Pr⊃(NDem⊃NA)　　c. Pr⊃(NNum⊃NA)

（3）a. P₀⊃(AN⊃GN)　　b. P₀⊃(DemN⊃GN)　　c. P₀⊃(NumN⊃GN)

d. P₀⊃((AN∨NA)&(RelN∨NRel))（"∨"表示"或者"）[③]

德莱尔（1992）认为，分支方向理论是由人类语法分析的本质决定的。就是说，语言趋向于两种理想结构之一，右分支语言或左分支语言，因为

① [美] 威廉·克罗夫特：《语言类型与语言共性》，龚群虎译，复旦大学出版社 2009 年版，第 86 页。
② [新西兰] Song Jae Jung：《语言类型学》，北京大学出版社 2008 年版，第 59 页。
③ 同上书，第 70—72 页。

一致的分支方向不可能造成语言加工的困难。

Song Jae Jung（2008）认为，类型学分类中的六种语序有向 SOV 和 SVO 发展的趋势。她根据动词起首的语序和前置词这两个因素，把世界上的语言分为四类：有前置词的动词起首的语言；有后置词的动词起首的语言；有前置词的非动词起首的语言；有后置词的非动词起首的语言。

二、语序类型的基本原则

类型学在描写、对比分析跨语言语序特征的同时，更要对一些语言现象及语言特征做出解释。许多类型学家在进行解释时，提出了一些解释性的原则。这些原则对语序类型的研究很有帮助。

（一）莱曼的"位置原则"[①]

在格林伯格（1963）基本语序研究的基础上，莱曼（1973，1978）提出了"位置原则"。这个原则认为，主要句法结构是由动词和宾语（名词短语）组成的，而它们又是句子的主要成分。在莱曼的研究中，没有考察主语，因为他认为，在许多语言中，主语根本不是句子的主要成分，因此他把格林伯格的三分类型简化成两种语序类型，即 OV 和 VO。三个不常见的语序 VOS、OVS 和 OSV 也同样分解成 O 和 V 的顺序。"位置原则"认为，修饰语要放在基本成分 V 或 O 的相反一侧。因此，如果知道一个特定的语言是 OV 或 VO，就可作出如下预测：在 OV 语中，动词性成分的修饰语（否定、致使、反身等）都出现在动词的右侧；在 VO 语言中，它们都出现在动词的左侧。同样，在 OV 语言中，名词性成分的修饰语（形容词、所有格和关系小句）位于名词的左侧；在 VO 语言中，名词性成分的修饰语都位于名词的右侧。

"位置原则"预测有关动词和名词修饰语的位置。这个原则根本不是要表述结构成分的线性排列，或者，也不是借用格林伯格的术语，即修饰语和被修饰语的两分法。根据是动词的修饰语还是名词的修饰语，"位置原则"可以对语序特征作出不同的预测。

莱曼(1978)指出，这个原则的真正效果是名词和动词之间不间断的连续性，而不管是 OV 还是 VO 都如此，因为这个原则的预测是，不管是名词的还是动词的修饰语，都要放在动词和宾语的某一侧，而不是放在动词和宾语的里面。

---

① [新西兰] Song Jae Jung：《语言类型学》，北京大学出版社 2008 年版，第 56 页。

（二）维纳曼的自然连续性原则[①]

与莱曼一样，维纳曼（1974）也坚定地认为，主语对语序类型来说不重要或没有关系，因此坚持 OV—VO 类型学。但是，与莱曼不一样，维纳曼根据范畴的相似，对格林伯格判断基本语序的共性阐述作出了明确的解释。他解释的要点体现在他的"自然连续性原则"中：操作符（传统术语中的附属语或修饰语）和操作域（传统术语中的中心语或被修饰语）的顺序在一个方向上是连续的，即或者是操作符在操作域之前，或者操作域在操作符之前。在 OV 语中是操作符—操作域，在 VO 语中是操作域—操作符。

维纳曼的自然连续原则以原则的方式解释了格林伯格的共性。如，名词—关系小句在 VO 语中比在 OV 语中更有可能出现，因为，在 VO 语中，名词和关系小句的相对位置就像这种语言中的 V 和 O 的位置一样，非常明确。同样，作为操作域，助动词被认为像动词一样占据同样的位置（与宾语相关）：助动词—动词存在于 VO 语中，动词—助动词存在于 OV 语中。

（三）重度顺序原则

霍金斯（1983）发现，前置词语言中名词的 5 个修饰语在数学上有 32 种共现的可能性，但在格林伯格的数据中只证明了 7 个，如（4）所示：

（4）a. Pr & NDem & NNum & NA & NG & NRel

　　　b. Pr & DemN & NNum & NA & NG & NRel

　　　c. Pr & NDem & NumN & NA & NG & NRel

　　　d. Pr & DemN & NumN & NA & NG & NRel

　　　e. Pr & DemN & NumN & AN & NG & NRel

　　　f. Pr & DemN & NumN & AN & GN & NRel

　　　g. Pr & DemN & NumN & AN & GN & RelN[②]

（4）清楚地表明：名词修饰成分放在中心名词前时，是一个固定的可预测的形式。首先，是指示词或数词，然后是两者都有，第三是形容词，第四是领属成分，最后是关系小句（霍金斯，1983）。就是说，如果关系小句前置，所有其他的修饰语，包括领属成分、形容词、数词和指示词，必须也放在前面；如果领属成分前置，那么形容词、数词和指示词也前置，依次类推。

霍金斯认为，名词的修饰语的这种方式准确地发挥了作用，因为一些修饰语要比其他修饰语更重或更轻，重的修饰语倾向于出现在轻的成分的

---

① [新西兰] Song Jae Jung：《语言类型学》，北京大学出版社 2008 年版，第 58 页。

② 同上书，第 71 页。

右侧。如，关系小句比指示词或数词重，因为关系小句包含更多的词（或更多的语素或音节），而且关系小句也是小句，它可以控制包括重修饰语（或重成分）向右的偏向，实际上在英语中很容易发现。霍金斯（1983）提出了关于名词修饰语的重度顺序原则（"≥"是指相对于跨语言的中心名词来说，位置具有更大的或同样的向右的趋势）：

（5）Rel≥ G ≥ A ≥{Dem,Num}

（四）移动原则

霍金斯(1986)提出了移动原则，这个原则认为，指示词、数词和形容词比领属成分和关系小句更可以移动，因此可以围绕中心词进行移动。

移动原则（"≥$_M$"表示从"附置词+NP"序列中更容易移动或能够同样移动）：

（6）{A，Dem，Num}≥$_M${Rel, G}[①]

在一致性的前置词语言里，所有的名词修饰语都放在中心词的右侧（即，NDem,NNum, NA, NG 和 NRel）。当修饰语根据移动原则围绕它们的中心语移动时，它们也按照重度顺序原则所预测的方向移动，即，较轻的成分在左边。另一方面，在一致性的后置词语言中，所有的名词修饰语位于中心语的左边(即，DemN，NumN，AN，GN，RelN)。当修饰语偏离了它们"理想的序列"位置时，它们只能移到右边。但这与重度顺序原则的预测相反。一般来说，移动原则要比重度顺序原则有优先权。

（五）跨范畴和谐原则[②]

霍金斯认为，句法成分的结构原则没有按附属语—核心语来很好地描写，而是根据跨范畴的和谐原则来描写了。跨范畴和谐原则大致是指，我们可以预测语言的最常见的类型是，附属语前于中心语的一个范畴的比例与附属语前于中心语的其他范畴的比例相同。根据这个原则，如果语言中名词的附属成分（领属、形容词、关系小句等）都位于名词前，那么这个语言中动词的所有附属成分（宾语、副词、否定成分等）也都在动词前。同样，如果名词的大多数附属成分出现在名词前，那么动词的大多数附属成分也都将出现在动词前。如果名词的附属成分不出现在名词前，那么动词的附属成分也不会出现在动词前。这个原则在原理上与维纳曼的理论相似，但又扩展了概念的含义，即认为语言的一致性与语序有关。这样，就很少有例外。

---

① [新西兰] Song Jae Jung：《语言类型学》，北京大学出版社 2008 年版，第 73 页。

② [美] Lindsay J. Whaley：《类型学导论——语言的共性和差异》，世界图书出版公司 2009 年版，第 89 页。

（六）主题第一原则，生命度第一原则和动词—宾语黏合原则

Tomlin（1986）提出了三个功能原则来解释六个基本语序的频率：主题第一原则（TFP），生命度第一原则（AFP）和动词—宾语黏合原则（VOB）[①]。

1. 主题第一原则

主题第一原则是以主题信息的概念为基础。根据主题信息概念，Tomlin（1986）提出：表述的信息在某种程度上是主题，说话人认为听话人关注的是表达所指的对象。就是说，主题信息表述的是话语产生和理解过程中注意的焦点信息。因此，主题第一原则反映了这个趋势（Tomlin，1986），即：

（7）在小句中，信息量相对高的主题前于信息量相对低的主题。

2. 生命度第一原则

生命度第一原则中，假定两个基本等级，即生命度等级和语义角色等级（Tomlin，1986）：

（8）在简单的基本及物句中，生命度高的名词性短语前于生命度低的名词性短语。

（9）（a）生命度等级：

人类 > 其他生命 > 非生命

高生命度 → 低生命度

（b）语义角色等级：

施事 > 工具格 > 施益格/与格 > 受事

因此，如果前者的指称比后者的指称有更高的生命度，那么这个名词性短语就被认为是有更高的"生命度"。冲突的地方是，语义角色等级优先于生命度等级(Tomlin 1986)。生命度最高的名词性成分在基本及物句中作主语。Tomlin 证明生命度第一原则的证据主要来自于：（1）解决词义的模糊性，以支持早出现的名词性成分比晚出现的名词性成分有更高的生命度；（2）存在着跨语言的偏向，即高生命度的名词性成分前于低生命度的名词性成分。

3. 动词—宾语黏合原则（VOB）

（10）及物动词的宾语跟动词的关系要比主语跟动词的关系更密切。

a. 名词结合(即，宾语而不是主语与动词结合在一起，或者主语与动词的结合蕴含着宾语与动词的结合，而不是相反)；b. 疑问语气词、否定词、副词性成分、情态词禁止出现在宾语和动词之间；c. 习语和复合词与动词和宾语结合的频率要比跟动词和主语结合的频率高。

在基本语序的频率和实现的原则之间有完整的联系。SOV 和 SVO 型语言是世界语言中出现频率最高的语言，它们实现了这三个原则。如在 SOV

[①] [新西兰] Song Jae Jung：《语言类型学》，北京大学出版社 2008 年版，第 80—81 页。

和 SVO 中，主题第一原则和生命度第一原则都实现了，因为在这两类语序中，S（有更高的主题和更高的生命度）在 O（有更少的主题和更低的生命度）之前；动词—宾语黏合原则也实现了，因为 V 和 O 紧挨在一起。而OSV 中，宾语在主语前，不利于主题第一原则和生命度第一原则的实现，同时主语在动词和宾语之间，使动词—宾语黏合原则不能实现。

（七）分支方向理论①

德莱尔(1992)提出了分支方向理论(BDT)，这个理论的基础是分支(或短语)和非分支（或非短语）范畴的一致语序：

（11）动词形式是非短语(非分支的，词汇的)范畴，宾语形式是短语(分支)的范畴。就是说，一对成分 X 和 Y，只有在 X 是非短语范畴，Y 是短语范畴的情况下，在 VO 语中比在 OV 语中更经常使用 XY 的语序。

分支方向理论的预测：语言趋于右分支时，右分支的短语范畴在非短语范畴的后面；语言趋向于左分支时，左分支的短语范畴在非短语范畴的前面，因而 VO 语和 OV 语之间的基本区别是：它们分支方向相反，各自是右分支和左分支。

根据分支方向理论，句子的区别不再是主要成分和次要成分的区别，而是中心语与附加语的区别。如果不知道句中哪一个成分是中心语，就不能确定什么时候考虑去掉或保留次要成分。因此，德莱尔（1992）又提出了分支方向理论的修订版，在这一修订版中，直接提到了中心语和(完全)重现的附加语的区别，以此代替了主要成分和次要成分的区别。分支方向理论(修订版)：

（12）动词形式是中心语，宾语形式是完全重现的短语附加语，就是说，有且仅有在 X 是中心语，Y 是 X 附加语的条件下，一对成分 X 和 Y 在 VO语中比在 OV 中更常使用 XY 的语序。

分支方向理论的修订版只用来预测中心语和完全重现的附加语的语序。分支方向理论正确地预测了 VO 语中的助动词—动词语序和 OV 语中的动词—助动词语序。如果中心语和附加语是非短语成分，分支方向理论就不能做出预测，因为它们没有形成关系对。

（八）核心指派原则（HOP）

霍金斯和 Gilligan(1988)把词缀作为词汇范畴的核心，因为"包含词缀的词的范畴地位根据词缀可以有规律地加以确定，而非词缀或词干通过添加（派生）词缀改变它们的范畴地位"。他们提出的核心指派原则是：

（13）词缀位于次范畴化修饰语的同一侧，这与介词短语内介词相对于

---

① [美] Lindsay J. Whaley：《类型学导论——语言的共性和差异》，世界图书出版公司 2009 年版，第91 页。

名词的顺序，动词相对于直接宾语的顺序一样。

因此，核心指派原则的预测是，PrN 和 VO 与前缀共现，NPo 和 OV 与后缀共现。

核心指派原则与跨范畴和谐原则有同样的概念基础。跨范畴和谐原则是为了预测各种语序特征出现的频率：修饰成分一致排列在核心语的某一侧。核心指派原则与跨范畴和谐原则的区别在于语法平面上使用的概念不同，即形态对句法。

第二节　国内语序类型学研究概况

一、国内汉藏语系语序类型学研究概况

国内汉藏语系语序类型学的研究呈现出多元化的趋势，既有理论的探索，又有对具体语言的研究，既有对共性的解释，又有对个性的挖掘。下面主要就语序类型学的理论研究及汉藏语系语言的语序研究情况进行概述。

（一）国内汉藏语系语序类型的理论研究

陆丙甫通过对大量语言现象的考察，发现了许多语言规律。他（2004）对汉语的名词作状语的现象进行总结后，提出了"距离—标记对应律"，即："一个附加语离核心越远，越需要用显性标记去表示它和核心之间的语义关系。"[1]在对格林伯格的语序理论进行总结的基础上，提出了可别度领前原理：如果其他一切条件相同，可别度高的成分前置于低的成分；如果其他条件相同，可别度越高的成分越倾向于前置；如果其他一切条件相同，那么对所属名词短语可别度贡献高的定语总是前置于贡献低的定语[2]。他（2010）根据汉语的认知特点，总结了"整体—部分"的分布规律：（1）当"整体"和"部分"都前置于核心动词时，只能采用"整体—部分"顺序，因为它同时符合"整体—部分"优势顺序和语义靠近动因；（2）当"整体"和"部分"都后置于核心动词时，"整体—部分"和"部分—整体"顺序都可以，因为前者符合"整体—部分"优势，后者符合语义靠近动因；（3）当"整体"和"部分"分置动词两侧时，由于距离难以直接比较，语义靠近动因作用消解，因此只能采用"整体—部分"顺序[3]。陆丙甫还运用语序类型学

---

① 陆丙甫：《作为一条语言共性的"距离—标记对应律"》，《中国语文》2004 年第 1 期。
② 陆丙甫：《语序优势的认知解释（上）：论可别度对语序的普遍影响》，《当代语言学》2005 年第 1 期。
③ 陆丙甫：《论"整体—部分、多量—少量"优势顺序的普遍性》，《外国语》2010 年第 4 期。

的理论解释了一些语言现象。

刘丹青（1998）针对语序研究中存在的争议，提出了要区分话题优先型语言和主语话题并重型语言："研究主语优先型语言的语序类型，固然应该看 S、V、O 三者的排列，但研究话题优先型语言和主语话题并重型语言的语序类型，必须考虑另一个成分即话题 T。要确定话题优先语言及主语话题并重型语言的语序应该看 T、S、V、O 四者的排列顺序。"[①]刘丹青（2001）分析了吴语的语言特点，认为：VO 结构和前置词短语都属核心居前类型，所以 VO 语言多使用前置词，这种语言的领属定语、关系从句等多种定语多位于核心名词之后。OV 结构和后置词短语都属核心居后类型，所以 OV 语言多使用后置词，领属定语、关系从句等也多在核心名词之前[②]。他（2002）把当代比较重要的语序参项分成三种：（1）具有语序蕴涵性(单向)或和谐性(双向)的参项。这类参项有：VO—OV，前置词—后置词，介词短语和核心动词的相对语序(在后置词语言中指后置词或称格助词短语及核心动词的语序)，领属语和中心名词的语序，比较句中形容词、比较基准和比较标记的相对语序，方式状语和动词的语序（如"慢慢走"，walk slowly），助动词和主要动词的语序，等等；（2）具有优势语序的类型参项。这类参项有：关系从句和中心名词的语序（关系从句在后是优势语序），指示词、数词和中心名词的相互语序（在汉藏语中要扩展为指示词、数词、量词和中心名词的相互语序，指示词、数词在前是优势），前缀还是后缀或中缀（后缀是优势）；（3）语序不太稳定的参项。这类语序有：形容词定语和中心名词的语序，否定词和被否定动词的语序，其他状语及核心动词的语序，等等[③]。

岑运强把莱曼（1978）提出的成分和谐对子分成三类：介词（前置词）—名词、形容词—比较基准、头衔—人名、名—姓、系数—位数（以上归入单句结构类）；中心词—关系从句、中心词—领属语、中心词—描写性形容词（以上归入中心词修饰类）；疑问助词—句子、否定词—被否定动词（以上归入动词修饰语类）；包孕动词—被包孕小句（属于复句类）。凡是 VO 型语言，其结构都会采取上述语序；凡是 OV 型语言，其结构的语序则是上述语序的镜像[④]。

罗天华在考察 SOV 语言宾语的格标记情况时，分析了 SOV 语的语序替换问题："SOV 最常见的替换性语序是 OSV，其次是 SVO。我们认为，

---

① 徐烈炯、刘丹青：《话题的结构与功能》，上海教育出版社 1998 年版，第 275 页。

② 刘丹青：《吴语的句法类型特点》，《方言》2001 年第 4 期。

③ 刘丹青：《汉藏语言的若干语序类型学课题》，《民族语文》2002 年第 5 期。

④ 岑运强：《语言学概论》，中国人民大学出版社 2006 年版，第 273 页。

驱动 OSV 作为替换性语序的主要是语用因素，而 SVO 作为替换性语序主要是语义的作用。同样作为替换性语序，OSV 之所以比 SVO 更常见，是因为在具体语境下，由于表达的需要(如强调宾语)而使语用因素压倒了语义因素。"同时提出了 8 种常见的语序类型："语序类型对语言类型分类有重要作用，'主动宾''助动词 宾语''前置 后置词''比较基准 比较标志''形容词 名词''关系从句 名词''名词修饰语 名词中心语''领属 名词'等 8 种基本语序是语序的基本'类型标志'。"[①]

沈家煊在总结了语言类型学的基本理论之后，指出："没有语言类型的眼光，我们对汉语的认识也不可能十分深刻。(不识庐山真面目，只缘身在此山中。)我们不仅要有汉语自身的眼光，也要有印欧语的眼光、美洲印第安语的眼光、非洲语言的眼光，当然还要有国内少数民族语言的眼光，总之，要有一个广阔的语言类型学的眼光。"[②]这段话既揭示了语言类型学研究的内涵，更为我们国内的语言类型学研究指出了方向。

（二）国内汉藏语系语序类型的实践研究

黄行（1996）根据格林伯格的语序类型理论调查总结了我国国内汉藏语系的壮侗语族、苗瑶语族、藏缅语族和阿尔泰语系的突厥语族、蒙古语族、满—通古斯语族的语序类型分布情况，并进行了比较。比较结果表明，阿尔泰语系各语族语言的语序类型惊人地一致，而且汉藏语系的藏缅语族大部分语序类型与阿尔泰语系的语序类型一致。黄行(2007)比较分析了汉藏语系的藏缅语族与侗台语族、苗瑶语族之间的语序类型关系，发现"在句法结构层面，汉藏语有比较典型的 OV 语序的藏缅语和非常典型的 VO 语序的侗台、苗瑶语，不同的语序类型语言的各种句法结构之间有以下系统的相互蕴涵关系"[③]。

表 1-2　　　藏缅语族与侗台语族、苗瑶语族句法关系蕴涵表[④]

OV 型语言	VO 型语言
宾语—动词	动词—宾语
形容词—名词	名词—形容词
领属成分—名词	名词—领属成分
关系从句—名词	名词—关系从句

① 罗天华：《SOV 语言宾格标记的考察》，《民族语文》2007 年第 4 期。

② 沈家煊：《语言类型学的眼光》，《语言文字应用》2009 年第 3 期。

③ 黄行：《我国汉藏民族语言的语法类型》，《华东师范大学学报》(哲学社会科学版)2007 年第 5 期。

④ 同上。

续表

OV 型语言	VO 型语言
名词短语—后置词	前置词—名词短语
比较标准—比较标记	比较标记—比较标准
专名—通名	通名—专名
动词—助动词	助动词—动词

　　戴庆厦、傅爱兰（2002）探讨了藏缅语中形容词定语前置与后置于中心名词在形式和功能方面的差别，以及形容词定语和指示词定语、数量定语共同修饰名词时可能出现的语序及其等级序列，发现当形容词、复数指示词这两种定语共同修饰名词时，语序倾向为"名词+形容词+复数指示词"①。戴庆厦（2002）对比分析了景颇语定（形）中（名）结构的两种语序，认为两种语序构成两种性质不同的定中结构，并认为"名+形"语序是先有的，"形+名"语序是后来适应语用的需要新增的②。

　　黄成龙（2003）总结了羌语名词短语的语序。他认为，羌语的基本词序的位置相对固定，大体上所有的修饰成分可出现在被修饰词之后，除数量词外，其他修饰成分也可以出现在中心词之前。基本词序中较常见的是 SOV，GN，NAdj，NDem，NNum，RelN，并分析了影响羌语语序的句法语用的因素③。吴福祥（2009）发现中国南方民族语言（侗台、苗瑶、南亚及南岛）中动词和宾语、结果补语的固有语序是 VOC（C 是结果补语），部分语言出现的 VCO 是语言接触引发的结果。在语序演变过程中，汉语是"模式语"，演变的机制是"语序重组"（语法复制）④。

　　李云兵（2008）全面分析了我国南方民族语言的语序类型特点，发现我国南方民族语言的基本语序有 SOV、SVO、VSO 三种类型，也是世界语言中最为常见的三种语序类型。藏缅语族除白语外，属于 SOV 型语言。梁敢（2009）论述了侗台语形容词短语的三种语序类型：（1）形容词中心词+后置修饰语/补足语部分；（2）限定修饰语+形容词中心词；（3）限定修饰语+形容词中心词+补足语部分⑤。

---

① 戴庆厦、傅爱兰：《藏缅语的形修名语序》，《中国语文》2002 年第 4 期。
② 戴庆厦：《景颇语"形修名"两种语序对比》，《民族语文》2002 年第 4 期。
③ 黄成龙：《羌语名词短语的词序》，《民族语文》2003 年第 2 期。
④ 吴福祥：《南方民族语言动宾补语语序的演变和变异》，《南开语言学刊》2009 年第 2 期。
⑤ 梁敢：《侗台语形容词短语语序类型研究》，《中央民族大学学报》(哲学社会科学版)2009 年第 4 期。

二、国内阿尔泰语系语序类型学研究概况

国内关于阿尔泰语系语序类型的研究，成果很少，目前还没有对阿尔泰语系语言作全面的类型学研究的成果。

对阿尔泰语序的概括性论述很多，如：程适良（1997）详细总结了突厥语各类句法成分在句中的正常语序和特殊语序。力提甫·托夫提（2004）分析了突厥语句子中各种词、句法成分的语序。他认为，突厥语言的词虽然在句中的位置较自由，但词序不乱，有一定的组合规律。词与词各种组合中一般主语在前、谓语在后；修饰语即定语在前、被修饰语在后；宾语在前、谓语动词在后；状语在前、谓语在后；状语动词在前、谓语动词在后。在各种词类的相互修饰和被修饰的组合关系中形容词在前、名词在后；数词在前、量词在后；数量结构在前、名词（结构）在后；数量结构在前、动词在后；副词在前动词在后[①]。

爱新觉罗·乌拉熙春（1983）、胡增益（1989）、朝克（1997）概括总结了满—通古斯语的语序特点。季永海（2003）指出："满语的语序一般是主语位于谓语之前，定语位于被修饰、限定语之前，宾语位于谓语之前、主语之后，状语和补语位于谓语之前、宾语之后。即是：定语—主语—（定语）—宾语—状语（或补语）—谓语。但是，满语句子成分的位置经常是可以移动的。其宾语、补语的提前是很常见的现象。有时为了强调宾语，可以把宾语提前到主语之前。有时为了强调补语，可以将补语提到宾语（主语）之前。"[②]

清格尔泰（1992 年）全面分析了蒙古语的语序特点：主语和谓语的语序，一般是主语在前，谓语在后，有时为了强调谓语，可把谓语提到主语前边；定语和被限定语（体语）的语序，在蒙古语里定语一律在被限定语的前边。一个体语如果有几个定语，定语的顺序一般是：意义联系紧密的放在体语近处。由近到远的词序是：质料定语、性质定语、数目定语、关系定语、动词定语、领格名词定语等。宾语的顺序是：一般宾语在前述语在后，加上主语考虑的话，一般词序是：主语—宾语—述语。他提出了蒙古语中的特殊语序：宾语提到主语前边，形成：宾语—主语—述语。相反的在不强调述语的时候，也可以形成这样的词序：主语—述语—宾语。这样的语序与汉语的基本语序完全一致[③]。

斯钦朝克图（2002）指出康家语的基本语序与阿尔泰语系其他语言一

---

① 力提甫·托夫提：《阿尔泰语言学导论》，山西教育出版社 2004 年版，第 47—48 页。

② 季永海：《满—通古斯语族通论》（下），《满语研究》2003 年第 2 期。

③ 清格尔泰：《蒙古语语法》，内蒙古人民出版社 1992 年版，第 523—534 页。

样，都是 SOV 型。但康家语还有自己的特点：（1）谓—宾/状式语序与宾语和状语处在谓语之后的语序较常见；（2）修饰语一般处在被修饰语之前，但数词和一些副词也有出现在中心词之后的现象，尤其是数词做定语时一般处在中心词之后。这种形式有：中心词—数词式；中心词—形容词式；中心词—副词式①。

这些对阿尔泰语系的语序概述，有的虽然具有了类型学的意义，但都是立足于结构主义语言学所作出的结论，而从类型学角度分析阿尔泰语系语序类型的成果则不多。王远新（2003）从三个方面分析了哈萨克语名词修饰语的语序特点：

（1）数词 bir 跟形容词同时作名词修饰语时的语序是：bir—形容词—名词中心语；bir—颜色词—名词中心语；bir—形容词—颜色词—名词中心语；bir—表示外表特征的形容词—表示内在特征的形容词—名词中心语；形容词—bir—名词中心语。

（2）颜色词与其他形容词同时作名词修饰语时的语序是：表示外在特征的形容词—颜色词—名词中心语；（颜色词）—表外表特征的形容词—（颜色词）—表内在特征的形容词—（颜色词）—名词中心语。

（3）数词、颜色词之外的形容词修饰名词中心语时的语序是：表示外表特征的形容词—表示内在特征的形容词—名词中心语；表示非本质特征的形容词—表示本质特征的形容词—名词中心语②。

黄行、赵明鸣（2004）概括了汉藏语系与阿尔泰语系的语序类型特点。词序类型和语言的系属类别是相关的。汉藏语系的壮侗和苗瑶语族语言倾向使用 V-O 及与之相和谐的各种蕴涵词序参项，而藏缅语族语言和阿尔泰语系各语言倾向使用 O-V 及各种蕴涵词序参项。V-O 型语言句法结构的中心词在前，附加词语在后；O-V 型语言句法结构的中心词在后，附加词语在前③。

李素秋（2010）总结了汉语和维吾尔语多重定语的共同特征：（1）人称代词、名词性成分构成的领属性定语离核心词最远；（2）非典型的领属性定语相对于典型的领属定语而言，和核心词的距离相对较近；（3）和其他定语共现时，性质形容词、属性名词距离核心词较近，并且性质形容词置于属性名词之外；（4）谓词性短语、非性质形容词作定语时位于属性名词、性质形容词之外，同时内于领属性定语；（5）当名词、人称代词、形

---

① 斯钦朝克图：《康家语概况》，《民族语文》2002 年第 6 期。

② 王远新：《哈萨克语名词修饰语的语序特点》，《民族语文》2003 年第 6 期。

③ 黄行、赵明鸣：《我国少数民族语言类型学研究》，《中国社会科学院院报》2004 年 6 月 17 日第 003 版。

容词、谓词性短语作定语共现时，汉语和维吾尔语多重定语相同的语序是：领属性定语（领属性名词、名词性短语、人称代词）—谓词性短语—形容词—属性名词—核心词①。

力提甫·托乎提（1995）研究了维吾尔语的关系从句，把维吾尔语的关系从句分为 3 种：-GAn 关系从句、-GUdεk 关系从句和零关系从句②。维吾尔语的关系从句一般都出现在中心词的前面，起修饰或限制作用。黄行（2001）根据 7 种构词构形参项，提出鄂温克语、维吾尔语属于综合型、黏着型、孤立型、派生型、非屈折型、高度后缀型、非虚词型语言③。

一些学者开始从类型学角度研究阿尔泰语的各种标记。宝玉柱（2003）分析了蒙古语的宾格标记，指出当关系明确时，可以不加格标记；当关系容易混淆时，就一定要加相应的格标记，并从 6 个方面具体分析了是否加宾格标记的情况④。黄行、赵明鸣（2004）从语法等级的角度分析了阿尔泰语的格标记。阿尔泰语系通常靠名词后缀区别不同的"格"，格的分布也比较复杂；格的等级一般排列为"主格>宾格>属格(所有格)>各类旁格"。这种等级特性主要在于，排序越靠前的格分布越自由、越无标记。格的等级特性还表现在格标记的省略方面，即主格一般无须加标记，所以主语倾向于用零形态⑤。成燕燕（2008）分析了汉语和哈萨克语的被动句在句法结构、语法标记和概念化方式上存在的类型学差异，指出：哈萨克语为"SOV"型语言，被动关系是通过动词的被动态标记标示的。标记是必备的条件⑥。

语法化是类型学用来解释语言现象的常用方法。阿尔泰语系研究中也有了这方面的成果，如嘎日迪（1996）分析了中古蒙古语 SOVS 句式的演变。中古蒙古语主谓句型除与现代蒙古语的 SOV 相同外，还有 SOVS 和 OVS 两种基本句型。但在中古蒙古语中，SOV 型已经成为发展的一个趋势。在 SOVS 中的 S 可以抽象为 S名OVS代，句首的 S 可记作 S1，句末的 S 可记作 S2，S1=S2，这时 SOVS 又可抽象为 S代OVS代。中古蒙古语 SOVS 型中的 S2 在其后的发展中有两种变化：（1）在现代蒙古语一些方言土语中 S2

---

① 李素秋：《汉语和维吾尔语多重定语语序的共性特点》，《语言与翻译》2010 年第 1 期。

② 力提甫·托乎提：《维吾尔语的关系从句》，《民族语文》1995 年第 6 期。

③ 黄行：《鄂温克语形态类型的对比分析》，《满语研究》2001 年第 1 期。

④ 宝玉柱：《试论现代蒙古语宾格标记规则》，载戴庆厦、顾阳《现代语言学理论与中国少数民族语言研究》，民族出版社 2003 年版，第 382—388 页。

⑤ 黄行、赵明鸣：《我国少数民族语言类型学研究》，《中国社会科学院院报》2004 年 6 月 17 日第 003 版。

⑥ 成燕燕：《汉语与哈萨克语被动句类型学比较》，《中央民族大学学报》(哲学社会科学版) 2008 年第 6 期。

还有所保留，即在 SOV 型中发展为谓语 V 的人称附加成分；（2）在现代蒙古语另外一些方言和多数土语中，S2 已经消失[1]。王远新（2003）探讨了突厥语族语言的方位词的语法化趋势及其语义特点。从功能上看，突厥语族语言的方位词的演变(虚化过程)可以概括为这样一种模式：

  方位词>辅助名词(介于方位名词和后置词之间)>后置词(要求前面的名词为主格或领格形式)；实词>半虚词(半虚化)>虚词(虚化/语法化)。

  从语义特点看，它的演变可以概括为这样一种模式：

  空间义>空间义～时间义>与空间有关的关系义—更为抽象的关系义[2]。

  综上所述，我国语言类型学研究无论在理论上还是在实践上都有了一定的突破。汉藏语系的语言类型学的研究尤其是语序类型学的研究既有代表人物，又有多部颇具深度的专著；既有理论上的创新，更有实践上的全面发展。与汉藏语系的语言类型学研究相比，我国阿尔泰语系语言的类型学研究正处在起步阶段，关于阿尔泰语序类型的研究成果还不多。阿尔泰语系各语言之间的亲属关系早已成定论，但还存在着争议，这就需要运用更新的语言学理论，使阿尔泰语系的研究与现代语言学理论的发展紧密结合起来，进一步揭示阿尔泰语系各语言的发展规律。通过对阿尔泰语系的语序类型进行研究，可以发现更多的语言现象，找出更多的语言共性。基于此目的，在已有研究成果的基础上，本书尝试运用语序类型学的某些理论，结合结构主义语言学理论和认知语言学的有关理论，对我国阿尔泰语系语言的语序类型特点加以探讨，以期更进一步推动阿尔泰语系语言的类型学研究。

---

① 嘎日迪：《中古蒙古语 SOVS 型主谓结构句子演化初探》，《内蒙古师范大学学报》1996 年第 3 期。
② 王远新：《突厥语族语言方位词的语法化趋势及其语义特点》，《民族语文》2003 年第 1 期。

第三章　名词附加成分的语序类型研究

名词在语序类型研究中占有特别重要的地位，动词、形容词、数词、指示词、附置词都跟名词有直接的关系，句法的语序类型研究更是离不开名词。名词的形态变化与动词相比变化简单，表现在名词形态变化只有数、格、人称领属等几方面。这三种形态变化可以分为两类，一类可以称为内部形态变化，这是指名词的数的变化；一类可以称为外部形态变化，包括格、人称领属的变化。数范畴、格范畴、人称领属范畴普遍存在于阿尔泰语系各语言之中，尤其是格范畴，在阿尔泰语系中有重要的作用。下面分别讨论数、格、人称领属范畴附加成分的语序类型。

第一节　复数附加成分的语序类型研究

格林伯格（1963）在他提出的 45 条语言共性中，涉及到数范畴的有 10 条，占 22%。可见，数范畴在人类语言中占有相当重要的地位。各种语言，都离不开数的表达与制约。数范畴是名词的内部范畴，因为它直接影响名词的数量义的变化。阿尔泰语系的名词都有单数与复数的变化。单数没有附加成分，是零形态，而复数都有附加成分。各种语言的复数附加成分形式不同，但都附加在名词的后面。"名词+复数附加成分"可以称之为名词复数结构，这个结构可以出现在句首、句中、句尾。下面分别从这三个方面来分析。

一、"名词+复数附加成分"居首

"名词+复数附加成分"居首是指名词复数结构直接出现在句子的开头。名词复数结构在句首时，它可以单独在句首，也可以在前面加修饰语。

（一）"名词+复数附加成分"单独出现在句首

名词复数结构单独出现在句首时，可以做句子的主语，也可以做句子的宾语。例如：

哈：bala-lar　　mektep-ke　　ket-ti.

　　孩子-复数　学校-与格　　去-确定过去时

孩子们去学校了。

柯：aq-tar　　qatsə-p　　　　ket-ti.

　　白-复数　逃-副动词　去-过去时

　　白匪们逃跑了。

撒：bɑlɑ-lar　　ajed-de　　ojnɑ-bər.

　　孩子-复数　院子-位格　玩-进行体确定语气

　　孩子们在院子里玩儿。

蒙：xuuxəd-uud　bəədʑiŋ-d　　jaba-n.

　　孩子-复数　　北京-位格　走-非过去时

　　孩子们到北京去。

东乡：ganbu　şəjən-la　　uliə　dajingiə-nə.

　　干部　社员-复数　不　答应-未完成体

　　干部、社员们不答应。

达：kəku – r　　ir - səŋ.

　　男孩-复数　来-过去时

　　男孩们来了。

满：morin-ʣa　veri-m　　ʣi-xə!

　　马-复数　　回-CAV　来-过去时

　　许多马回来了。

鄂伦春：dəjikəə-l　əkin-ŋi　　ʤuu-ləə -n　　　dɔɔna-tʃaa.

　　小鸟-复数　姐姐-领格　房子-位格-3GS　落-过去时

　　许多小鸟落在姐姐的房子上。

朝：hakseŋ-tɯr-i　　kkotʃ-ɯr　sim-nɯnta.

　　学生-复数-主格　花-对格　种-陈述式对下阶直叙法

　　学生们在种花。

以上是名词复数结构单独做主语的情况。指人名词、表动物的名词都可以直接加复数附加成分做主语。当两个名词一起出现时，复数附加成分加在第二个名词后面。复数附加成分还可以加在形容词的后面，使形容词具有名词的复数意义和句法功能，如柯尔克孜语。下面是名词复数结构在句首做宾语的例子：

土：çiree –ŋgula-nə　　baŋk（ə）aare.

　　桌子-复数-领宾格　搬　　　来

　　把那些桌子搬过来。

保：gagə-lə - nə　　　ur -ʣi　　rə！

　　哥哥-复数-领宾格　叫-CAV　来

　　把哥哥们叫来！

东裕:χainaɢ-əs -ə　　　　　　tuu-ʤə　　　ere-we.

　　犍牛 - 复数-领宾格　赶-CAV　来-过去时

　　已经把犍牛（复数）赶来了。

　　名词复数结构在句首做宾语时，名词后面要出现两个附加成分：复数和宾格附加成分，复数附加成分在前，宾格附加成分在后。这些例子中都没有主语出现。

　　阿尔泰语系的复数附加成分可以加在指人的名词后面，可以加在指动物的名词后面，还可以加在指物的名词后面，所以，阿尔泰语系名词复数附加成分不区别生命度。光杆名词加上名词复数附加成分之后可以直接出现在句首，做句子的主语或宾语。作为内部形态，复数附加成分只引起其前面名词数的意义的变化，而不会对后面的其他词有什么影响。

　　跟汉语一样，阿尔泰语系的指人名词后面可以直接加上名词复数附加成分，表示以这个人为代表的某些人。例如：

撒:buyun　xandzoʤi-lar　　gel-miʃ.

　　今天　　韩兆吉-复数　　来-过去时非确定语气

　　今天韩兆吉等人来了。

塔:abliz　- lar　　bu　oram-da　　otər-a.

　　阿布力孜-复数　这　街-位格　　住-现在未来时

　　阿布力孜们住在这条街上。

乌:tœrsin-lær　　bygin　ertælæb　kel-gæn - lær.

　　图尔逊-复数　今天　早晨　　来--一般过去完成时-3P

　　图尔逊等人今天早上来过。

东裕:duiʤaŋ–ti　ere-ʤ(ə)　　　wai.

　　队长-复数　来-CAV　　　是

　　队长等人来了。

（二）"修饰语+'名词+复数附加成分'"结构出现在句首

　　名词复数结构出现在句首时，前面可以有指示词、领属词、形容词做修饰语。例如：

塔:bɨz-niŋ　　qonaq-lar　　kil-dɨ.

　　我们-领格　客人-复数　　来-过去时

　　我们的客人们来了。

乌:kæsæl-lær-niŋ　　kijim-lær-i　　jɔw-il -di.

　　病号-复数-领格　　衣服-复数-3G　洗-被动态-确定过去时

　　病号的衣服都洗了。

西裕:gol-nəŋ　su-lar　　bez-əp　　　　　　dro.

　　河-领格　水-复数　变大-过去完成体副动词　是

　　河里水涨了。

西裕：ʃyeʃo-nəŋ　　derek-der　　xosə　bez-əp　　　　　　dro.
　　　学校-领格　　树 - 复数　　全　长大-过去完成体副动词　是
　　　学校的树木全部长大了。

东乡：bidʑiən-ni　　Goni-la　　hə　bəntʂə-rə　　　osun　idʑiə-dʐɯwo.
　　　我们-领宾格　绵羊-复数　那　山坡-方面格　草　吃 - 进行体
　　　我们的绵羊正在那山坡吃草。

土：təreegu　ku（n）-ŋgula　jaagən　ii？
　　那里的 人 - 复数　　　什么做　是
　　那里的人们在做什么？

达：minii　əkəə-nur-minj　ir-səŋ.
　　我的　姐姐-复数-1G　来-过去时
　　我的姐姐们来了。

康：enela　ger-sʉn　kɔnigʉ va？
　　这些　房-复数　谁的　是
　　这些房子是谁的？

鄂温克：baraan　ʊlɛɛ-sal　　mɔɔdʊ dɔɔn-saa.
　　　　许多　乌鸦-复数　树　　落-过去时
　　　　许多乌鸦落在树上。

鄂伦春：baraan bʊga-ʃal-dʊ　　　　ɔrɔtʃɛɛn bəjə biʃin.
　　　　许多　地方-复数-与格　鄂伦春　人　有
　　　　许多地方有鄂伦春人。

关于指示词结构、领属结构、"形容词+名词"结构以及复数附加成分加其他名词附加成分的结构后面要专门讨论，这里不做分析。在"修饰语+名词+复数附加成分"结构中，复数附加成分首先和名词组合，构成名词复数结构，然后这个名词复数结构再与前面的修饰语组合，构成名词性结构。

阿尔泰语系的大部分语言中，名词后面有复数附加成分时，前面不再加表示多数意义的修饰词语，或者，当名词前面有表示多数意义的修饰语时，名词后面不再加复数附加成分。跨语言地看，英语中当中心词是复数形式时，限定词也要表复数意义；中心词是单数形式时，限定词也表单数意义。这是限定词跟中心词在数表达上的一致性，可称之为数的一致性原则。阿尔泰语系中，限定词和中心词在复数表达上不遵守一致原则，而是采取"唯一原则"，即在"中心词+限定词"结构中，当限定词表示复数意义时，中心词是单数形式；当中心词是复数形式时，限定词是单数形式。这表明，阿尔泰语系的复数表达强调的是结构的整体复数形式和整体复数意义。在这个限定结构中，其中任何一个成分的复数意义都决定了这个结构的复数意义，换句话说，限定结构的复数意义是由其中一个成分来表示的。阿尔泰语系中，鄂温克语、鄂伦春语与此相反，名词前面有表示多数意义的词"baraan"（许多）时，名词后面还要加复数附加成分。

有些语言中不可数名词后面也可以加名词复数附加成分，如西部裕固语。

以上分析的都是名词复数结构前面出现简单的修饰语。名词复数结构前面还可以出现复杂的修饰语。例如：

柯：kel-gen oquutʃu-lar-dən sanə 346.
　　来-PAV 学生 -复数-领格 数目 346
　　来的学生的数目是 346。

保：lə iugu çyeʂən-lə ʂu məçi-ʤi o.
　　不 走 学生-复数 书 读-CAV 是
　　不走的学生们正在读书。

锡：tʂai œmima -χ antχə-s gum minj gutʂw.
　　茶 喝-形动词 客人-复数 都 我的 朋友
　　正在喝茶的客人都是我的朋友。

名词前这些复杂的修饰语是关系从句。关于关系从句后面还有专门论述，这里不做分析。复数附加成分跟前面的修饰语没有关系，只跟名词有关系。另外，复数附加成分还可以出现在形动词的后面。例如：

保：putçig madə-tçyŋ - lə kaiχuigəʤio.
　　字 识-现在时形动词-复数 开会
　　识字的人们正在开会。

阿尔泰语系中，形动词除了具有动词的功能特点之外，还有名词的某些功能特点，所以在形动词附加成分后面可以直接加复数附加成分。这个例子也说明，阿尔泰语系的动词要变成名词性成分，要分两个过程：首先在动词后面加上形动词附加成分，然后在形动词附加成分的后面加上复数附加成分。

二、"名词+复数附加成分"居中

"名词+复数附加成分"即名词复数结构可以在句中做宾语、补语或定语。在句中名词复数结构的前面一般不出现修饰语。例如：

维：mɛn-dɛ kitab, qɛlɛm wɛ dɛptɛr-lɛr bɑr.
　　我-位格 书 笔 和 本子-复数 有
　　我有很多书、笔和本子。

撒：u ɑbɑ-si iʤɑ-si- lar - nə gor-miʃ.
　　他 父亲-3G 母亲-3G-复数-宾格 见-过去时非确定语气
　　他见了他父母亲。

乌：ɯlær ʁɯlʤæ, korlʌ-lær-gæ　　　ket-di - lær.

　　他们　伊犁　库尔勒-复数-向格　去-确定过去时-3P

　　他们到伊犁、库尔勒等地去了。

西裕：men kəsi-ler-nəŋ　　sək sen jeht-di.

　　我　人-复数-领格　门　每　到-确切过去时

　　我走遍了各家各户。

图：senner baqʃə-lar-nəŋ　　søz-i-n　　eki dəŋna-gar !

　　你们　老师-复数-领格　话-3G-宾格　好好　听-命令式.2P

　　你们要好好听老师的话！

满：i fodogoŋ-ʤa-bə　gəm satʂa-xa.

　　他　树-复数-宾格　都　砍-过去时

　　他把许多树都给砍了。

语料中，这样的例子不多，这也说明，名词复数结构不常出现在句中。句中并列出现两个名词时，要在第二个名词的后面加上复数附加成分。这反过来也表明，阿尔泰语系的名词复数附加成分可以管辖其前面的并列出现的几个名词，使它们都具有复数意义，这种以一控多的情况符合语言的经济原则。

阿尔泰语系与英语不同。英语中当多个复数义名词一起出现时，每个名词后面都要加复数附加成分，即"NP1+复数+NP2+复数+NP3+复数"。英语的这种名词复数形式可以称之为个体复数形式。阿尔泰语系中，当多个复数义名词共现时，只需在最后一个名词性成分后面加上复数附加成分就可以。虽然从形式上看是把复数附加成分加在最后一个名词上，但在语义关系上却是加在整体名词性结构之上的，即（NP1+NP2+NP3）+复数。这种复数形式可以称之为整体复数形式。共现的各个名词首先构成了一个名词性联合结构，这个联合结构再与复数附加成分构成复数结构，即：

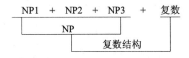

图 3-1　复数附加成分功能图

因此，复数附加成分的管辖域与格的管辖域相同。当共现的多个名词性成分受格的管辖时，多个名词性成分先构成大的名词性联合结构，这个名词性结构再与格构成格结构，即：

图 3-2　格附加成分功能图

就是说，阿尔泰语系的复数和格管辖的是名词性结构，前面不管出现几个名词性成分，都在复数和格的管辖范围之内，因为它们管辖的是整体结构，因此，可以把阿尔泰语系的复数、格与多个名词的管辖关系称之为"整体管辖关系"。

三、"名词+复数附加成分"结尾

名词复数结构在有些语言中可以单独做句尾，也可以和其他附加成分一起结尾。这种句子一般都是简单句。例如：

维：ulɑr　　　peʃkɛdɛm　　oqutqutʃi-lɑr.

　　　他们　年长的　　　教师 – 复数

　　　他们是老教师。

哈：o-nəŋ　　　ʤɑ- sə　　qərəq-tɑr-dɑ.

　　　他-领格　年龄-3G　四十 – 复数-位格

　　　他的年龄在四十上下。

阿尔泰语系中，这种情况非常少。在维吾尔语的例句中，复数附加成分同时与两个成分有关系。这种关系如图所示：

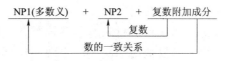

图 3-3　复数附加成分语义功能图

复数附加成分分别指向两个名词性成分，具有两种功能：它与主语 NP1 联系，因为 NP1 具有多数意义，所以这种联系使 NP2 与 NP1 保持数的一致关系；它加在 NP2 的后面，使 NP2 具有复数意义。

在哈萨克语的例句中，主语是单数形式，复数附加成分加在数词的后面，使这个数词具有名的复数意义。这个附加成分是由数词决定的，因为这个数词在这里表示"四十岁的年龄"，这具有复数的意义，所以用复数附加成分与其对应。

四、小结

阿尔泰语系名词的数范畴的共同语序类型特点是：

（1）复数附加成分都在名词的后面，而且大都是附加在词根上，其后才允许出现其他附加成分。它的构式是：名词词根+复数+格+领属范畴。就是说，如果名词后面既有复数附加成分，又有格附加成分、领属附加成分的话，靠左边最先出现的是复数附加成分，其次才是格附加成分和领属附加成分。这符合格林伯格的共性 39：

共性 39：如果表示数和格的语素一起出现，并且都前置或后置于名词，那么表示数的成分总在名词词根和表示格的成分之间。[①]

（2）阿尔泰语系各语言的数范畴都有单数和复数的区别，单数都是零形态，复数都有附加成分。复数附加成分都是后缀的形式。

（3）与印欧语不同的是，阿尔泰语系名词数范畴与数量结构不同现。如果是"数量结构+名词"，即使表多数义，名词的后面也不出现复数附加成分，即"数量结构+名词"与"名词+复数附加成分"互补，前者表示确切的数量，后者表示不确切的数量。而且，复数附加成分并不是强制出现的成分，在很多情况下如果根据语境已知名词具有多数义，就不用加复数附加成分。因此，复数附加成分的地位不如格附加成分的地位突出。这跟它的语序位置和功能有关。因为它黏附在名词词根上，后面还可以出现其他附加成分，因此从认知的角度看，它前后都有其他成分，它处在中间，这样就不具有显著性。另外，虽然复数附加成分与名词的关系最近，与名词形成一个意义整体，但它的功能仅限于表达名词的数量义，就是说，只能向内扩展，不能向外延伸，即不能与其他成分构成语法关系。

（4）阿尔泰语系的名词复数结构既可以在句首出现，也可以在句中出现，还可以在句尾出现。从现有语料来看，名词复数结构出现在句首的语例最多，出现在句中的名词复数结构次之，出现在句尾的名词复数结构最少。这也反映了阿尔泰语系名词复数结构的语序分布特点：

句首 > 句中 > 句尾

这是因为主语在句子的开头，是句子最显著的位置。带有信息量大的成分应当处在显著位置，这容易引起别人的注意。

第二节　格附加成分的语序类型研究

格的形态变化是阿尔泰语系语言的显著特点之一。格在形式上紧紧依附在名词后面，与名词的关系比较近，因此常常称作名词格。实际上，格是标引名词与其后面的词语之间各种语法语义关系的附加成分，是连接名词和其后词语的纽带，也是句子表达各种语义的重要形态成分，所以也把格看作是外部形态成分。Barry J.Blake 分析了格的句法特点："格主要标注小句层面名词跟动词的关系，或者是短语层面名词跟前置词、名词跟后置

---

① [美] 格林伯格：《某些主要跟语序有关的语法普遍现象》，陆丙甫、陆致极译，《国外语言学》1984 第 2 期。

词或名词跟另一个名词的关系。"①阿尔泰语系各语言格形态数量不同，本书只讨论各语言中常见的七种格，即：领格、随格、宾格、造格、位格、从格、向格。各个语言对格的名称有时说法不同，为了行文的一致，本书采用以上的说法，凡是跟以上名称不同的，根据该语言格的用法及语义特点归入相应的类别来讨论。阿尔泰语系各语言格名称对照情况请看表 2-1。

表 2-1　　　　　　　　　　阿尔泰语系格名称对照表

统称／分称／语言	领格	随格	宾格	造格	位格	从格	向格
维吾尔语	领格		宾格		位格	从格	向格
哈萨克语	领格	助格	宾格	助格	位格	从格	向格
柯尔克孜语	领格		宾格		位格	从格	向格
撒拉语	领格		宾格		位格	从格	向格
塔塔尔语	领格		宾格		位格	从格	向格
乌孜别克语	属格		宾格		位格	从格	向格
西部裕固语	领格		宾格		位格	从格	向格
图瓦语	领格		宾格		位格	从格	向格
蒙古语	领格	随格	宾格	造格	位格	离格	
东乡语	领—宾格	联合格	领—宾格	造格	与—位格	从格	方向格
土族语	领宾格	造联格	领宾格	造联格	位与格	离比格	
达斡尔语	属—宾格	共同格	属—宾格	造格	与—位格	离格	方向格
保安语	领—宾格	造—联格	领—宾格	造—联格	与—位格	从—比格	
东部裕固语	领宾格	联合格	领宾格	造格	位与格	离比格	
满语	领格		宾格	从—造格	与—位格	从—造格	方向格
锡伯语	领—工具格	造—联合格	宾格	领—工具格	与—位格	离格	方向格
鄂温克语	领格	造—联合格	宾格	造—联合格	与格	从格	方向格
鄂伦春语	领格	造—联合格	宾格	造—联合格	位格	从格	方向格
赫哲语	领格	造—联合格	宾格	造—联合格	位格	从格	向格
朝鲜语	领属格	共同格	对格	造格	位格	（位格）	

① [英] Barry J. Blake：《格范畴》（第二版），北京大学出版社 2005 年版，第 1 页。

一、领格附加成分的语序类型

领格又叫所有格、所属格、属格，表示某人对某事物的领有关系，即在"NP1+领格+NP2"结构中，NP1 对 NP2 的领有关系。领格与前后名词所形成的结构可以叫做领格结构。从语义上讲，领格只表示 NP1 和 NP2 之间的关系，不跟后面的动词有直接的语义关系；从语法上看，领格位于 NP1 和 NP2 之间，NP1 做 NP2 的定语，领格起着结构连接的作用，真正跟后面的动词有语法语义关系的是 NP2。所以，领格虽是外部形态，但不是典型的外部形态，它的作用范围仅限于其前后的两个名词，对整个句子的句法来说，影响是间接的，而不是直接的。下面从句首、句中和句尾来考察领格附加成分的语序类型及其特征。

（一）领格结构居首

领格结构可在句首直接做主语，也可在其前面加上某些修饰语做主语。例如：

哈：bul kitap-təŋ　mazmunə øte qəzəq.

　　这　书 - 领格 内容　　很　有意思

　　这本书的内容很有意思。

塔：kinoχana-nəŋ janə-nda　bir kitʃkinɛ kibit bar.

　　电影院-领格 旁边-位格　一　小的　　铺子 有

　　电影院旁边有一个小铺子。

乌：keksæ professor–niŋ køz ʌjnæ–si sindir–i–di.

　　老　教授-属格　眼　镜-3G 打碎-被动态-过去时

　　老教授的眼镜被打碎了。

西裕：bu ɢus-dəŋ orəm taɣ baʂ-da　dro.

　　　这 鸟-领格 窝　山　头-位格 是

　　　这种鸟的窝在山顶上。

蒙：tan-ɛɛ　　nər　xən bee？

　　您-领格 名字　谁　呢

　　您叫什么名字？

土：xaran taavun-nə　　sara pugəlii va.

　　十　 五-领宾格[①] 月亮 圆　　 是

　　十五的月亮是圆的。

_____

① 注：阿尔泰语系中有些语言的领格和宾格用同一个附加成分。

达：dagur–ii　　　　　　sudur①–ii　　　　　utʃun　baraaŋ　bəi.
　　达斡尔-(属-宾格)　族-(属-领格)　　民歌　多　　有
　　达斡尔族民歌丰富。

康：ʃire–ni　　　　　jirʁɯ niχɔ　varaʃ-ʤa.
　　桌子-(领-宾格)　腿　一-(单数)　断-过去时
　　桌子的腿断了。

锡：tər antχə-j　　　　　utwkw　itʃəniŋ.
　　那　客人-(领-工具格)　衣服　新的
　　那客人的衣服是新的。

鄂伦春：mɪn–ŋɪ　　morɪn–ɪw　uktil-tʃəə.
　　　　父亲-领格　马 - 3GS　跑-过去时
　　　　父亲的马跑了。

赫：əi morin–i　ilgi–ni　okiə　guʤikuli.
　　这 马-领格　尾巴-3G　很　漂亮
　　这匹马的尾巴很漂亮。

朝：uri -ɯi　　　tʃokuk–ɯn　ytɛha–ta .
　　我们-领属格　祖国-添意成分　伟大-陈述式对下阶直叙法
　　我们的祖国伟大。

在"NP1+领格+NP2"这个领格结构中，NP1 一般是整体，是领有者，是修饰语，NP2 是部分，是被领有物，是被修饰语。

（二）领格结构居中

领格结构居中指领格结构的前面有其他成分，后面有其他成分，领格结构在句中做宾语或补语。例如：

撒：jiʂəŋ ɑ-niyi　ɑnɑ - si-niyi　ɑʁɛrəχ-ə -nə vɑχ　vol-ʤi.
　　医生　他-领格　姑娘-3G-领格　病-3G-宾格　看　好-确定过去时
　　医生治好了他姑娘的病。

西裕：mu-nə　　Guran-nəŋ　ardəŋ-Gɑ　døhk!
　　　这-宾格　圈-领格　　后面-向格　倒
　　　(你)把这倒到圈后面去。

蒙：bii obsn-ee uurg-əən　doŋgoʤ　bəjluul-ləə.
　　我　草-领格　任务-反身　勉强　　实现-过去时
　　我勉强完成了割草任务。

东乡：bi maodzuçi-ni　　dzuʤo-ni　　udzə-dzuwo.
　　　我 毛主席-(领-宾格)　著作-(领-宾格)　看-进行体

---

① 注：达斡尔语中，"sudur"本义为"历史"。

　　我正在看毛主席的著作。

保：tɕǐ bəda-nə　　　kətə nəgə rə　ju!

　　你 我们-(领-宾格)　家 一　 来 语气词

　　请你到我们家来啊!

康：te　bəde-ni　　　　asun va.

　　那　我们-(领-宾格)　牲畜 是

　　那是我们的牲畜。

满：tərə guroŋ bo-j　　tɕelen-də　　　butɕi-xə.

　　他 国　家-领格 为-（与-位格）牺牲-过去时

　　他为国家牺牲了。

锡：tər saxəndʑi yrχan-i　　　gəsgə kuariaŋ.

　　那 姑娘 画-(领-工具格)　一样　美丽

　　那姑娘像画儿一样美。

　　领格结构是个复杂结构，其中心语在句中不能直接与动词相联系，所以领格结构在句中做宾语要有标记，就是在领格结构中心语后面加上宾格标记。加上宾格标记后形成宾格结构，宾格结构再作为一个整体受动词的支配。这样领格附加成分在宾语名词前，宾格标记在宾语名词后，形成宾格结构中套着领格结构的形式。这可以用下图来表示：

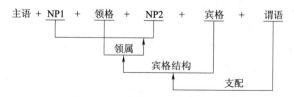

图3-4　领格结构语序功能图

　　领格结构有时并不表示领属与被领属的关系，如满语和锡伯语，领格附加成分前面是名词，领格附加成分后面是后置词，即"名词+领格+后置词"的结构。关于后置词，后面要专文讨论，这里暂不论述。

　　（三）领格结构结尾

　　领格结构可以在句子的结尾。这样的句子由两部分组成，前面是句子的主语部分，后面是领格结构，做句子的谓语。这类句子一般是判断句，句尾没有任何动词。例如：

维：u, biz-niŋ muɛllim.

　　他　我们-领格 老师

　　他是我们的老师。

柯：ol　mektep–tin　ʤoopuus–u.

　　他　学校-领格　负责人 - 3G

　　他是学校的负责人。

塔：yjrenyw　jeʃ -lɛr- niŋ　　wazifa-sə.

　　学习　青年-复数-领格　任务-3G

　　学习是青年们的任务。

鄂伦春：əri　tʃaaŋkʊ　intʃu　 – ŋi.

　　　　这　茶碗　　尹楚(人名)-领格

　　　　这茶碗是尹楚的。

赫：əi　mafa　duŋtɕyn–i　amχa–ni.

　　这　老人　董群-领格　岳父-3G

　　这老人是董群的岳父。

领格结构结尾时没有任何标记，直接位于句尾，相当于汉语的名词性谓语句。主语和领格结构的中心语有时是等值关系，如维吾尔语、柯尔克孜语、塔塔尔语，有时是领属关系，如鄂伦春语。鄂伦春语的例句中领格附加成分直接结尾，相当于汉语的"的"字结构。

所有的语言都有领属范畴，这应是一条共性。不同的是，各语言领属范畴的表现形式各有不同。阿尔泰语系的名词领格附加成分虽然形式上差别很大，但其语序位置都很固定，都处在领属名词和被领属名词之间，即"NP1+领格+NP2"的形式。其中，NP1 是修饰语，NP2 是中心语。除此之外，领格附加成分还可以出现在以下构式中：

在形动词和名词之间，形成"形动词+领格+名词"的构式。在这个构式中，名词是形动词动作的发出者，所以，形动词和名词具有领属关系。

在两个数词之间，形成"数词1+领格+数词2"的构式，这是分数的表述形式。在这个构式中，数词1和数词2之间存在某种数量上的领属关系，数词1是总数，数词2是数词1中的一部分。

在名词和方位词之间，形成"名词+领格+方位词"的构式。表面上看，这个构式中，名词和方位词没有领属关系，名词是所指方位的参照点，方位词表示以名词为参照点的具体的方位。实际上，"名词+领格+方位词"这个构式是表示方位义的构式，因此，这里的名词也临时具有了处所义，而处所的前后左右、上下里外跟处所本身都有着一定的依存关系，这种依存关系也是一种领属关系，可称之为"方位领属关系"。

在名词和形容词之间，形成"名词+领格+形容词"的构式。在这个构式中，形容词是名词的某方面的性质，所以名词和形容词之间也具有领属关系。在有的语言如哈萨克语中，这种构式还用来表示形容词的最高级形式。

领格总是处在"NP1+领格+NP2"的结构中,表示 NP1 对 NP2 的领有关系。作为附加成分,领格总是附加在 NP1 的后面,形成"NP1+领格"的结构,这个结构直接修饰 NP2。因此,领格附加成分及其各语言中相当于领格的成分只能出现在 NP1 的后面,这一点跟格附加成分一样。但领格附加成分在有的语言中却可以处在句子的结尾,如在维吾尔语中,位于句尾的领格结构相当于汉语的"名词+的"结构。但阿尔泰语系的大多数领格附加成分不能单独结尾。

二、随格附加成分的语序类型

随格是蒙古语族、满—通古斯语族的大部分语言及哈萨克语的一种格,表示伴随动作的人或事物。哈萨克语中叫做助格,其他语言中也叫联合格、共同格,也有些语言造格与随格由一个附加成分来表示,合称为造联格、造—联合格、凭—联格等,名称不同,但语义特点有很多相同的地方。为行文一致,本节统一用"随格"来代表各种名称。随格附加成分一般附加在名词的后面,形成"名词性词语+随格"的结构,本书称为随格结构,随格结构所在的句子称为"随格句"。随格句表示"某人与某人或某物与某物共同参与某动作"。随格结构的语序一般是固定的。例如:

哈:ol ʤoldas-tɑr-men aqəldɑs-tɨ.
他 同志-复数-助格(随格) 商量-确定过去时
他和同志们商量了。

蒙:tɑ xən–tee ir-ʤee?
您 谁-随格 来--一般过去时
您和谁一起来的?

东乡:ɢoni iman-lə hantu osun idʑiə- dzuwo.
绵羊 山羊 随格 同 草 吃 - 进行体
绵羊和山羊在一块吃草。

土:tɕə munə aaga-la xamdə çdʐə.
你 我的 叔叔-随格 一起 去
你和我叔叔一起去。

达:bii tər xuu-tii ul tani-ltʃ - əŋ.
我 那 人-随格 不 认识-互动态-(现在-将来时)
我和那个人互不认识。

保:tɕi mənə dəu-Galə damələ.
你 我的 弟弟-随 抬
你跟我弟弟一起抬。

东裕：tʃə mula– la   pudə hogə-ldə!
　　　你　孩子-随格　不要　打-互动态
　　　你不要和孩子打架。

康：məni   aba ma devʉ-ɢala nikta re–va.
　　我的　父　和　弟弟-随格　一起　来-过去时
　　我爸爸和弟弟一起来的。

锡：tər təsə-maq   gutʂw dzə-və -m.
　　他　他们-随格　朋友　结-使动态-现在将来时
　　他和他们交朋友。

鄂温克：xadal   əməgəl-dʑi   əmun–du   bisin.
　　　　马嚼子　鞍子-随格　一 – 与格　助动词
　　　　马嚼子和鞍子在一起。

鄂伦春：bii ʃin-dʑi   ŋənə-ldi – m.
　　　　我　你-随格　去-共动态-(现在-将来时).1S
　　　　我和你一起去。

赫：çi   əiniŋ nian-dʑi bəidʑiŋ–tki ənə-çi.
　　你　今　他-随格　北京-向格　去-2
　　你今天同他到北京去。

随格结构一般出现在主语的后面，随格结构中的名词与主语的语义关系密切，二者共同参与某一动作。但在句法结构上，随格结构跟谓语动词的关系更密切，二者构成状中结构。随格句中如果有宾语，宾语位于随格结构的后面。如果还有其他状语成分，随格结构位于状语的前面。句子结构是：主语+名词+随格+宾语+状语+谓语。根据随格的位置，句子在句法结构上分为两大板块："主语"为一板块，"随格结构+宾语+状语+谓语"为一板块，有时时间状语可以出现在主语和随格结构之间，这也是由时间词的特点决定的。句子的语义结构也可以分为两大板块："主语+随格结构"是一个语义板块，表示动作的执行者；"宾语+谓语"为一板块，表示动作。语义结构如图所示：

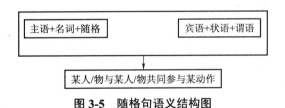

图3-5　随格句语义结构图

三、宾格附加成分的语序类型

宾格是加在宾语的后面，表示宾语和谓语之间结构关系的格附加成分。宾格属于外部形态成分，它不修饰、限制名词性成分内部的结构关系，而是连接不同的句法成分，并且连接的是句子的主要成分，在语义上连接的是受事和动作，因此宾格在阿尔泰语系各语言中有着特殊的作用。

宾格由于总是和其前面的名词一起出现，因此可以把宾格和宾语的固定搭配称为宾格结构。考察宾格的语序实际上就是考察宾格结构的语序特点。宾格结构在阿尔泰语系中有两种分布情况：宾格结构+S+VP；S+宾格结构+VP。前一种情况可以叫做宾格结构居前，后一种可以叫做宾格结构居中。阿尔泰语系是 SOV 型语言，所以，宾格结构居中是优势语序。下面分别讨论这两种情况。

（一）宾格结构居中

宾格结构居中的情况在阿尔泰语系中常见。这种结构符合阿尔泰语系 SOV 的句型特点，即 O 位于 S 与 V 之间。阿尔泰语系的 SOV 句型中，宾格附加成分起了三个方面的作用：（1）表示 O 与 V 之间的句法结构关系和语义结构关系；（2）作为宾语的标志；（3）对句子结构起着平衡的作用。宾格结构居中的情况有很多类型，常见的有：

1. "指示词+名词+宾格"居中

"指示词+名词+宾格"结构是复杂的宾格结构之一。在这个结构中，指示词先和名词组成名词性结构，宾格再限制这个名词性结构。就是说，"指示词+名词+宾格"的结构层次与线性顺序是一致的。例如：

维：u bu kitɑb–ni eli-p　　　　　kɛl–di.
　　他　这　书-宾格　拿-状态副动词　来-确定过去时
　　他把这本书带来了。

柯：bul kiʃi–ni　kør -gøn － syz – by?
　　这　人-宾格　见-历史过去时-2S.尊称-吗
　　您见过这个人吗？

蒙：biː ən mœr–ɪɪg ʊnɑ–n.
　　我　这　马-宾格　骑 - 现在将来时
　　我骑这匹马。

东乡：bi ənə mori–ni　unu-jə!
　　　我　这　马-宾格　骑-祈使式
　　　我骑这匹马吧！

达：ʃii tər bitəg-ii　　　　udʒ-ədʒ　bar-səŋ.

　　你　那　书-(属-宾格)　看-CAV　完-过去时

　　你把那本书看完了。

保：tɕi ənə χai-nə　　apə-dʒi　dʒi！

　　你　这　鞋 - 宾格　拿-CAV　去

　　你把这双鞋拿去！

康：bi enə tulʁa-ni bei-ʁa - va.

　　我　这　柱-宾格　立-使动态-过去时

　　我立了这根柱子。

鄂伦春：bii əri mʊrɪn-ma　dʒawa-m.

　　　我　这　马 - 宾格　抓-现在将来时.1S

　　　我抓这匹马。

朝：nuna-ka　i ir-ɯr　ar - ass - ta.

　　姐姐-主格　这　事-对格　知道-过去时-陈述式对下阶直叙法

　　姐姐知道了这件事。

指示词修饰名词时，是有定的标记，即"指示词+名词"在语言中是个有定的结构，在阿尔泰语系中必须用宾格作为有定的标记。这与汉语不同。汉语的句子结构中，主语部分倾向于是有定结构，宾语部分倾向于是无定结构。阿尔泰语系宾格前面是句子的宾语，并且可以是有定的。这个有定信息用宾格做标记，也符合认知语言学的显著度原则。指示词标注的信息肯定是显著信息，而显著度高的信息都应该是有标记的。宾格起到了突出显著性信息的作用。

2."领属结构+宾格"居中

"领属结构+宾格"结构是复杂的宾格结构之一。在这个结构中，领属名词通过领格附加成分先和名词组成领属结构，宾格限制这个领属结构。就是说，"领属结构+宾格"的结构层次与线性顺序是一致的。例如：

图：men baqʃə-nəŋ　　nomə-n　apar-də - m.

　　我　老师-领格　书-宾格　丢--一般过去时-1

　　我把老师的书丢了。

蒙：tʃii　minii goog-iig　dʊʊd！

　　你　我的　哥哥-宾格　叫

　　你把我哥哥叫来！

东乡：tʂɯ mini　ʂu-ni　udʒə！

　　　你　我的　书-宾格　看

　　　你看我的书！

满：bi　bəjə　sədzən-bə　jolo-me.
　　我　自己　车-宾格　骑-将来时
　　我骑自己的车。

领属结构是有定结构，也是复杂的结构。宾格把领属结构与后面的谓语动词联系起来，形成稳定的结构。宾格在这里既管辖领属结构，又管辖动宾结构。如图所示：

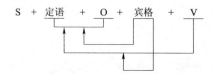

图 3-6　宾格结构语序功能图（1）

这里说宾格管辖着领属结构，是因为宾格把它和主语之间的成分作为一个整体来对待，这些成分都在宾格的管辖范围之内；说宾格管辖着动宾结构，是因为它有两方面的作用。首先，当宾语是个复杂的结构时，即宾语是定中结构或由多项成分组成的联合结构时，宾格管辖这个复杂的结构，形成宾格结构，宾格结构从整体上受谓语的支配。其次，宾格是动宾结构的标记，它标记着谓语的语义指向，尤其是当主语和宾语形式一致、生命度一致时，宾格附加在哪个成分后面，哪个成分就是宾语。就是说，这种情况下，动词支配哪个成分，是由宾格决定的。如"NP1+NP2+VP"结构中，如果宾格在 NP1 的后面，那么 NP1 就是宾语；如果宾格在 NP2 的后面，那么 NP2 就是宾语。之所以出现这种情况，这是由阿尔泰系的 SOV 语序决定的。

3."普通名词+宾格"居中

"普通名词+宾格"结构中，宾格限制的是光杆名词，这是最简单的宾格结构。例如：

维：bɑli-lɑr　køjnek-lir-ni　　kij-iʃ　-　　　 ti.
　　孩子-复数　衬衣-复数-宾格　穿-（交互-共同态）过去时
　　孩子们都穿上了衬衣。

撒：men　ʃyeʂən-nə　oχu-dər-ʤi.
　　我　学生-宾格　念-使动态-过去时
　　我让学生念书了。

图：men　suɣ-nə　　aɣ-əs-　də-　m.
　　我　水-宾格　流-使动态--般过去时-1S
　　我让水流了。

土：bu　dərasə-nə　sii　otɕə-va.

　　我　酒-宾格　没有　喝-过去时

　　我没有喝酒。

达：tər　tʃaaŋukw-jii　tam　tark-səŋ.

　　他　碗-宾格　　碎　打-过去时

　　他把碗打碎了。

保：ənə　noɢoi　kuŋ-nə　　tʂaŋ　ʥiu-nə.

　　这　狗　人-(领-宾格)　常　咬-非确定现在时

　　这条狗常咬人。

康：ʥinʥiʁa　nuʁuai-ni　　aji-na.

　　孩子　狗 -(领-宾格)　怕-非过去时

　　小孩子怕狗。

满：çi　bitkə-bə　xola-me.

　　你　书-宾格　念-将来时

　　你念书。

鄂温克：sii　ɔrɔttə-jə　　xadɪ-xa.

　　　你　草-不定宾格　割-祈使式.2S

　　　你割草！

鄂伦春：buu　oorikəənʥiwun　uluki-jə　　gələə-tʃəə-wun.

　　　我们　全部　　　　松鼠-不定宾格　找-过去时- 1P

　　　我们全都找松鼠去了。

赫：çi　tʂutʂa-ʥi　mori-mə　tʂutʂalə！

　　你　鞭子-随格　马-宾格　抽

　　你用鞭子抽马！

朝：kɯ-nɯn　jak-ɯr　mək-əss-ta.

　　他-添意成分　药-对格　吃-过去时-陈述式对下阶直叙法

　　他吃了药。

阿尔泰语系中，光杆名词单独做宾语时，如果名词靠近动词，名词后面的宾格常常不出现，这可以称做零宾格标记。这也符合语言的经济原则。当主语和宾语之间有其他成分时，主语与宾语的距离疏远，主语不能直接控制宾语，宾格标记可以加强主语对宾语的控制。当动词有态的附加成分时，宾语要加宾格标记，如维吾尔语、撒拉语等；当动词和宾语之间有其他词语时，动词不能直接支配宾语，因此要在宾语后加宾格标记，如土族语；祈使句中，一般要在宾语后加宾格标记，如满语；有些特定的动词要求宾语带宾格标记，如康家语。

4. "专有名词+宾格"居中

"专有名词+宾格"结构中,专有名词是光杆名词。"专有名词+宾格"结构也是最简单的宾格结构。例如:

柯:sulajman　darike – ni　tʃaqər-də.
　　苏来曼　　达里凯-宾格　邀请--一般过去时
　　苏来曼邀请达里凯了。

锡:bi　ili　bira–v　xətw　əvsə-m　dul-xəŋ.
　　我　伊犁　河-宾格　横　游-CAV　过-过去时
　　我横渡了伊犁河。

鄂伦春:bii　burta-wa　bitəgə-jə　tuurəə-wkəən-əm.
　　　　我　布尔塔-宾格　书-不定宾格　读 – 使动态 – 1S
　　　　我让布尔塔读书。

专有名词的显著度非常高,当出现在宾语位置上时一定要有标记,这个标记就是格附加成分。专有名词后用什么样的格附加成分并不取决于专有名词本身,而是取决于构式。当专有名词是动词的受事时,就要在其后面加宾格附加成分。尤其是当主语和宾语都是具有同样生命度的名词性成分时,宾格的作用更加明显。它不但是宾语的标记,而且还凸显了主语对宾语的控制度:主语的控制度强于宾语,宾语必须接受主语的控制。从现有的语料看,"专有名词+宾格"的语例很少。这也反映了显著度、生命度极高的专有名词很少进入到这个构式中。

5. "人称代词+宾格"居中

指示代词也叫指示词,主要功能是做主语或修饰、限制名词。它的指称性强,独立性也很强,一般很少进入"代词+宾格"的构式中。疑问代词在阿尔泰语系中或者独立做宾语,或者做修饰、限制语,很少进入"代词+宾格"这个构式。只有人称代词能自由地进入"代词+宾格"构式中来。例如:

乌:dædæ–m　se–ni　tʃæqiri-jʌbdi.
　　爸爸-1GS　你-宾格　喊 – 现在进行时
　　爸爸在叫你。

图:men　o-nə　əɣla-t – də – m.
　　我　他-宾格　哭-使动态--一般过去时-1S
　　我把他弄哭了。

土:tɕi　te-nə　tanə – n（ə）　uu?
　　你　他-宾格　认识-现在时　吗
　　你认识他吗?

达：nogr ʃam–ii　　　dag-laa　　　dəə.
狗　你-(属-宾格)　跟-过去时 肯定语气词
狗跟你来了。

满：çi　tərə-və　xula-mə　gətə-bu!
你　他-宾格　叫-CAV　醒-使动态
你叫醒他!

从以上语料来看，人称代词做宾语之所以受宾格的限制，是因为：人称代词的生命度在所有的名词性词语中是最高的。同时人称代词的有定性很高，指称性很强，动词很难直接支配这样的成分。当人称代词后面加上宾格标记以后，就增加了动词对宾语的控制力，使句子的语义结构处于稳定状态。当主语是一般名词时，它的生命度明显低于代词宾语的生命度，宾格增加控制力的倾向就更明显了。当主语是人称代词时，虽然人称代词的生命度随人称不同也有变化，但做主语的人称代词具有更高的控制力，而做宾语的人称代词的控制力较弱，因此宾格也是主语控制宾语的标志。这可以跟其他语言进行比较。如英语中人称代词做宾语时要用宾格形式。古代汉语中宾语前置时，有时要在宾语和动词之间加助词。例如：

吾以子为异之问，曾由与求之问。（论语·先进）

我且贤之用，能之改，劳之论。（韩非子·外储说左下）[1]

汉语研究中把宾语和谓语动词之间的连接成分叫助词。不管叫什么名称，有一点可以肯定，古代汉语中宾语前置是不自由的，是特殊的格式，需要加标记，其中的助词就是宾语和动词之间的标记。

6. "动词/形容词+宾格"居中

动词的典型句法功能是做谓语，形容词的典型句法功能是做谓语和定语。阿尔泰语系中，动词、形容词常常进入"宾语+宾格"构式中做句子的宾语。例如：

哈：men sywret səzəw-də ʤaqsə køre-min.
我　画儿　画-宾格　喜　欢-1S
我喜欢画画儿。

西裕：məs ɢuras-ɣan-nə　ɢare-nə !
我们　摔跤-PAV-宾格　看-祈使式
咱们看摔跤去吧!

西裕：gol kətʃigərek-də　jaxʂ　gør- ej dro.
他 小些的 -宾格　好　看-普通预计将来时

_____

① 杨伯峻、何乐士：《古汉语语法及其发展》，语文出版社 2001 年版，第 799 页。

他喜欢小一些的。

土：bu　mulaa-nə　　avu-ja.

　　我　小的-宾格　　要-祈使式.1

　　我要小的。

锡：adʑi gurun　ivirə-v　tɕiχalə-m.

　　小　人们　　玩-宾格　喜欢-现在将来时

　　孩子们喜欢玩。

动词性成分、形容词性成分虽然都可以直接做宾语，但都是特殊的宾语，这种特殊宾语需要加宾格标记。动词可以是以光杆动词的形式受宾格的限制，也可以是以动宾结构的形式受宾格的限制。形容词常常是以光杆形容词的形式做宾语并受宾格的限制。宾格既把其前面的动词性成分和后面的谓语动词区别开来，又使其前面的动词性成分具有了名词的功能，还使动词性成分具有了宾语的资格。由以上分析可以看出，阿尔泰语系的动词做宾语时，可以不经过动词的形态变化，直接进入宾语的位置。但是做宾语的动词要接受名词的形态变化，即加宾格附加成分。因此，动词、形容词做宾语是不自由的，是有标记的。

（二）宾格结构居首

宾格结构居首在阿尔泰语系中是一种特殊的结构。与 SOV 相比，O 移至主语前形成 OSV 结构。宾格结构居首的情况可以分为以下几种类型：

1. 小句宾格结构居首

小句宾格结构居首的类型指居首的宾格结构是"小句+宾格"的形式。例如：

维：u　bil‐gɛn‐ni　mɛn-mu bil‐ɛr‐mɛn.

　　他 知道-PAV-宾格 我-也　知道-现在将来时-1S

　　他懂得的我也能懂。

塔：ɑnəŋ　kiliri-n　　hitʃkim bil-mij.

　　他的　到来-宾格 任何人 知道-否定

　　谁也不知道他来。

乌：ɵlær-niŋ　χæwɵz-dæ bæliq tɵtæ-jʌtgænlik-lær-ni　　　sen rʌst

　　他们-领格 池塘-位格 鱼　　抓-动名词现在时-复数-宾格 你　真的

　　kør-di‐ŋ‐mi?

　　看-确定过去时-2S吗

　　你真的看到了他们正从池塘里捞鱼？

东乡：ʂudʑi-ni　　　kiəliə-sən-ni　　bi　man　dʑila-wo.

　　书记-(领-宾格) 说-PAV-(领-宾格) 我　全　记住-完成体

　　书记说的我全记住了。

东裕：tʃə　larɣə-m(e) - in　　　bu　marda-ʤ(ə) wai.
　　你　说-形动词-领宾格　我　忘 - CAV　是
　　我把你说的话给忘了。

土：te fugu – san - nə　　　　ken ma da sii　mude-va.
　　他 死-完成体形动词-领宾格　谁　也 没有　知道-过去时
　　谁也不知道他死了。

赫：mini　buda dzəfə-m　ot-(i)χə-mə　　niani　sa-χajə.
　　我的　饭 吃-CAV 完-完成体-宾格　他　　知-完成体
　　他知道我吃完饭了。

　　小句在句首做宾语时，句子中就有了两个动词，即小句中的动词和主句中的动词。这两个动词有着时间上的先后关系。如果小句表示的事件已经发生，那么小句中动词表示的动作的发生时间在先，主句的动词表示的动作发生的时间在后；如果小句表示的是未发生的事件，则时间顺序相反。

　　小句宾格结构复杂，它的初始位置应该在主语后面，这样才是阿尔泰语系的常式语序类型。但由于它在长度上比主语要长，结构上比主语复杂，如果放在主语后面，句子结构就失去了平衡，因此，小句宾格结构只能前移。这样，宾格的前面是主谓形式，宾格的后面也是主谓形式，句子形式是"NP1+VP1+宾格+NP2+VP2"。句子在结构上实现了平衡。宾格标记是保持句子平衡的纽带。通过宾格附加成分，主语可以控制前面的宾语。

　　此外，与主语相比，居首的宾语是重成分，而主语是轻成分。同时主语靠近谓语动词，这个主谓结构与居首的宾语在"重度"上一样。这样，前后两部分以宾格标记为支点，在重度上实现了平衡。

　　2. 短语宾格结构居首

　　有些短语主要是偏正式短语做宾语时用宾格提前到句首。根据语料，短语宾格结构居首可以分为两种，一种是"指示词+名词+宾格"居首，一种是"领属结构+宾格"居首。

　　（1）"指示词+名词+宾格"居首。例如：

柯：bul qabar-də　　ol bil -bes.
　　这　消息-宾格 他 知道-否定
　　他或许不知道这个消息。

塔：bu qɛʁɛz-nɨ　min sana-məj-m.
　　这　纸-宾格　我　数-否定-1S
　　我不数这些纸。

乌：bɯ　wæzifæ –ni　øzim bæʤær-æj！
　　这　任务-宾格　自己　完成-祈使式.1S
　　让我自己完成这个任务吧！

蒙:ən	mɑl-ɪɪg	bii	xoo-joo!
　　这　牲畜-宾格　我　赶-祈使式.1
　　我赶这头牲畜！

达:tər	baitə-ii	bi	ul	mədə-ŋ.
　　那　事-宾格　我　不　知道-现在将来时
　　我不知道那件事。

保:ənə	gatçĭ-nə	tçI	kal(ə)-o.
　　这　话-(领-宾格)　你　说-确定过去时
　　这话你说了。

康:eni -ɣe	ile-ni	bi	gi	ʃda-na.
　　这 - 一　活-(领-宾格)　我　做　能-非过去时
　　我能干这活。

满:ərə	βeta-bə	çi	içigia-mə	mutəm	no?
　　这　事-宾格　你　办 - CAV　能　　吗
　　这件事你能办吗？

锡:tər	josu-v	jajavə	li-m	mutu-qu.
　　那　锁-宾格　无论谁　开-CAV　能-否定
　　那把锁无论谁都打不开。

　　"指示词+名词+宾格"这个结构可以居中，这在前面已讨论过。无论这个结构居首还是居中，指示词没有变化，名词没有变化，宾格也没有变化。这表明，这个结构的语序比较灵活，可以围绕主语前后移动。"指示词+名词+宾格"这个结构居首时，句法上使句子的结构分为两部分，宾格标记前为一部分，宾格标记后为一部分。这两部分的长度相当，句子结构处于平衡状态。宾格结构居首，一方面使宾语得到凸显，另一方面，主语靠近动词，增强了对宾语的支配力。

　　（2）"领属结构+宾格"居首。例如：

图:se:n	gel-gen - iŋ - ni	me:n	adaʃ-tar-əm	Goʤuɣ eki gø:r.
　　你的　到来-PAV-2GS-宾格　我的　朋友-复数-1GS　很　　欢迎 看（助动词）
　　对你的到来，我的朋友们很欢迎。·

蒙:tər	xun-ee	ʤɑŋ - g	bii	mədəx-gue.
　　那　人-领格　性格-宾格　我　知道 - 不
　　我不了解那个人的性格。

保:nʤɑŋ-nə	kədə-nə	bŭ	gənbən	lə	ʤi-m.
　　他-(领-宾格)　家-(领-宾格)　我　根本　不　去-确定现在时
　　他家我根本不去。

鄂伦春：minɲi ʤəəktə-wə-w nii ʤəb-tʃəə?

　　　我的　饭-宾格-1GS 谁　吃-过去时

　　　谁把我的饭吃了？

赫：niani giʤu-mə-ni bi təni uli - χəjə.

　　他　话-宾格-1G 我 才　　懂-完成体

　　他的话我才听懂了。

"领属性结构+宾格"居首的情况与"指示词+名词+宾格"居首的情况一样，这里不再赘述。要补充的是，这两个结构都是有定性非常强的结构，结构都很复杂，它们在句首既符合语义表达的要求，也能使句子结构在重度上保持平衡。

这类结构与汉语的主谓谓语句有些类似。不同点是汉语句子中的大主语相当于阿尔泰语系的宾语。如果阿尔泰语系的宾格标记去掉的话就是主谓谓语句了。但在阿尔泰语系的这类结构中，宾格标记是不能省略的。宾格标记不但起连接作用、标志作用，还能增强表达的语气。这类结构的句子整体由两个板块构成，宾格标记前的宾语部分是第一板块，宾格标记后的主谓部分是第二板块。这两大板块由宾格标记连接，保持平衡状态。下面是宾格结构居中和居首时的句子结构图：

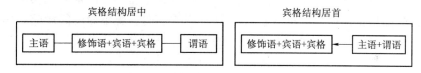

图 3-7　宾格结构语序功能图（2）

宾格结构居中属于常式结构，而宾格结构居首则是一种变式结构。宾格结构居首至少有三个方面的原因：一是因为宾格结构是个复杂的结构，放在句中不利于表达和理解；二是因为宾格结构居首是为了突出它，交际时能够引起听话人的注意；三是为了保持句子结构的平衡和句子重度的平衡。

3. 名词/代词宾格结构居首

阿尔泰语系中，名词宾格结构或代词宾格结构可以直接位于句首。例如：

维：aj-ni itek bilen jap-qili bol-mas.

　　月亮-宾格 衣襟 用 掩盖-目的副动词 可以-否定

　　衣襟遮不住月亮。

维：bu-nə mɛn dɛstərχan-nəŋ astə-ndan tap - tə - m.

　　这-宾格 我 桌布 - 领格 下-从格 找到-过去时-1S

　　我在桌布下找到了这个。

土：taraa-nə　　　bu　kiisge-ja,　　　tɕə　çiuu.
　　粮食-宾格　　我　扬-祈使式.1　　你　扫
　　粮食我扬，你扫。

达：os-ii　　　　xar　xukur　oo-səŋ.
　　水-宾格　　黑　牛　　喝-过去时
　　水被黑牛喝了。

康：χoni-ni　　　　ʤurʁei　ide-ʃʤa.
　　绵羊-(领-宾格)　狼　　吃-过去时
　　羊被狼吃了。

满：mim-bə　ʂuʤi　xənxəndi　giʤər-xə!
　　我-宾格　书记　狠狠地　　说-过去时
　　书记狠狠地批评了我。

鄂温克：sunə-wə　　bii　ətə-suu　　daa !
　　　　你们-宾格　我　胜 - 过去时　语气词
　　　　我赢了你们了！

阿尔泰语系中，光杆名词直接做句子的宾语时，如果是在主语后面，宾格有时可以省略。当光杆名词宾语置于句首时，名词的后面必须有宾格附加成分。代词直接做宾语时无论是在句中还是在句首，都要加宾格附加成分。如果把这些句子的宾语都放到主语的后面，受生命度的影响，比主语生命度高的或与主语生命度相同的宾语的后面要加宾格附加成分，比主语生命度低的宾语后面可以不加宾格附加成分。当宾语在句首时，这类句子也分成两大板块，结构情况与前面的讨论一样，这里不再赘述。这类句子的主语和宾语的形式都很简单，在实际语用中，可以随意调换二者的语序。这表明光杆名词或代词做宾语时语序也很灵活，可以围绕主语前后移动。

四、造格附加成分的语序类型

造格主要是蒙古语族、满—通古斯语族语言具有的格形式，另外，哈萨克语助格的某些语义功能特点与造格一致，所以也放在一起来讨论。造格主要表示动作进行时凭借的手段等。造格跟其他格一样有许多语义变体。本书只选取各语言中最常见的语义类型——工具义来分析造格附加成分的语序特点。造格附加成分主要附加在名词的后面，形成"名词+造格"的结构，这个结构可以称之为造格结构。造格结构的语序是固定的。例如：

哈：aʁaʃ-tə　　balta-men　ʤar!
　　木头-宾格　斧子-助格　劈

用斧子劈木头!

蒙：tʃii ʊs–aar ʊgaa–n.
　　你　水-造格　洗-现在将来时
　　你用水洗。

东乡：tʂɯ mori-Gala tsədzu laji–ɣa!
　　　你　马-造格　车子　拉-使动态
　　　你用马拉车子。

土：bos–nə meŋxuaa–la nəkə–n ii.
　　布-宾格　棉花-造联格　织-反复体副动词　是
　　布是棉花织的。

达：ʃii ʤan–aar waa–bai ʃii jəə?
　　你　碱-造格　洗-现在将来时　你　吗
　　你用碱洗吗?

保：nogsuŋ-Gala tχum ti.
　　羊毛-(造-联格)　毡子　擀
　　你用羊毛擀毡子。

东裕：temen-ə ŋGuasən–aar hdaasən tomu–ja.
　　　驼-领格毛 - 造格　线　搓-祈使式.1
　　　用驼毛搓绳子。

康：bəsɯ–ni mianχua-Gala sa–sʉn.
　　布 -(领- 宾格)棉花-(凭-联格)　做-完成体形动词
　　布是用棉花制作的。

锡：ər aʥi sudzən–b mo – maq ar–χəi.
　　这　小　车 - 宾格　木头-(造一联合格)　做-过去时
　　这辆小车是用木头做的。

鄂温克：bii tari baxa–saa mogon-ʤi – wi
　　　　我 那　得到-完成体形动词　钱-(造一联合格)-1GS
　　　　amin ənin–bi iggi–mi.
　　　　父　母 - 1GS　抚养-(现在-将来时).1S
　　　　我用得到的钱奉养父母。

鄂伦春：bii ʃukə–ʤi tʃaptʃi–m.
　　　　我　斧子-造格　砍-(现在-将来时).1S
　　　　我用斧子砍。

赫：ɕi tʂutʂa–ʤi mori–mə tʂutʂalə!
　　你　鞭子-(造-联合格)　马-宾格　抽
　　你用鞭子抽马。

朝：tturakttoruı-rossə　　　pat'-ɯr　　　ka–nta.

拖拉机　–造格　　　旱田-对格　耕　–陈述式对下阶直叙法

用拖拉机耕地。

造格结构在各语言中都位于主语的后面，谓语的前面。具体语序情况有三种：

如果句中有主语又有宾语，造格结构一般位于主语的后面，形成"主语+造格结构+宾语+谓语"的构式。这种句式是由三大板块构成的：主语为一个板块，造格结构为一个板块，"宾语+谓语"为一板块。造格附加成分离动词较远，造格结构跟谓语动词的关系不密切，对谓语动词的影响比较弱，主要表示完成某一事件所运用的工具。如图所示：

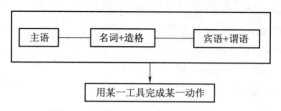

图 3-8　造格结构语序功能图（1）

如果句中没有主语而只有宾语，一般情况下宾语位于句首，造格结构位于宾语之后，形成"宾语+造格结构+谓语"的构式。这种句式是由两大板块构成的：宾语为一个板块，"造格结构+谓语"为一个板块。造格附加成分靠近动词，造格结构直接修饰谓语动词，表示制造某一事物所运用的材料。如图所示：

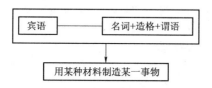

图 3-9　造格结构语序功能图（2）

造格结构也可以单独位于句首，形成"造格结构+宾语+动词"的构式。这种句式是由两大板块构成的：造格结构为一个板块，"宾语+谓语"为一个板块。造格结构位于句首，是为了强调完成某一动作所运用的工具。如图所示：

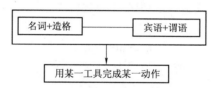

图 3-10　造格结构语序功能图（3）

五、位格附加成分的语序类型

位格是突厥语族、蒙古语族、满—通古斯语族共有的格，语法特点基本相同，但在语义特点上有些差异。前面讨论的宾格有时还可以不出现，位格则不同，它是必须出现的格成分。位格与前面的名词构成固定的结构，这个结构可以称之为位格结构。根据位格的语义特点，可以分成以下几种类型：

（一）处所词 1+位格（处所句 1）

位格的典型语义功能之一就是表示事物存在的处所。这在阿尔泰语系的大多数语言中都是相同的。例如：

维：u　yrymtʃi - dɛ　　tuʁ-ul　– up　　　　　øs-kɛn.
　　他　乌鲁木齐-位格　生-(反身-被动态)-状态副动词　生长-PAV
　　他出生在乌鲁木齐。

哈：bɪz　olɑr–deŋ　　dʑɑtɑʁə-nda　　æŋgɪmeles-tik.
　　我们　他们-领格　宿舍-位格　　聊天-确定过去时
　　我们在他们宿舍聊天了。

柯：yj–dø　　køp　kiʃi　bar.
　　屋-位格　多　人　有
　　屋里有许多人。

乌：qiʃlʌq　jʌni-dæ　bir　　kættæ ænhʌr bʌr.
　　村　旁-位格　一　大　河　有
　　在村旁有一条大河。

蒙：bii　xitʃəəl-iin　gər-t　　bɛn.
　　我　课-领格　屋-位格　在
　　我在教室呢。

东乡：bi　sonanba-də　　sao-dʐuwo.
　　　我　锁南坝-位格　住-进行体
　　　我住在锁南坝。

土：te　raal-də　　dʑɑGɑsə ulon a.
　　那个 河-位与格 鱼　　多　有
　　那条河里鱼多。

保：bədə　rəkuŋ　- də　　səu-saŋ.
　　我们　保安(地名)-（与一位格）　住-PAV
　　我们在保安住过。

满：çi　ɛ　tokso-də　　ti-xə　　be？
　　你　什么　村-（与-位格）　住-过去时　有
　　你住在哪个村子？

这类处所词之所以称为处所词 1，是为了区别下一类的处所词 2。这类句子有两种情况：当主语在前，位格结构在后时，句子分为两个板块，主语为一个板块，"位格结构+谓语"为一个板块，表示"某人在某处"，如蒙古语、东乡语等；当位格结构在前，宾语在后时，句子也分为两个板块，位格结构为一板块，"宾语+谓语"为一板块，表示"某处有某物"，如乌孜别克语、土族语等。在前一种情况下，动词可以是存在义动词，也可以是动作动词；在后一种情况下，动词都是表示存在的静态义动词。这两种情况中，处所词都是具体处所词。这两种情况的句子结构如图所示：

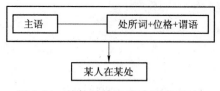

图 3-11　位格结构语序功能图（1）

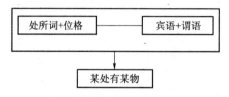

图 3-12　位格结构语序功能图（2）

图 3-11 所示的构式的语序是不能变换的。主语是表示人的词语，生命度最高，应该放在句首。位格一方面连接处所词，一方面连接后面的谓语，虽是附加成分，却是存在句的核心成分。"处所词+位格+存在动词"作为一个板块，可以单独回答问题，构式中的任何一个成分都不能省略。

图 3-12 所示的构式的语序也不能改变。位格结构后面的宾语一般是无定结构，无定结构一般不出现在句首。

（二）处所词 2+位格（处所句 2）

位格的另一个典型语义功能是表示动作发生的处所或动作的方向。突厥语族语言都有独立的位格，蒙古语族、满—通古斯语族的一些语言位格已同与格合并成一个格。例如：

哈: køʃe-ler-diŋ　　eki　ʤaʁən-da　ʤaŋa yj–ler　　sal-ən- də.
街道-复数-领格　二　旁边-位格　新　　房屋-复数　盖-被动态-确定过去时
街道两旁盖起了新房。

撒: u　oj – de　　xuj　atʃ-ba(r).
他　屋-位格　会　开-非确定进行体
他正在屋里开会。

西裕：məs　jy-sə-nde　　diensi　ɢɑrɑh-də.
　　　我们　家-3G-位格　电视　　看-过去时
　　　我们在他家看电视了。

图：men　baɢa mektep–te　yʃ　ʤəl　nomna-də - m.
　　我　小　学校-位格　三　年　学习- 一般过去时-1
　　我在小学学习了三年。

蒙：tər nɔm-ɯɯn saŋ-d　　nɔm　uʤə-n.
　　他 书-领格　仓库-位格　书　看-现在将来时
　　他在图书馆看书。

东乡：ənə　ɢadʐa-də　　baodəi　tari-nə.
　　　这　　地-位格　　麦子　　种-现在时
　　　这块地将要种麦子。

达：faŋgii xorugu-ʤ　tʃin gurun– d　　itʃ-səŋ.
　　范雎　逃–CAV　秦 国–（与-位格）去-过去时
　　范雎逃往秦国。

满：ʂəujinʤi orxe-də　　　dʐaka　çinda–m　mutərko!
　　收音机　上-（与一位格）东西　　放 - CAV　不能
　　收音机上不能放东西!

鄂伦春：buu　　urə -ləə　bəjurə-w.
　　　　我们　山-位格　打猎-1P
　　　　我们在山上打猎。

赫：bi　tomaki　bəiʤiŋ-dulə　ənə-ji.
　　我　明天　北京-位格　　去-祈使式. 1S
　　我明天去北京。

　　"处所词 2+位格"这一构式与"处所词 1+位格"的要求不同，构式意义也不同，位格的作用也不同。"处所词 2+位格"要求其后面出现的动词是动作动词，这个动作可以是过去发生的，可以是正在发生的，也可以是将要发生的。这个构式的意义有两种：（1）在某处发生某动作；（2）动作沿某一方向向某处所移动。位格是不可缺少的成分。当"处所词 2+位格"表示第一种意义时，位格与名词的语义关系更突出处所的意义。当"处所词 2+位格"表示第二种意义时，位格与动词的关系更突出动作的方向与终点。位格附加成分的语序很固定，"处所词 2+位格"的语序也很固定，只能在主语之后，动词之前。

　　"处所词 2+位格"表示第一种意义时，句子由三个板块构成，主语、处所词 2+位格、动词各自独立为一个板块。如图所示：

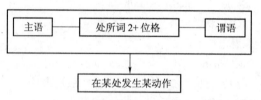

图 3-13　位格结构语序功能图（3）

当"处所词 2+位格"表示第二种意义时，句子由两个板块构成，主语为一板块，"处所词 2+位格+动词"为一板块。如图所示：

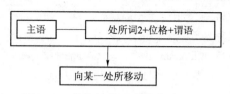

图 3-14　位格结构语序功能图（4）

（三）时间词+位格

时间词包括时点词和时段词，它与位格形成的"时-位"结构跟前面讨论的"处所词+位格"语序位置有所不同。"时-位"结构既可以出现在句中，也可以出现在句首。例如：

维：qiʃ - ta　su　muzlaj-du.
　　冬天-位格　水　结冰 - 3
　　冬天水要结冰。

哈：saʁat segiz-der-de　　qajt-əp　　　　kele-min.
　　点　八 - 复数-位格　回-过去时副动词　来 - 1S
　　我八点左右回来。

柯：ʤaj-da　　ʤajloo - ʁo　　tʃəʁa-bəz.
　　夏天-位格　夏季牧场-与格　出去-1P
　　夏天我们到夏季牧场。

撒：pohor-də　　　jaʁmur　jaʁ-ʤi.
　　一会儿-位格　雨　　　下-确定过去时
　　一会儿下雨了。

塔：min　biʃinʧi　aj-da　　landʒu-ʁa　　bar-a　　　　-　　m.
　　我　第五　　月-位格　兰州-与格　去-（现在-未来时）-1S
　　我五月份去兰州。

图：senner saɣat on-da　　nom　　baʃdar-senner.

你们　点钟　十-位格　书　　读　-　2P

你们在十点钟读书。

东乡：bi oɣəiku ʂuxou-də　sai qari-dʐu　irə-nə.

我　天明　时候-位格　才　回-CAV　来-未完成体

我天明时候才回来呐。

达：xarbəŋ udur-d　　　gərj　xii-ʤ　　bar- bəi.

十　　天-（与-位格）房子　建-CAV　　完-现在将来时

房子十天盖成。

保：χoruŋ Guraŋ-nə　　udər-də　　tɕiarəg Guar　rə-tɕ.

二十　三-（领-宾格）日-（与一位格）兵　　二　　来-非确定过去时

二十三日，来了两个士兵。

康：bi emlegʉ　sara-dʉ　　　re-va .

我　前　　月-（与一位格）来-过去时

我上月来的。

满：dʐuan eniŋŋe-də　　bo-və　　ara-mə　vadʐi-xa.

十　　天-（与-位格）房子-宾格　盖-CAV　完-过去时

房子十天盖成了。

　　位格本来是放在具体处所词后面，表示事物存在的处所或事件发生的处所等。由于处所词空间义有一定的范围，而时间词也具有一定的范围。当处所词的空间义投射到时间词上时，时间词就有了空间词的句法功能，附加在空间词后面的位格成分语义功能也随之投射到了时间词上，这样，时间词后面也出现了位格的附加成分。"时—位"结构的语序比较灵活，既可在句首，也可在句中。在句首和句中的句法功能有所区别。在句首时，句子分为两个板块，"时—位"结构是一个板块，主谓结构是一个板块，"时—位"结构修饰后面的主谓结构，表示在某一时间内发生了某事件。如图所示：

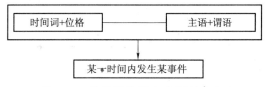

图 3-15　位格结构语序功能图（5）

　　"时—位"结构在句中时，句子也分为两个板块，主语是一个板块，"'时—位'结构+谓语"是一个板块，"时—位"结构修饰谓语，表示在某一时间内完成了某一动作。如图所示：

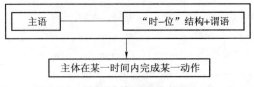

图 3-16　位格结构语序功能图（6）

六、从格附加成分的语序类型

从格（也叫离格，为行文同一，下面论述中都称作从格）普遍存在于阿尔泰语系各语言中。从格位于名词性词语的后面、谓语的前面，有时"名词性词语+从格"还可以位于句首。本书把"名词性词语+从格"这个结构称作从格结构。下面从三个方面来分析从格结构的语序特点。

（一）始点义从格附加成分的语序分析

从格最常见的语义功能就是表示动作的始点义，这是阿尔泰语系的共性。当从格前面的名词性词语是具体的方位词时，"方位词+从格"可以位于句中，也可以位于句首。例如：

维：u　helila　qeʃqer–din　qajt–ip　　　　kel–di.
　　他　刚刚　喀什-从格　返回-状态副动词　来-确定过去时
　　他刚从喀什回来。

柯：ʤaməjla　too–don　kel–di.
　　加米拉　山-从格　来--一般过去时
　　加米拉从山里来了。

乌：ɷ　ketʃæ　qæʃqær–dæn　bejʤiŋ–gæ　　qæjit–di.
　　他　昨天　喀什-从格　北京-向格　　回-过去时
　　他昨天从喀什回到北京。

西裕：joraq–dɑn　bər　kəsi　gelo–v　　　　dro.
　　南边-从格　一　人　来-普通现在时　是
　　南边有个人正走来。

蒙：bii　nɔm–ɪɪŋ　sɑŋ–(g)ɑɑs　ʤəəl–ʤ　ab–sɑn.
　　我　书-领格　馆 - 从格　借 -CAV　要-PAV
　　我从图书馆借的。

土：vɑŋʤɑ aɑde　baʤar–sa　re–ʤ（ə）a.
　　王家　爷爷　城-从格　来-CAV　是
　　王爷爷是从城里来的。

东裕：bu　baba–sa　　aŋla–wa.
　　我　爸爸-从格　听-过去时
　　我从爸爸那儿听说的。

康：bi suɯliɔ-sa　re-va .

　　我 西宁-从格　来-过去

　　我从西宁来。

锡：mərgəndʑi　ɢasən　toχsu-dəri　aldʑi-χəi.

　　墨尔根芝　　家乡　村庄-从格　离-过去时

　　墨尔根芝离开了村庄。

鄂伦春：taril　əri aaŋa – duk　　oŋto tʊga-laa　nulgi- tʃəə- l.

　　　他们　这　宿营地-从格　别　地-位格　搬-过去时- 3P

　　　他们从这个宿营地搬到另一个宿营地。

各个语言中，表示"来、去、到、离开"等义的动词都是具有方向性的，而且都有始点或终点。根据表达的需要，有时凸显始点，有时凸显终点。从格在句中的作用是凸显始点。凸显始点的构式是"处所词+从格+动词"。这个构式基本是稳定的，尤其是当主语是人称代词或指人名词时，"处所词+从格+动词"结构都位于主语的后面。整个句子一般由两大板块构成，主语是一个板块，"处所词+从格+动词"是一个板块。如图所示：

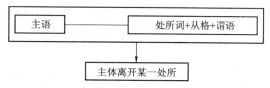

图 3-17　从格结构语序功能图（1）

始点义从格结构所在的句子符合象似性原理：某人从某处开始某动作时，先有动作的始点，然后才发生动作。这也是从格结构一般不移至句首的原因。但是，当从格结构是"方位词+从格"，并且主语是无定指人名词时，从格结构可以位于句首。这样的句子也符合"有定+无定"的原则。方位名词的方向义是确定的，所以是有定的。无定指人名词是无定的，所以放在句中也符合我们的语感，如西部裕固语。

（二）对象义从格附加成分的语序分析

当从格前面是指人名词、代词、动物名词或一些抽象名词时，从格可以表示动作指向的对象。这类句子可以称作对象义从格句。如果谓语是"害怕"义动词，这样的句子大都是对象义从格句。对象义从格句的语序都比较固定。例如：

维：biz　hetʃqandaq qijintʃiliq- tin　qorq-ma- jmiz.

　　我们　无论怎样　困难 - 从格　怕-否定式-3P

　　我们任何困难都不怕。

哈：qasen　　　　　ijt–ten　　qorqa–də.
　　哈森（人名）　狗-从格　怕 - 确定过去时
　　哈森怕狗。

撒：bu anatʃux　men–den　tʃele–ba.
　　这　姑娘　我 -从格　认生-非确定进行体
　　这姑娘怕我。

东乡：ənə otçin moɣəi–sə　aji–nə.
　　　这　姑娘 狗-从格　怕-未完成体
　　　这姑娘怕狗。

保：bu　moɢəi–sə　　aji–nə.
　　我　蛇-从格　　怕-非确定现在时
　　我怕蛇。

东裕：tere noχɢui–sa　ai–ʤ（ə）　wai.
　　　他　狗 - 从格　怕-CAV　是
　　　他怕狗。

锡：ər nan baitə–dəri　gələ–m.
　　这 人 事 - 从格　怕-现在将来时
　　这个人无论什么事都害怕。

　　从上面的例句中可以发现，对象义从格句中，从格结构的语序都是固定的，位于主语之后、谓语之前。从格附加成分连接对象名词和后面的谓语动词，既表示主体害怕的对象，又表示动作的方向。"对象名词+从格+谓语"不但在句中的语序固定，而且这三个成分之间的语序也是固定的。因此对象义从格句由两大板块构成，主语为一板块，"对象名词+从格+谓语"为一板块。如图所示：

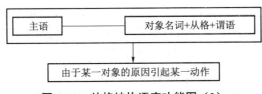

图 3-18　从格结构语序功能图（2）

　　从格连接谓语动词和对象名词，实际上也表示动作产生的原因，因此这类句子结构也符合象似性原理：先有某个对象，然后才有因这个对象而产生的结果动作。

　　（三）时间义从格附加成分的语序分析

　　从格与时间词形成的构式可以表示时间义，既可以表示时段义，也可以表示时点义。表时点义时，一般表示以某一时点为界限，在这一时点前或后发生某一动作。例如：

撒：igi gun-dən ardʒi u jan ba(r)-miʃ.
　　二 天-从格 以后 他 回 去-非确定过去时
　　两天以后他回去了。

塔：bɨz qərəq jɨl-dan berli bu yj - də
　　我们 四十 年-从格 以来 这 房子-位格
　　tur - əp kɨl-ɛ - bɨz.
　　停留-完成副动词 来-（现在－未来时）-1P
　　我们四十年来一直住在这所房子里。

柯：aləm maj-dan beri ʃaar-ʁa kir-be-gen.
　　阿勒木 五月-从格 以来 城市-与格 进-否定-历史过去时
　　阿里木自五月份以来未进过城。

图：men ba:r-nan burun bo kerek-di siler-ge ajtər-men.
　　我 去-从格 以前 这 事情-宾格 你们-向格 告诉-1S
　　我去以前会把这件事告诉你们的。

东乡：bidʑiən badʑiəndzun-sə uiliə gi-əjə!
　　　我们 八点钟 - 从格 工作 做-祈使式
　　　我们从八点钟起工作吧！

保：mangə maxɕiə-sə leg(ə)e!
　　咱们 明天-（从-比格）劳动
　　咱们从明天起劳动吧！

满：bi nyŋŋun ɛlin- dərе tɕitɕi-me.
　　我 六 时-（从-造格）出来-将来时
　　我六点钟从家里出来。

表示时段义时，从格形成的结构是"数词+时间量词+从格+后置词"。这个结构相对复杂一些，从格不直接跟名词或谓语动词联系，而是先同时间数量结构与时间后置词相联系，形成"时段义从格结构"。"时段义从格结构"的语序比较灵活，可以位于句首，也可以位于句中。当"时段义从格结构"位于句首时，这类句子的结构可以分为两个板块，即"时段义从格结构"为一板块，后面的"主语+谓语"为一板块。如图所示：

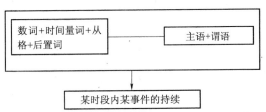

图3-19　从格结构语序功能图（3）

当"时段义从格结构"位于句首时，句子突出的是时间义，时间包含后面的事件。句子表达的是"某时段内某事件的持续"。句子结构可以概括为"时间+事件"。

当"时段义从格结构"位于句中时，句子分为三大板块，即主语为一板块，"时段义从格结构"为一板块，谓语为一板块。如图所示：

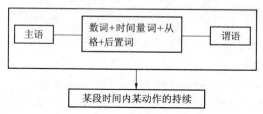

图 3-20　从格结构语序功能图（4）

表示时点义时，从格形成的结构是"时间词+从格+动词"，这可以称之为"时点义从格结构"。这个结构相对于时段义从格结构要简单一些，而且从格邻接动词，可以与时间词一起有效地修饰限制动词，整个句子表示"主体从某一时间开始做某动作"。"时间词+从格"不能位于句首，只能在句中。句子由两大板块构成，主语是一个板块，"时点义从格结构+谓语"是一个板块。如图所示：

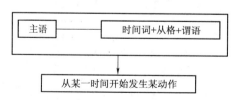

图 3-21　从格结构语序功能图（5）

七、向格附加成分的语序类型

向格是突厥语族中常使用的格，也是很重要的一种格。满—通古斯语族语言中有些语言也有向格。突厥语族语言中的向格既能表示动作的方向，也能表示其他的语义内容，如表对象、目的、价格、工具等。向格在突厥语族中功能很多，但在满—通古斯语族中，一般只表示动作的方向。向格与前面的名词构成的结构可以称之为向格结构。下面从两个方面来分析。

（一）处所词+向格

向格的语义特点之一就是表示动作的方向。它在句中位于处所词的后面、动词的前面，形成"处所词+向格+动词"的结构，可以把这个结构称作"方向义向格结构"。例如：

维：ini - m　　bejdʒiŋ-ʁɑ bɑr-dì.
　　弟弟-1GS 北京-向格　去-过去时
　　我弟弟去北京了。

哈：bɑlɑ-lɑr　　mektep-ke　　ket-tɨ.
　　孩子-复数 学校-向格　　去-确定过去时
　　孩子们去学校了。

柯：mɑnɑs　　tɑlɑs-qɑ　　qɑjt-tə.
　　玛纳斯　　塔拉斯-向格　回-过去时
　　玛纳斯回塔拉斯了。

撒：biser　bedʒur-ə　sɑnguɑn　et—me　　　　vɑ(r)-ʁur.
　　我们　北京-向格　参观　　做-目的副动词　去-确定将来时
　　我们要去北京参观。

塔：bɑlɑ-lɑr　　mæktæp-kæ　ket-tɨ.
　　孩子-复数　学校-向格　　去-过去时
　　孩子们到学校去了。

乌：ɯ bejdʒiŋ-gæ　　bʌr-ib　　　oqi-mʌqtʃi.
　　他　北京-向格　　去-状态副动词　读-愿望式
　　他打算到北京去读书。

西裕：wɑŋ　loʂi　jy-səŋ - ge　　jɑn-əp　　　dro.
　　　王　老师 家-3G-向格　　回-普通过去时 是
　　　王老师回家去了。

图：men bejjiŋ-ge　　bɑ:r-men.
　　我　北京-向格　去 - 1
　　我要到北京去。

锡：məs　ili　　birɑ-tɕi　　gən-kiə !
　　咱们　伊犁　河-方向格 去-祈使式.1
　　咱们到伊犁河去吧！

鄂温克：əsxə　tɑrɨ urə-tixi　　ul-səə.
　　　　叔叔　那 山-方向格　走-过去时
　　　　叔叔朝那座山走了。

鄂伦春：ʃirəmdə　　dʒuu –kki -wi　　　　jɑbuʃin-tʃɑɑ.
　　　　希勒姆德　　家-方向格-反身领属.S　走-过去时
　　　　希勒姆德往自己的家走了。

赫：ɕi əiniŋ nian-dʒi　　　bəidʒiŋ-tki　　ənə-ɕi.
　　你 今　他-（造-联合格）北京-向格　　去-未完成体
　　你今天同他到北京去。

"方向义向格结构"中，向格附加成分既有方向的作用，表示动作的方向，还有路径的作用，指从始点到终点的路径。路径位于始点与终点之间，向格位于动词与处所词之间，符合语言的认知特点。"方向义向格结构"的语序是固定的，只能位于主语之后，就是说，"方向义向格结构"是语序固定的结构，其所在的句子由两大板块构成：主语部分和"方向义向格结构+谓语"部分。如图所示：

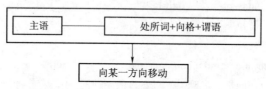

图 3-22　"方向义向格结构"语序功能图

（二）对象词+向格

向格附加成分前可以是表示对象的名词性词语，这个名词性词语可以是指人的，也可以是指物的。向格附加成分处于名词性词语和后面的动词之间，形成"名词+向格+谓语"的结构，这个结构可以称之为"对象义向格结构"。只有突厥语族中有这种语义结构。例如：

维：bu　iʃ　χɛlq-qɛ　　paidiliq.
　　这　事　人民-向格　有利的
　　这件事对人民有利。

哈：men muʁalim-ge　ajt - tə -　　　m.
　　我　老师 - 向格　告诉-确定过去时-1S
　　我告诉老师了。

柯：men asanbaj - ʁa　bir　billet　ber- di -　m.
　　我　阿散拜-向格　一　票　　给-过去时-1S
　　我给阿散拜一张票。

撒：men ini - ɣe　jeʃa　ber-ʤi.
　　我　弟弟-向格　说　给-确定过去时
　　我告诉弟弟了。

塔：min gyl-gɛ　　su　byrk-tɨ - m.
　　我　花-向格　水　喷-过去时-1S
　　我给花喷水了。

乌：men bɵ iʃ-ni　　ɵn-gæ　æjt-gæn.
　　我　这 事-宾格 他-向格　说-PAV
　　我向他说过这件事。

西裕:gol Gəzɑɢɑ-sən-ɢɑ kulo- v dro.
　　　　他　姐姐 – 3G-向格　　笑-普通现在时　是
　　　　他正向他姐姐笑。

"对象义向格结构"句中，如果谓语中心语是动词，这个句子表示"某主体对某对象（人或事物）发出了某个动作"；如果谓语中心语是形容词，这个句子表示"某人或某事物对某人或某事物呈现出来的某种状态"。向格附加成分居于对象词语和谓语的中间，表示动作指向的方向或状态指向的方向。"对象义向格结构"的语序很固定，不能移至句首，所以，"对象义向格结构"也是语序很稳定的结构。"对象义向格结构"句也分为三个板块，主语为一板块，"对象义向格结构"为一板块，谓语为一板块。如图所示：

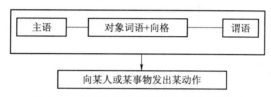

图3-23 "对象义向格结构"语序功能图

"对象义向格结构"不能移至句首，表明这个结构与谓语的结构关系很密切。这个语序类型符合象似性原理：要对某一对象施加某一动作，首先有对象，然后才出现动作。

八、小结

阿尔泰语系格的语序类型具有以下几方面的特点：

（一）所有的格都后置于中心词

阿尔泰语系的格从名称上看是名词的格，实际上除了领格以外，都跟谓语动词有直接或间接的关系，是表达名词和动词之间句法语义关系的纽带。从这一点上看，也可以说格也跟动词有关系。格附加成分既是名词的附加成分，也是连接名词和其他词语的附加成分，所以，格附加成分位于名词和其他词语之间，是动态性的附加成分。

（二）格具有类型上的共性

以上所述的七种格中，领格、宾格、位格、向格、从格在阿尔泰语系大多数语言中都存在，有的语言只是格的名称不同而已，随格、造格在突厥语言中只有哈萨克语有相应的格变化，突厥语族的其他语言通过后置词来表达这一语法意义。这些格的主要语法意义在各语言中都是一致的。下面是阿尔泰语系格附加成分一览表，以便于进一步的观察和总结。

表 2-3　　　　　　　　　　**阿尔泰语系常用格附加成分一览表**

格 附加成分 语言	领格	随格	宾格	造格	位格	从格	向格
维吾尔语	niŋ		ni		da dɛ ta tɛ	din tin	ʁa qa gɛ kɛ
哈萨克语	nəŋ nɨŋ dəŋ dɨŋ təŋ tɨŋ		nə nɨ də dɨ tə tɨ n		da de ta te nda nde	dan den tan ten nan nen	ʁa ge qa ke na ne a e
柯尔克孜语	nən nin nun nyn dən din dun dyn tən tin tun tyn		nə ni nu ny də di du dy tə ti tu ty		da de do ta te to dø tø	dan den don døn tan ten ton tøn	ʁa ʁo gø ge qa qo ke kø
撒拉语	niɣi		nə		də de ndə nde	dən den ndən nden	ʁə ɣe ɢə ge nə e ə
塔塔尔语	nəŋ nɨŋ		nə nɨ		da ta dɛ tɛ	dan tan nan den ten nen	ʁa qa gɛ kɛ
乌孜别克语	niŋ		ni		dæ	dæn	gæ
西部裕固语	nən dən		nə də n		da de ndə nde	dan den ndan nden	ɢa ge ɣa ɣe ŋɢa ŋge
图瓦语	nəŋ niŋ dəŋ diŋ təŋ tiŋ		nə ni də di tə ti n		da de ta te nda nde	nan nen dan den tan ten	ɢa ge qa ke ba be
蒙古语	ɛɛ ee ıı iĩ	tɛɛ tee	g ııg iig	aar ɛɛr oor ɔɔr	d t	aas ɛɛs ɔɔs ɔɔc	
东乡语	ni	lə	ni	ɢala	də	sə	ɣun
土族语	nə	la	nə	la	də	sa	
达斡尔语	ii jii	tii	ii jii	aar ɛɛr oor eer jaar jəər	d əd	aas ɛɛs oos ees jaas jəəs	daa dəə
保安语	nə	ɢalə	nə	ɢalə	də	sə	
东部裕固语	ə in n	la le lo	ə in n	aar ɛɛr oor ʁaar ɣəər ʁoor	də	sa se so	
康家语	ni	ɢala	ni	ɢala	da ta dʉ tʉ te	dzala sala sa	
满语	i ni		və bə	i ni də	də	tʃi dəre	də tʃi
锡伯语	i j	maq	b v	maq	d	dəri diri	tʃi
鄂温克语	nɪ ni	dʒɪ dʒi	wa wə wɔ wo ba bə bɔ bo	dʒɪ dʒi	dʊ du （与格）	dʊxɪ duxi	tɪxɪ tixi
鄂伦春语	ŋɪ ŋi	dʒɪ dʒi	wa wə wɔ wo ma mə mɔ mo pa pə pɔ po	dʒɪ dʒi	dʊ du （与格）	dʊk duk	kkɪ kki tɪkɪ tiki

续表

语言 \ 附加成分 格	领格	随格	宾格	造格	位格	从格	向格
赫哲语	i ji	ʤi	wə mə	ʤi	də du（与格）	dulə lə（位格）	tki
朝鲜语	ɯi	hako wa kwa	rɯr ɯr（对格）	ro rosə rossə ɯro ɯrosə ɯrossə	e eke kke hant'e tərə（与格）	esə ekesə kkesə hant'esə（位格）	

　　需要说明的是，有些语言中两个格的形式一样，好像是共用一个附加成分，因此在相应的两个表格内填入了同一个附加成分。领格与宾格形式一样的如东乡语、土族语、达斡尔语、保安语、东部裕固语，随格与造格形式一样的如土族语、保安语、康家语、鄂温克语、鄂伦春语、赫哲语等。有些语言的某个格的语义功能却对应于其他语言的不同格的语义功能，如鄂温克语、鄂伦春语、赫哲语、朝鲜语的与格的语义功能与其他语言的位格的语义功能一致，赫哲语、朝鲜语的位格的语义功能与其他语言的从格的语义功能一致。

　　（三）格的有序性

　　阿尔泰语系的格表面看来是无序的、各自独立的，彼此之间没有内在的联系。要知道，格是为句法结构服务的，每一个格都反映了某种句法结构关系，特别是结构中名词与动词之间的关系。所以，各个格之间不可能是无序的，而应该是有内在联系的、系统的。从以上分析的七种格与名词、动词的关系来看，它们的分布是有序的。

　　领格连接的是相邻的两个名词，表示前后两个名词之间的领有和被领有关系，跟谓语动词没有直接的联系，所以是静态的格。随格表示与主体共同参与动作的人或事物，随格结构一般位于主语后面，随格结构中的名词跟主语名词的语义关系很密切，二者都是谓语动作的发出者，但二者的语义关系并不是平等的，有主次之分。主语是主要的语义成分，随格结构中的名词是次要的语义成分。随格强调两个名词性词语之间的协同关系，这也是一种静态的关系，但在句法结构上随格结构跟谓语动词有直接的句法语义联系。所以这里要分清两种关系，一是随格结构中的名词跟主语名词之间的语义关系，二是随格结构跟谓语动词的句法语义关系。领格和随格都是外部形态成分，但领格属于静态义的附加成分，而随格则属于动态义的附加成分。

宾格直接连接宾语和动词，表示谓语动词和宾语之间的直接的句法语义关系。不管宾格结构是靠近动词还是远离动词，宾格只表示动词对宾语的支配关系，它本身没有其他的语法意义，因此当宾语是无定宾语时，宾格附加成分常常可以省略。

造格表示完成动作所需要的工具、材料或动作实现的方式，造格结构跟动词虽然有语义上的联系，但也不是直接的。造格附加成分连接名词和谓语动词，它能够表示名词和谓语动词之间多样的语义关系，而且造格附加成分本身已具有动态义，因此它是动态的格。

位格主要表示动作发生的处所、给予或对待的对象。位格不但跟动词有直接的联系，而且还具有了某种方向性，这表明位格的动态性明显增强。

从格表示动作的起点，已开始突出动作的方向性。而向格清楚地强调动作的方向，指向动作的终点。向格表现了阿尔泰语系格的典型语义特征，是动态性最强的格。

通过以上分析可以发现，阿尔泰语系的格可以作如下排列：

领格 > 随格 > 宾格 > 造格 > 位格 > 从格 > 向格

这个序列的含义是：越是靠近左端，静态义越强，方向义越弱，跟动词的关系越疏远；越是靠近右端，动态义越强，方向义越强，跟动词的关系越紧密。在这个排列式中，最左端的是领格，最右端的是向格。

（四）阿尔泰语系格的个性

1. 格的数量不同。突厥语族的语言一般有 6 个格，蒙古语族各个语言的格数量不等，有些语言由于格的形式一致而减少了格的数量，但相应格的语法意义仍然存在。格最多的是鄂温克语，有 15 个格，鄂伦春语有 14 个格。

2. 除了朝鲜语之外，各个语言的主格都没有附加成分，即零形式。朝鲜语主格的附加成分是：ka 和 i。但无论主格有没有格标记，不及物句子和及物句子的主语格标记都是一致的，所以阿尔泰语系应属于主格—宾格语言。

第三节　人称领属附加成分的语序类型研究

人称领属是阿尔泰语系大多数语言具有的名词范畴，表示某人或某物归哪个人称所指的人所有。人称领属一般有三个人称，即第一人称、第二人称、第三人称，有些语言各个人称还区分单复数。人称领属变化是阿尔泰语系名词范畴变化的重要内容之一，它的语序位置总是在中心名词的后面，形成"名词性词语+人称领属附加成分"的结构。这个结构在本书中称为人称领属结构。人称领属附加成分从名词的后面修饰限制前面的中心语，相当于其他语言的"中心语+定语"的结构。但阿尔泰语系中这样的语序类型只有人称领属附加成分才能形成，其他词语都不能形成这样的结构。人称领属结构在句子中的语序也反映了人称领属附加成分的语序特点。根据现有语料，本书主要从以下三个方面来分析人称领属结构的语序分布情况：人称领属结构居首；人称领属结构居中；人称领属结构结尾。

一、人称领属结构居首

人称领属结构居首主要是指人称领属结构单独居首；"定语+人称领属结构"居首。

（一）人称领属结构单独居首

人称领属结构单独居首是指人称领属结构直接在句首，名词前没有任何修饰语，"名词+人称领属附加成分"可以直接做句子的主语。例如：

维：bɑlɑ–m χizmɛt-kɛ kɛt–ti.
孩子-1GS 工作-与格 去-确定过去时
我的孩子去工作了。

哈：bɑs-əŋ awəra mɑ?
头-2GS.普称 疼 吗
你的头疼吗？

撒：guj – si vətəx vur-mə vɑ(r)-miʃ.
丈夫-3G 猎物 打-目的副动词 去-不确定过去时
她丈夫去打猎了。

乌：qiʃlʌʁ-imiz bɯʁdʌj–dæn kættæ hʌsil ʌl–di.
村-1GP 小麦-从格 大 丰收 拿-过去时
我们村小麦获得大丰收。

西裕：ɑnɑ-sə sukʤi-ɣe bɑr-əp dro.
母亲-3G 酒泉-向格 去-（过去-完成体副动词） 是
他母亲到酒泉去了。

东乡：mori-la-ni osun iʤiə-ndu - dʐɯwo.
马-复数-3G 草 吃-（共动-互动态）-进行体
（他们的）马都在吃草。

土：morə - munə xanan-sa saiin a.
马 - 1G 全部-从格 好 是
我的马最好。

达：dəu–jinj xaʤir-sən.
弟弟-3G 回来-过去时
他弟弟回来了。

保：abo-nə   dadʑi   ginə.
　　爸爸-3G   舒服   没有
　　他爸爸不舒服。

东裕：meme   tʃənə   χana   hanə-wa?
　　妈妈   2GS   哪儿   去-过去时
　　你的妈妈上哪儿去了？

鄂伦春：nəkun-tin   ajʃɪtʃɪ   bəjə.
　　弟弟-3GP   出息   人
　　他们的弟弟是个有出息的人。

赫：təmtəkə-mu   okiə   gudʑikuli.
　　船 - 3GP   很   漂亮
　　我们的船很漂亮。

　　阿尔泰语系中这样的主语很多，这种形式要比在主语前面加定语简单，符合语言的经济原则。同时，中心语直接在前，修饰成分在后，这与英语的"of"式定中结构类似，使中心语处于最显著的位置，突出了主语中心语的地位。从上面的语例可以发现，大部分语言的人称领属附加成分都是以单音节语素的形式附着在中心语的后面，从形式上看相当于词缀。土族语和东部裕固语的人称领属附加成分还是双音节的语素，并且独立出现在中心语的后面，相当于一个独立的词。显然，其他语言的人称领属附加成分都已语法化为单音节的形式，而土族语和东部裕固语的人称领属附加成分还没有完全语法化，还具有人称代词的形式。阿尔泰语系的人称领属附加成分都是从人称代词虚化来的。

　　人称领属结构单独位于句首，人称领属附加成分只修饰前面的中心语，表示对中心词所指事物的领属。它不影响中心名词的数的变化，也不影响后面动词的人称和人称的数的形式。人称领属修饰的中心词都属于第三人称，只有这一点可算做是对后面谓语动词的影响，这种影响是对动词有人称形式变化的语言来说的，对没有动词人称变化的语言，人称领属的形态变化跟后面的动词没有联系。人称领属结构做主语的句子可以分为两大板块，主语部分是一个板块，主语后面的部分为一个板块。

　　（二）"定语+人称领属结构"居首

　　"定语+人称领属结构"居首是指主语部分是个复杂的结构，主语中心语前面有表示领属的定语，后面有人称领属附加成分。例如：

维：seniŋ   dɑdɑ-ŋ   kɛl-di.
　　你的   父亲-2GS   来-过去时
　　你的父亲来了。

哈：meniŋ　at-əm　olardiki-nen　　dʒaqsə.
　　我的　　马-1GS　他们的-从格　　好
　　我的马比他们的好。

柯：menin　ata-m　　dʒumuʃʧu.
　　我的　　父亲-1GS　工人
　　我父亲是工人。

撒：a-niɣi　bala-si　naŋ　et-se　　didix　a.
　　他-领格　小孩-3G　什么　做-条件式　快　　语气词
　　他的小孩做什么事都快。

塔：bizniŋ　wɛkil-lɛr-imiz　landʒu-lar-ʁa　　bar-əp　　kil-di.
　　我们的　代表-复数-1GP　兰州-复数-与格　去-过去副动词　来-过去时
　　我们的代表们去兰州了。

乌：kæsæl-lær-niŋ　　kijim-lær-i　　jɵw-il-di.
　　病号-复数-属格　衣服-复数-3G　洗-被动态-过去时
　　病人的衣服都洗了。

西裕：maldʒi-lar-nəŋ　　vənxua-sə　tigola-l-　əp　　　　　　dro.
　　牧民-复数-领格　文化-3G　提高-被动态-（过去-完成体副动词）　是
　　牧民们的文化提高了。

达：minii　akaa-minj　xaanə　bəi?
　　我的　哥哥-1GS　何处　　有
　　我的哥哥去哪里呢？

锡：sonj　itɕixia-x　　　bait-sonj　da　əraŋ　na?
　　你们的　办-完成体形动词　事情-2GP　就　这样　吗
　　你们办的事情就是这样的吗？

鄂温克：talʊrni　amidaral-nin　dəndudʒi　bajdʒɪ-saa.
　　他们的　生活 - 3G　特别地　　富-过去时
　　他们的生活特别地富裕起来了。

鄂伦春：tarɪlŋɪ　kʊnɪn-tɪn　munŋi-dʒi　　　adalɪ　baraan.
　　他们的　羊-3GP　我们的-（造-联合格）　相同　多
　　他们的羊和我们的一样多。

　　当人称领属附加成分居首时，它的前面可以出现两个成分，第一个成分是中心语的定语，第二个成分是中心语，即"定语+中心语+人称领属附加成分"。前面的定语是表示领属的，人称领属附加成分也是表示领属的，两个领属成分从前后共同修饰限制一个中心语，这不符合语言的经济原则。与领属结构单独做主语相比，"定语+中心语+人称领属附加成分"结构明显突出了领属义，这个领属义主要是由定语来承担的，而人称领属附加成分的领属义已变得很弱，其他方面的功能开始显示出来。首先，人称领属附加成分位于主语部分和谓语部分之间，随着这种结构的固定化，作为主语标志的功能就会逐渐增强。其次，从现有的语料来看，这类句子大多表示某种主观的看法，人称领属附加成分在领属义减弱的同时，表示主观判断的语气开始增强。

从这类句子可以设想，句子中的任何一个成分都执行一个特定的功能，一个句子中不可能出现两个或多个成分执行相同功能的情况。如果出现了两个同功能的成分，那么，其中一个肯定要发生功能变化，即原来的功能变得弱化，由其语序位置又赋予了新的功能。如果两个成分的功能都不发生变化，那么，就会有一个不出现。前面领属结构单独做主语就属于这种情况。

"定语+人称领属结构"居首时还可以直接做状语。例如：

维：derizi–niŋ　　sirt–i–da　bir　typ　serin'gyl　bɑr.
　　窗户-领格　　外面-3G-位格　一　　棵　　丁香花　　有
　　窗户外面有棵丁香树。

塔：ɑnəŋ　　køz–i–ndɛ　　jeʃ–ki,　jyz–i–ndɛ　　kylki–si.
　　她的　　眼睛-3G-位格　眼泪-3G　脸-3G-位格　笑容-3G
　　她眼里含着热泪，脸上露出笑容。

图：me:n　gel–gen–im–ge　　ol　　Gonʤuɣ　　ø:r–di.
　　我的　来-PAV-1GS-向格　他　　很　　　　高兴——一般过去时
　　他对我的到来感到很高兴。

赫：çini　　adilə–du–ç　　adʑan　birən　ba?
　　你的　　网-与格-2GS　鳇鱼　　有　　吧
　　你网里有鳇鱼吧？

在句首时，句子结构由两大板块构成：状语部分为一个板块，状语后面的部分为一个板块，表示某处存在某物，如维吾尔语；或对某事件发生另一事件，如图瓦语。但状语中格附加成分与人称领属附加成分的语序有变化。人称领属附加成分可以在格附加成分的前面，如维吾尔语。这样的语序结构如图 3-24 所示：

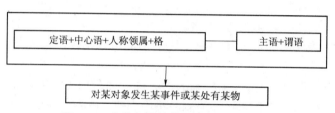

图 3-24　人称领属结构语序功能图（1）

人称领属附加成分还可以在格附加成分的后面，如赫哲语。这样的语序结构如图 3-25 所示：

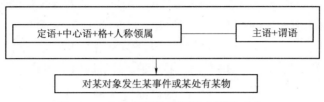

图 3-25　人称领属结构语序功能图（2）

当人称领属附加成分在格附加成分前面时，人称领属附加成分处在名词和格附加成分之间，人称领属附加成分先与名词构成名词性成分，然后再与格构成格结构。当人称领属附加成分在格附加成分后面时，格附加成分处在名词与人称领属附加成分之间。这种结构的情况是，人称领属附加成分先与名词构成人称领属结构，格与这个人称领属结构形成格结构。

二、人称领属结构居中

人称领属结构居中时有两种情况：人称领属结构做状语；人称领属结构做宾语。

（一）人称领属结构居中做状语

人称领属结构表示处所义、对象义时，就要和格附加成分一起做句子的状语。例如：

撒：men ɑnɑ-m - ə　　jeʃɑ-ʥi.
　　我　姑娘-1G-与格　说-确定过去时
　　我对我的姑娘说了。

土：tɕə amaa-də - nə　　kəle.
　　你　妈妈-位格-3G　说
　　你对他妈妈说。

保：awu, ikaŋ-də - nə　　χal ʥia-gə!
　　孩子 炕-(与-位格)-3G　火　架-祈使式
　　孩子，给他的炕里架上火(烧炕)!

康：te　mɯʥiɔ ʃGɔ-ni-Gala　　bandəŋ　sa-sina.
　　那 木匠　小-3G-（凭-联格）板凳　　做-正在进行时
　　那木匠用小的做了板凳。

鄂温克：əruxxuxən　mini axɪn-duxɪ-wɪ　　ɡudda　ɔc-saa.
　　　　鄂鲁克浑　我的 哥哥-从格-1GS　高　成-过去时
　　　　鄂鲁克浑比我的哥哥高了。

　　人称领属结构在句中做状语时，人称领属附加成分的语序也有两种情况：一种情况是人称领属附加成分在格附加成分的前面，人称领属结构处在格结构之中，如撒拉语、康家语；另一种情况是人称领属附加成分在格附加成分的后面，这跟前面赫哲语一样，人称领属附加成分先与名词构成人称领属结构，然后再与格构成格结构。因为格是表示名词性成分和动词性成分之间的关系的，人称领属是表示对前面名词所指事物的领有关系的。人称领属结构不能包含格结构，只能是格结构包含人称领属结构。两种不同的语序反映了两种语言中对领属和格的不同认识：人称领属在前的语言更强调对事物的领有，这样的人称领属附加成分不易发生功能转移；人称领属在格后面的，反映了这种语言强调名词与动词之间的句法关系，而不强调领属，因此，这种语言中的人称领属附加成分很容易发生功能转移，如土族语、鄂温克语。句子由两大板块构成，主语为一板块，"状语+谓语"为一板块，主要表示某人对某对象发出某动作。这两种结构如图所示：

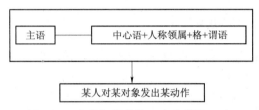

图 3-26　人称领属结构语序功能图（3）

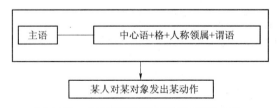

图 3-27　人称领属结构语序功能图（4）

　　还有一种情况是差比句，这类句子在第六章要进行分析，这里不作论述。

　　（二）人称领属结构居中做宾语

　　人称领属结构居中时可以做句子的宾语。做宾语时，中心名词的前面有时有定语，有时没有定语。例如：

维：siz　bu　kitab-iŋiz-ni　　maŋa　beri-p　　　　　tur.

　　您　这　书-2GS-宾格　　向我　给-状态副动词　助动词

　　请把您的这本书借给我一下。

柯：men bala-m-də　　　　uqtat-tə - m.

　　我　孩子-1GS-宾格　哄睡-过去时-1S

　　我把我的孩子哄睡着了。

东乡：bi niərə -ni　-　tani　man　pi-dʐɯwo.

　　我　名字-（领-宾格）-2GP　全　　写-进行体

　　我把你们的名字全写上了。

土：tɕə aama- nə -　nə　dauuda.

　　你　妈妈-领宾格-3G　叫

　　你叫他的妈妈。

东乡：tere　kuun　mul(a)– in　manə　hog-ʤ(ə)　　wai.

　　那个人　孩子-宾格　1GP　打-CAV　　是

　　那个人打了我们的孩子。

鄂温克：sii uxxə-ni-wi　　　　ujir-bə-ni　　　bərissi　əmuxə!

　　你 门-领格-反身领属 带子-宾格-3G　解　　拿来

　　你把门上的带子解下拿来！

人称领属结构居中时不能单独做宾语，常常与宾格一起使用。这种情况下，人称领属附加成分的领属义很明显，不管是在宾格前还是在宾格后都如此。关于二者的语序问题，下一节要谈到，这里不作论述。

三、人称领属结构结尾

人称领属结构还可以结尾，直接做句子的宾语。这样的句子一般是判断句。例如：

达：ənə　mori–sul maanii　　ail-iig-maanj.

　　这　马-复数　我们的　　屯子-的-1GP

　　这些马是我们屯子的。

锡：ʂanbau tərə-j　　　du-ni.

　　善保　他-领格　弟-3G

　　善保是他的弟弟。

人称领属结构结尾时，句子由两大板块构成，主语为一板块，主语后面的部分为一板块。中心语前面是否出现定语，跟语用有关。如果要强调中心语所指事物的领属，就要在中心语前加定语；如果不强调事物的领属，中心语前不加定语。根据目前的语料看，都属于前一种情况。

四、小结

阿尔泰语系人称领属附加成分与格附加成分一样，都附加在名词性词语的后面，表示某人对某物的领属。名词前面的代词一般都表示具体的领属义，人称领属附加成分由于后置于中心名词，它的领属义不像名词前面的代词那样具体，而是变得比较抽象，"名词+人称领属附加成分"的结构凸显的不是领属义，而是中心名词。当用于形动词后面时，人称领属成分的领属义更加模糊，在"形动词+人称领属附加成分"结构中主要起着连接作用，连接前后的两个结构。蒙古语中第二、三人称领属附加成分常常是句子主语的标志，这时已经没有领属的含义了。可以说，人称领属附加成分经历了这样一个变化过程：

（名词后）领属代词 > 人称领属附加成分 > 关系词 > 主语标志

因此，与复数附加成分相比，人称领属附加成分在功能上属于外部形态成分。

从人称领属附加成分与名词领格附加成分的位置来看，阿尔泰语系的领属结构实际上有以下四种（NP1 是领属名词性成分，NP2 是中心名词）：

（1）NP1+领格附加成分+NP2

（2）NP1+领格附加成分+NP2+人称领属附加成分

（3）NP2+人称领属附加成分

（4）领属代词+NP2

人称领属结构做主语时，人称领属附加成分可以与中心语一起做句子的主语；当人称领属结构做宾语或状语时，人称领属附加成分不能单独在名词后面出现，它必须和格成分一起出现在名词后面。复数、格、人称领属附加成分可以在名词后面共现，这几种附加成分共现的语序情况比较复杂，下一节单独讨论这个问题。

第四节　名词附加成分共现的语序类型研究

前面分别分析了名词复数附加成分、格附加成分、人称领属附加成分的语序分布情况。由于这三类附加成分都是名词的附加成分，与名词的句法语义功能密切相关，所以它们常常与名词一起出现在句法结构中，形成特定的构式。常见的情况有：

复数+格；

复数+人称领属附加成分；

格 1+格 2；

格+人称领属附加成分；

复数+格+人称领属附加成分。

下面分别讨论这几种情况。

一、复数与格附加成分共现的语序类型

格林伯格（1963）提出了关于数范畴与格范畴共现时的语序共性：

普遍现象 39：如果表示数和格的语素一起出现，并且都前置或后置于名词，那么表示数的成分总在名词词根和表示格的成分之间。[①]

认知语言学也认为："在这种形态变化中，如果出现复数标记，格标记通常会放在第二最近的位置。"[②]

认知语言学的观点与格林伯格的普遍共性一致。阿尔泰语系名词复数附加成分和格附加成分共现时都是复数附加成分在前，格在后。例如：

维：kyn-lɛr-din　　bir kyn-i　ɛpendi　ow-ʁa　tʃiqi- du.
天-复数-从格　一 天-3G　阿凡提　猎-与格 出去-确定过去时
有一天阿凡提出去打猎。

哈：saʁat segiz-der-de　qajt-əp　　　　kele-min.
点　　 八-复数-位格　回-过去时副动词　来-1S
我八点左右回来。

塔：siz bala-lar - ʁa　　qajsə　ɛkijet-ni　syjlɛ-p
您 孩子-复数-与格　哪个　故事-宾格 讲-（过去-完成副动词）
bir-ɛ　　　　　- 　siz?
给-（现在-未来时）-2S
你给孩子们讲哪个故事？

乌：kæsæl-lær-niŋ　kijim-lær-i　jɔw- il - di.
病号-复数-属格　衣服-复数-3G 洗-被动态-过去时
病人的衣服都洗了。

达：gutʃ - nur - tii - nəkənd jau-səŋ.
同志-复数-共同格-自己的　走-过去时
和自己的同志一同走了。

保：gagə - lə - nə　　　ur-dʑi　rə !
哥哥-复数-（领-宾格）叫-CAV　来
把哥哥们叫来!

东裕：χainaG-əs - ə　　tuu-dʑə　　ere-we.
牦牛-复数-宾格 赶-CAV　来-过去时
把牦牛(复数)已经赶来了。

[①] [美]格林伯格：《某些主要跟语序有关的语法普遍现象》，陆丙甫、陆致极译，《国外语言学》1984 年第 2 期。
[②] [德]弗里德里希·温格瑞尔、汉斯·施密特：《认知语言学导论》(第二版)，彭利贞等译，复旦大学出版社 2009 年版，第 346 页。

满：i　fodogoŋ-dʑa-bə　gəm　satʂa-xa.

　　他　树-复数-宾格　　都　砍-过去时

　　他把许多树都给砍了。

鄂伦春：baraan　buga-ʃal-du　　　ɔrɔtʃɛɛn　bəjə　biʃin.

　　　许多　地方-复数-与格　　鄂伦春　人　　有

　　　许多地方都有鄂伦春人。

　　名词、复数附加成分与格附加成分共现时，形成的结构是：NP+复数+格。这在阿尔泰语系各个语言中都如此。这与前面提出的复数是名词的内部形态、格是名词的外部形态的说法是一致的。既然复数是名词的内部形态，那么，复数与名词的关系最为密切，关系最密切的两个成分在语流中应当距离最近。与之相对，格是名词的外部形态，它既与名词有关，又与名词后的其他词语有关，所以跟名词的关系不如复数成分与名词的关系密切，因此，在语流中格附加成分就可能离名词远一些。这符合认知的概念距离象似性，"语义关系紧密的成分在句法结构上也更加紧密"，"语义关系紧密的单位在线性距离上也更加靠近"[①]。"NP1+复数+格"这个结构如图所示：

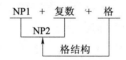

图 3-28　名词附加成分共现结构图（1）

　　NP1 与复数附加成分先形成大的名词性成分 NP2，再与格附加成分形成格结构，与后面的动词形成各种句法语义关系。"NP+复数"是静态的，格是动态的，符合句法结构的"静态→动态"的特点。同时，格附加成分位于复数附加成分的后面，有利于联系前面的名词性成分和后面的其他成分。

二、复数与人称领属附加成分共现的语序类型

　　复数表示事物数量在两个或两个以上。当我们面对某一事物时，首先发现的是数量的多少，所以事物的数量是人们首先关注的，人们对事物的数的反映是具体、直接、简单的反映。语言结构是对现实的模拟反映，复数附加成分离名词最近也反映了这一点。人称领属是事物性质抽象的反映，抽象的反映往往是间接的、复杂的。反映在语言结构上，当人称领属附加成分与复数附加成分共现时，复数附加成分在前，人称领属附加成分在后。

---

① 刘丹青：《汉语给予类双及物结构的类型学考察》，《中国语文》2001 年第 5 期。

阿尔泰语系中，复数附加成分和人称领属附加成分共现时的语序情况都是这样。例如：

维：mɛktɛp qiz – lir - i　　　naχʃa ejti-wati-du.

　　学校　姑娘-复数-3G　歌　　唱-现在时-3

　　学校的姑娘们在唱歌。

哈：biz-diŋ　　at-tar-əməz　　olardiki-nen　ʤaqsa.

　　我们-领格　马-复数-1GP　他们的-从格　好

　　我们的马比他们的好。

柯：depter–ler–im.

　　本子-复数-1GS

　　我的许多本子。

达：minii　　əkəə-nur-ninj　　　ir-səŋ.

　　我的　　姐姐-复数-1GS　来-过去时

　　我的姐姐们来了。

锡：gutʂw-sə -ni　　　əm bad　atʂərə　omi-tʂə-maχəi.

　　朋友-复数-3G　一　块儿　见面　喝-相互态-现在进行时

　　朋友们相会喝(一盅)。

鄂温克：əri　utə- sil- nin　aasɪn-saa.

　　　　这　儿子-复数-3G　睡-过去时

　　　　儿子们睡觉了。

鄂伦春：tuku-ŋi　　akɪ - ʃal - ɪn　amar-gɪʤik-ɪn　bɔkɔn-tʃɔɔ-l.

　　　　土库-领格 哥哥-复数-3GS 后 -从 - 3GS　　赶-过去时-3P

　　　　土库的几个哥哥从后面赶上来了。

　　复数附加成分表示的是名词本身的数。人称领属在有些语言中也有单数和复数的区别，但人称领属的单数和复数是指领属者在数量上的多少。名词后的这两个附加成分虽然都表示数，但显然数的指向不同。复数附加成分指向名词，表示名词所指事物的复数意义，而人称领属附加成分不管表示复数还是单数都只表示领属者的数量，跟中心名词的数量义没有直接的关系。名词、复数附加成分和人称领属附加成分共现所形成的结构是"NP1+复数+人称领属"。见下图：

图 3-29　名词附加成分共现结构图（2）

　　复数附加成分是名词的内部形态成分，人称领属附加成分是名词的外部形态成分。人称领属附加成分位于复数附加成分和谓语动词之间，它在不同的语言中功能也有所不同。如在突厥语族中，人称领属附加成分只表示领属义，在蒙古语中既有领属义，又有做主语标记的功能。当表示领属义时，如图 3-29 所示，它和前面的名词性成分构成领属结构，共同做句子的主语部分；当作句子的主语标记时，它的领属义已经不十分明显，如前所述，它常常起连接作用，连接前后两个成分。这种情况下，人称领属附加成分虽然依附在名词上，但从句法语义功能看，它是属于全句的附加成分。

三、不同格共现的语序类型

　　阿尔泰语系中，每一种格都具有特定的语义功能，表示两个词之间的某种句法语义关系，它们一般单独与名词产生句法关系，只在特殊的情况下才连续出现在名词的后面，但基本都按一定的顺序出现。例如：

乌：qɑrbʌn hæjit–dæ　biz–ni–ki　-　gæ bʌr–iŋlær.
　　古尔班　节日-位格　我们-领格-物主代词-向格　去-祈使式.2P
　　古尔班节请你们到我们家来。

蒙：tʃii juʊnd　mɑn- ɛɛ - d　ir-dəg　-　gue bee?
　　你　为什么　我们-领格-位格　来-经常体形动词-否定　呢
　　你为什么不常到我们家来呀？

东乡：tʂɯ mini gaga– ni - ɣun – ni　udzɿ.
　　　你　我的　哥哥-领格-构词词缀-宾格　看
　　　你看我哥哥的(读物或其他东西)。

东乡：tʂɯ tsanku-də- du – ni　atʂɯ!
　　　你　仓库-位格-构词词缀-宾格　驮
　　　你驮仓库里的（粮食）！

达：akaa - jii - d.
　　哥哥-领格-（与-位格）
　　在哥哥的家。

达：ukaa - tii - d.
　　才智-共同格-（与-位格）
　　对有才智的。

鄂伦春：tari–l–ŋi　kʊnɪn–tɪn　mun–ŋi- ʥi　adalı baraan.
　　　　他-复数-领格　羊 - 3GP　我们-领格-联合格　相同　多
　　　　他们的羊和我们的一样多。

　　从现有的语料来看，并不是所有的格都能共现，即使共现的格其出现的顺序也不是任意的，而是有一定顺序的。上面的语例反映了格共现的一些情况：

领格+物主代词+向格；

领格+位格；

领格+构词词缀+宾格；

位格+构词词缀+宾格；

领格+（与–位格）；

共同格+（与–位格）；

领格+联合格。

这些共现的格顺序具有以下几方面的特点：

（1）当两个格一起出现时，领格出现在前面，其他格位于后面。领格并不是在所有情况下直接与后面的格连续出现，如当领格后面出现向格、宾格时，中间要出现某种构词词缀，而领格可以和位格连续出现。这表明，向格、宾格要求其前面的成分必须是完整的名词性成分，位格前面既可以是名词性成分，也可以是"名词+领格"的结构。格短语在具体的语境中，同后续动词的语法—语义关系始终是明确而单一的，即，最后一个格附加成分确定先行短语同后续动词的语法关系，而第一个格附加成分由构形附加成分变为构词附加成分，表示词汇附加意义。因此可以说，"名词+领格"已相当于一个名词性成分，这个名词性成分再与位格构成位格结构。领格与其他格一起出现形成的结构如图所示：

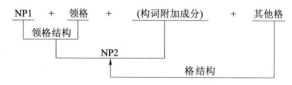

图 3-30　名词附加成分共现结构图（3）

（2）当宾格和其他格一起出现时，宾格出现在后面，其他格出现在前面。出现在前面的格并不能直接与宾格连续出现，前面的格后面必须加上某种构词附加成分以后才能与宾格共现。宾格前面的成分一般是直接宾语，是谓语动词的受事，而充当受事的成分必须是一个明确的名词性成分，这样的成分才能受动词的支配。如图所示：

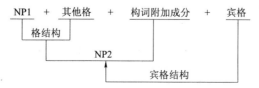

图 3-31　名词附加成分共现结构图（4）

（3）当位格与其他格共现时，位格的语序有两种情况：与领格或共同格共现时，位格出现在后面。如图所示：

图 3-32　名词附加成分共现结构图（5）

名词与领格或共同格构成名词性结构，这个名词性结构后面加上位格，构成位格结构。位格与宾格共现时，位格出现在宾格的前面。如图所示：

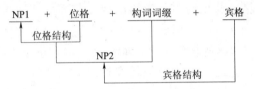

图 3-33　名词附加成分共现结构图（6）

位格与名词构成位格结构，位格结构不能直接与宾格连接，因此二者之间出现了构词词缀，先使位格结构转变成名词性成分，然后再与宾格构成宾格结构。由此看来，位格是这些格中位置相对灵活的一个格。

（4）由以上的论述可以推出，如果格两两出现在名词后面时，出现在前面的一般是领格或位格，其他格一般都可以出现在后面。宾格、向格不能出现在其他格的前面。位格的位置比较灵活。前面出现的格先与名词构成格结构 1，这个格结构常常再加上一个构词词缀，使格结构 1 转变成名词性成分，然后再与后面的格附加成分形成格结构 2。

阿尔泰语系的现有语料中，只发现了两个不同格共现的情况，还没有发现三个或更多格共现的例子。这也是由格的语义性质决定的。格都要跟名词性成分形成语义关系，就是说，格附加成分只能出现在名词性成分的后面。名词与第一个格构成格结构后，如果这个格结构不具有名词性，就要在第一个格附加成分后面加上一个构词词缀，使第一个格结构转变成名词性成分。这个名词性成分可以再受第二个格附加成分的限制。如图所示：

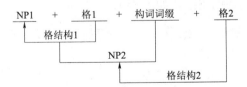

图 3-34　名词附加成分共现结构图（7）

四、格与人称领属附加成分共现的语序类型

格与人称领属附加成分都属于名词的附加成分，二者都出现在名词的后面。但阿尔泰语系中，突厥语族与蒙古语族、满—通古斯语族语言的格与人称领属附加成分共现的语序情况不同。下面分别来讨论。

（一）突厥语族的格与人称领属共现的语序分析

突厥语族各语言中，当格与人称领属附加成分共现时，语序的情况是一样的，都是人称领属附加成分在前，格附加成分在后。例如：

维：iʃik ɑld–i–da　　birqantʃɛ typ dɛrɛχ bar.
　　门　前-3G-位格　若干　　棵 树　　有
　　门前有几棵树。

哈：ini - m - niŋ　　yj-i　ʃindʒaŋ-da.
　　弟弟-1GS-领格　家-3G　新疆-位格
　　我弟弟的家在新疆。

柯：ata–m–dən.
　　父亲-1GS-领格
　　我父亲的。

撒：sen goz–iŋ-nə　　jym-doʁo!
　　你　眼睛-2G-宾格　闭-命令式
　　你闭上眼睛吧！

乌：biz – niŋ　yj-imiz–dæ　hetʃnimæ joq idi.
　　我们-领格　家-1GP-位格　什么也　没有 曾是
　　我们家什么也没有。

西裕：məs　jy- sə- nde　diensi ɢarah–də.
　　　我们　家-3G-位格　电视　　看-过去时
　　　我们在他家看电视了。

图：dʒer–i-nde.
　　地-3G-位格
　　在他的地上。

突厥语族各语言中，"NP+人称领属+格"的结构既可以做主语，也可以做宾语，还可以做其他成分。"NP+人称领属+格"结构如图所示：

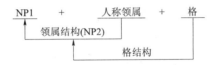

图 3-35　名词附加成分共现结构图（8）

　　名词 NP 首先和人称领属附加成分形成一个领属结构，这个结构也是名词性结构 NP2，NP2 再和后面的格构成格结构。在"NP+人称领属+格"这个结构中，由于人称领属附加成分靠近名词，在格的前面，因此人称领属比格更具有显著性，由此可以推出突厥语言是重视领属的语言。同时，由于格位于人称领属附加成分的后面，格可以直接与后面的谓语动词形成语法关系，因此，这样的结构可以称作是显性格结构。

　　（二）蒙古语族和满—通古斯语族的格与人称领属共现的语序分析

　　与突厥语族不同，蒙古语族和满—通古斯语族的格与人称领属附加成分共现时，格附加成分靠近前面的名词，人称领属附加成分在格附加成分的后面。例如：

蒙：mœr-nɛɛ-tʃin　　ʃodor　　dɑsɑr-tʃix - ʤɛɛ.
　　马-领格-2G　　　绊子　　断-完成体—一般过去时
　　你那匹马的马绊断了。

达：xarbən udur-ii　　xwain-aas-inj　　dəu-jinj　　xaʤir-sən.
　　十　　天-属格　　　后 -离格-3G　　弟弟-3G　　来-过去时
　　十天后，他弟弟回来了。

保：nʤaŋ-nə　　　　kə-də - 　nə　　bǔ　gənbən　lə　ʤi- m.
　　他-（领-宾格）　家-（与-位格）-3G　我　根本　不　去-确定现在时
　　他家我根本不去。

东裕：məsgə-d(ə)-inə　　tobʤə　　Gad-ja.
　　　衣服-位与格-3G　　扣子　　钉-祈使式.1
　　　给他的衣服钉扣子。

锡：agə - ni　　amə-dəri-ni　　gələ-m　　　o - rə　　　　　　　　ta.
　　哥哥-3G　父亲-离格-3G　怕-CAV　　成为-未完成体形动词　语气词
　　哥哥害怕父亲。

鄂温克：əruxxuxən　mini　　axin -duxɪ-wɪ　　gudda　ɔɔ-saa.
　　　　额鲁克浑　我的　　哥哥-从格-1GS　　高　　成-过去时
　　　　额鲁克浑比我的哥哥高了。

鄂伦春：min-ŋi　　ʤəəktə-wə-w　　nii　ʤəb-tʃəə?
　　　　我-领格　饭-宾格-1GS　　谁　吃-过去时
　　　　谁把我的饭吃了？

赫：bi　çini　gərbi-wə-ç　　əʤə - χə - jə.
　　我　你的　名字-宾格-2G　记住-完成体-祈使式.1S
　　你的名字我记住了。

　　蒙古语族和满—通古斯语族中，名词、格与人称领属附加成分形成的结构是：NP+格+人称领属。这个结构可以做定语、状语、宾语，可以出现在句首，也可以出现在句中。"NP+格+人称领属"的结构如图所示：

图 3-36　名词附加成分共现结构图（9）

表面上看，格靠近名词，应当是名词先与格组成格结构，然后再与人称领属组成名词性结构。可这样不符合格的语义功能特点，也不符合句子意义的表达。因此，蒙古语族和满—通古斯语族的"NP+格+人称领属"组合结构与线性结构不一致。首先是前面的名词与后面的人称领属附加成分组成名词性结构 NP2，然后这个名词性结构再与格构成格结构。这样，"NP+格+人称领属"结构仍然是格结构，也符合句子的结构特点。所以，这样的格结构可以称之为隐性格结构。

蒙古语族和满—通古斯语族的人称领属附加成分由于离名词较远，人称领属附加成分的领属功能已弱化、模糊。上面的例句中，蒙古语人称领属附加成分与"mœr"（马）先构成领属结构 1，领属结构 1 与领格组成领格结构，这个领格结构再修饰后面的"ʃodor"（绊子），构成领属结构 2。如图所示：

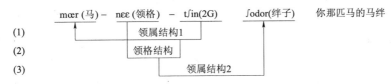

图 3-37　名词附加成分共现结构图（10）

达斡尔语中的"NP+格+人称领属"结构出现在句子的状语部分，人称领属附加成分的领属义更不清楚。东部裕固语的"NP+格+人称领属"结构出现在状语位置上，锡伯语的"NP+格+人称领属"结构出现在宾语位置上，人称领属附加成分的领属义都不明显。其他语言的"NP+格+人称领属"结构前都有领属定语，这更表明了人称领属附加成分领属义的弱化、模糊性。与突厥语族各语言相比，蒙古语族和满—通古斯语族名词后面的人称领属附加成分的领属功能已经明显有些弱化了。如果再进一步弱化，就会成为表示某种语气的成分或某种句法标记。

五、复数、格和人称领属附加成分共现的语序类型

上面分析了名词的两种不同附加成分共现时的语序特点。有时，复数、

格和人称领属附加成分可以同时出现在同一名词的后面，构成复杂的结构。这三个附加成分在名词后共现时有三种语序情况。

（一）"NP+复数+人称领属+格"的语序分析

从现有的语料中，发现以下 5 种语言中，当名词的三种附加成分在其后面共现时，出现的顺序是相同的，都是"NP+复数+人称领属+格"的语序。例如：

维：joldɑʃ- lir – imiz – din　　bir　　søz-gε　　tʃiq-ti.

同志-复数-1GP-从格　　一　　话-与格　　出-确定过去时

我们之中的一位同志发言了。

哈：məna søz-der- iŋiz　　-　　di　neʃe ret esti- gen - min.

这　　话-复数-2GS.尊称 - 宾格　多少　次　听见-完成过去时-1S

您这些话我听过多次了

柯：ini–ler–ibiz–di.

弟弟-复数-1GS-宾格

把我的弟弟们。

塔：køz - lεr - im - ni　　tɑl- dər　　-　　ɑ.

眼睛-复数-1GS-宾格　疲乏-使动态-（现在-未来时）

它使我双眼疲乏。

图：inek–ter– i – nde.

牛-复数-3G-位格

在他的牛上。

从这些语例中可以发现，"NP+复数+人称领属+格"结构大多做宾语，还可以做状语。这个结构的构成如图所示：

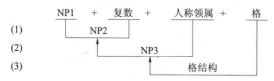

图 3-38　名词附加成分共现结构图（11）

NP1 先与复数附加成分构成 NP2，NP2 再与人称领属附加成分构成 NP3。前两个附加成分所构成的结构都是名词性成分，这样格附加成分就可以直接修饰 NP3，形成格结构。从各个附加成分的顺序来看，仍然是复数附加成分最靠近名词，这与复数附加成分是内部形态的说法一致。从跟名词的关系来看，位置越靠前的成分跟名词的语义关系越密切。复数附加成分最靠近名词，是名词本身语义的一种延伸，因此跟名词的语义关系最密切；人称领属表示对名词所指事物的领属关系，是名词所指事物跟主体之间的关系，跟名词的语义关系较为密切；格属于外部形态，表示名词与其他词语之间的语法关系，与前两者相比，格跟名词的语义关系最远。在三个层次的附加成分的修饰限制下，名词的语义特点发生了三次变化：首先是数的性质发生了变化，其次是名词的所属发生了变化，最后是名词的语法功能发生了变化。最先发生的变化是静态义的变化，最后发生的变化是动态义的变化。由于格附加成分位于最后，它可以直接跟后面的动词性成分构成语法关系。

（二）"NP+复数+格+人称领属"的语序分析

在满—通古斯语族的鄂温克语、赫哲语中，发现了两个跟上述不同的例子：

鄂温克：bəj-səl　　ahiŋ-sal-dihi-muŋ　　　mandi　　nəələrəŋ.
　　　　人-复数　哥哥-复数-从格-1GP　　非常　　害怕
　　　　人们都非常害怕我们的哥哥们。

赫：çi　batsan–tki　əm-χən　maf-sər-wə- ni　　　baχtɕi-χə -çi　　　a?
　　你　八岔-向格　来-PAV　老头-复数-宾格-3G　遇见-完成体-2GS　吗
　　你遇见从八岔来的老头们了吗？

这表明，在满—通古斯语族中，当名词后面连续出现三个不同的名词附加成分时，它们可能出现的顺序是：NP—复数—格—人称领属。复数作为内部形态与名词的距离最近，而格附加成分出现在三个附加成分的中间。这种语序与上述的突厥语族各语言相比，格离名词近了，这样可以加强名词与动词之间的句法关系。人称领属附加成分在最外围，离名词词根最远，其领属义就可能弱化，如赫哲语。"NP+复数+格+人称领属"的语序结构如图所示：

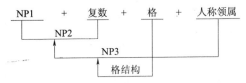

图3-39　名词附加成分共现结构图（12）

NP1 与复数附加成分先构成 NP2，NP2 再与人称领属附加成分构成 NP3，格附加成分虽然位于复数附加成分与人称领属附加成分之间，但它管辖的是整个名词性结构，因为格附加成分表示的是名词和其他词语之间的句法结构关系，所以在深层次结构中它与 NP3 构成格结构，这个格结构再与后面的动词形成各种句法语义关系。

（三）"NP+人称领属+复数+格"的语序分析

在撒拉语和康家语中，复数、人称领属和格这三种附加成分的语序表现出了特殊的语序特点。例如：

撒：u　aba-si　　idʒa-si-la(r)-nə　　　　gor-miʃ.

他　父亲-3G　　母亲-3G-复数-宾格　　　见-非确定过去时

他见了他父母亲。

康：dʒindʒiʁa　aχla　gudʒasɯni　gɯ-ni-sɯ-da

孩子　　　全　　自己　　　大-3G-复数-(与一位格)

male　gi-la　　　　dʒisi-na.

问候　做-目的式副动词　去-非过去时

孩子们向自己家的大人们问候。

这两个例子中，复数、人称领属和格附加成分出现的语序跟上面两类都不同：内部形态复数附加成分不是最接近名词词根，而是人称领属附加成分在名词词根后面，然后是复数附加成分，格附加成分都出现在最后，就是说，这个结构仍然是格结构。这种结构的构成如图所示：

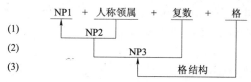

图 3-40　名词附加成分共现结构图（13）

不同的语序反映了不同的结构关系，反映了不同的认知特点。当多个附加成分与中心名词共现时，有多少个附加成分，就有多少层结构。离中心词最近的附加成分，首先与中心词构成第一层结构，这也是最里层的结构；离中心词远的附加成分，依次构成第二层、第三层结构。每层结构都有各自的结构关系。各层结构的关系是包含与被包含的关系：处在里层的结构是被包含的结构，处在外层的结构是包含的结构。越是里层的结构，跟谓语动词的结构关系越远；越是外层的结构，跟动词的结构关系越近。离中心词越近，该附加成分跟中心词的关系越密切。就是说，里层的附加成分都是典型的名词附加成分，外层的附加成分都是非典型的名词附加成分。

"NP+人称领属+复数+格"这个结构中，人称领属附加成分直接在名词词根后面，首先与名词词根形成领属结构，即 NP2。然后，NP2 再受复数附加成分的限制，构成表示复数的名词结构，即 NP3。NP3 再与后面的格附加成分构成格结构。在"NP+人称领属+复数+格"这个结构中，更突出了领属义，人称领属附加成分比复数附加成分更具有显著性。但不管复数与人称领属附加成分的语序如何变化，格的位置都没有变化，这就保证了这个复杂的格结构可以直接跟后面的谓语构成各种句法关系。

从以上的分析可以发现，当复数、人称领属、格附加成分在名词后共现时，有三种语序类型，即：

NP+复数+人称领属+格；

NP+复数+格+人称领属；

NP+人称领属+复数+格。

这三种语序类型中，人称领属的变化最灵活，分别出现在复数后、格后、复数前三个位置上。复数附加成分趋于靠前，格附加成分趋于靠后。这说明，在阿尔泰语系中，人称领属附加成分的语序不固定，它的位置根据语用需要而定。越靠前，它的领属义越突出，相反，它的领属义就越模糊。复数附加成分与名词的关系最密切，所以，它不会远离名词。格附加成分与名词的关系疏远，它表示两个名词或名词与动词之间的结构关系，因此它与名词的其他附加成分共现时，趋于靠后。

六、小结

名词单数与复数意义的表达，是人类语言的共性，只不过不同的语言表达单数与复数的方式不同。阿尔泰语系中，只有康家语的单数表达是有标记的："在康家语里存在与复数形式相对的一个较明确的单数方式。它是在名词后面用数词 niɣe～niχɔ '一' 来表示。"[①]例如：

康：emle-sa　　　　　　kɯn - iɣe　　re-sina.

　　前-（从-比格）　　　人 - 一　　　来-正在进行时

　　从前面来了一个人。

康：ara-ni　　　　　　　　naŋgɯ-dɯ　　aʁa　niɣe　ina.

　　河滩-（领-宾格）　　里-（与-位格）　村　　一　　有

　　河滩里面有个村庄。

斯钦朝克图认为："康家语的单数还没有完全形态化，但与蒙古语等其他几个语言比较，它正处在朝着语法形态演变的过程之中。"[②]因此，把这个表示单数的形式叫作单数方式。

不管单数还是复数，只要有附加成分，就一定位于名词的后面，这也应是人类语言的共性之一。阿尔泰语系不但名词有单复数的区别，而且代词、动词也有这种意义的变化。受代词的影响，人称领属范畴也有单数和复数的区别，只不过这种区别并不是在阿尔泰语系的所有语言中都存在。

人称领属范畴与其他语言的"名词+代词"结构相似。但阿尔泰语系中有完整的代词系统，而且代词都位于名词的前面，都有系统的领格变化形

① 斯钦朝克图：《康家语研究》，上海远东出版社 1999 年版，第 92 页。

② 同上书，第 93 页。

式，因此位于名词后面的表领属的成分看作是附加成分，称为人称领属附加成分。人称领属附加成分不是后置词。后置词的作用是表示名词和其他词之间的各种语法关系，而人称领属附加成分只表示对名词所指事物的领属。阿尔泰语系中，人称领属附加成分可以与代词一起出现，形成"代词+领格+名词性成分+人称领属附加成分"的结构，也可以与名词性成分单独出现，形成"名词性成分+人称领属附加成分"的结构，后者更符合经济性的原则，因此，在不强调领属义的情况下，阿尔泰语系中更多使用单独出现的形式。

如果说名词复数、人称领属附加成分是名词内部形态的话，那么格就是外部形态。每一种格都表示某两个成分之间的结构关系，而结构关系本身就是动态的，所以格表示的主要是一种动态的语法关系。在阿尔泰语系中，所有的格都出现在名词的后面，但如果由此说，所有语言的格都位于名词后面就不正确了。与突厥语族相邻的塔吉克语的宾格就位于名词的前面。例如：

塔吉克:waz ik　　a – di wi-ri　　levd　na　tʃi ka–am.
　　　　我　语气　宾格-这 他-对格　说　不　能　做-1S
　　　　我不能对他说这个。

阿尔泰语系中，格后置于名词显然与阿尔泰语的 SOV 语序是一致的。格林伯格（1963）指出了基本成分的语序与后置词、所有格之间的关系：

格林伯格普遍现象（4）：以 SOV 为正常语序的语言，使用后置词的远在半数以上。

格林伯格普遍现象（2）：使用前置词的语言中，所有格几乎总是后置于中心名词，而使用后置词的语言，所有格几乎总是前置于中心名词。[①]

关于后置词，后面有专章讨论，这里不细分析。从格林伯格所提出的语言共性中可以发现，后置词的位置跟动词的位置有关，所有格的位置又跟附置词的位置有关。显然，动词是影响附置词、所有格位置的主要原因。任何事物都有它的结构，各种结构都有其核心，结构的各个组成部分都以核心为原点，与核心保持一致。或者说，结构的核心具有某种吸引力，其他成分都在其吸引力的影响之下。认知语言学认为，动作是整体关系，它影响其他成分在句子中的角色。动词也是句子的核心，它的位置影响着其他成分的位置。阿尔泰语系是 SOV 语序，动词位于句子的最后面，这样，动词就具有向右的吸引力，使阿尔泰语系的各种附加成分、附置词、词缀等都后置。

---

① [美] 格林伯格：《某些主要跟语序有关的语法普遍现象》，陆丙甫、陆致极译，《国外语言学》1984年第 2 期。

复数、人称领属、格这三种附加成分并不总是单独出现在名词的后面，而是常常联合起来形成更复杂的结构。出现的形式一般有：

NP+复数+人称领属；

NP+复数+格；

NP+人称领属+格；

NP+格 1+格 2；

NP+复数+人称领属+格；

NP+人称领属+复数+格。

根据语料分析，一个附加成分单独与名词出现的情况最多，两两共现的情况次之，三个附加成分一起出现的情况最少。这也符合语言的经济原则，一个附加成分单独与名词构成"NP+名词附加成分"的结构很简单，既易于表达，也易于理解。三个附加成分共现形成的结构最复杂，不符合经济原则，既不利于表达，也不利于理解。附加成分两两出现时，复数附加成分总是最靠近名词；三种附加成分共现时，大多数情况下还是复数附加成分与名词最近，格总是出现在最后。如果对这三种附加成分进行典型性排列的话，顺序应当是：

复数 > 人称领属 > 格

复数附加成分是最典型的名词附加成分，格附加成分是最不典型的名词附加成分。

复数附加成分在达斡尔语中有重叠出现的现象：

达：akaa　dəu-nur-sul

　　哥　　弟-复数-复数

　　兄弟们

达：kəku- r － sul

　　男孩-复数-复数

　　男孩子们

第一个出现的复数附加成分"nur、r"都是专用来指人的复数附加成分，第二个出现的复数附加成分"sul"既可以指人，也可以指物。显然，重叠出现的两个复数附加成分的语义范围是不同的，语义范围小的先出现，语义范围大的后出现。其他语言中没有出现这种情况。

第四章　动词附加成分的语序类型研究

阿尔泰语系中变化复杂的词有两类，一类是名词，一类是动词。动词是阿尔泰语系中最复杂的一类词，有丰富的时、体、态、人称的变化。每一种变化又都是系统的，各种变化彼此相互联系。"如果知道一个特定的语言是 OV 或 VO，就可作出如下预测：在 OV 语中，动词性成分都出现在动词的右侧，而在 VO 语言中，它们都出现在动词的左侧。"[1]

下面分别从时附加成分的语序、态附加成分的语序、动词附加成分共现的语序三个方面来分析阿尔泰语系动词附加成分的语序类型特征。

第一节　时附加成分的语序类型研究

阿尔泰语系中动词表示时间变化的形式很多，这些变化形式所表示的意义都属于时范畴。每一种时态都用一种附加成分来表示。动词的各种变化中，除了时态本身的形态变化之外，形动词、副动词、动词的体也都表示时间的变化，并且都有相应的附加成分。

常见的表示时间变化的动词附加成分是陈述式中表示时间变化的附加成分，如过去时、现在时、将来时等。这类附加成分附加在动词词尾上，专门表示时间的变化，这里称为时间附加成分。形动词在阿尔泰语系中"既表示行为、动作，又表示事物的性质特征（包含行为、动作意义的性质、特征），因而既有动词的性质，又有形容词的性质"[2]。形动词的每一个附加成分都表示某种时间意义。所以，时间附加成分和形动词附加成分是阿尔泰语系动词中普遍使用的两种时范畴附加成分。它们出现的位置又不同，时间附加成分主要出现在句尾，形动词附加成分主要出现在句中。下面分别从这两方面来分析。

一、时间附加成分的语序类型

时间附加成分附加在动词的后面，表示概括性的时间变化。时间附加

---

① [新西兰] Song Jae Jung：《语言类型学》，北京大学出版社 2008 年版，第 56 页。
② 清格尔泰：《蒙古语语法》，内蒙古人民出版社 1991 年版，第 285 页。

成分可以单独结尾，其后面也可以出现其他一些成分，如人称附加成分、语气词等。关于人称后面有专节讨论，这里暂不做分析。除去"V+时间附加成分+人称附加成分"以外，时间附加成分还有"V+时间附加成分+语气词"的语序结构。

（一）"V+时间附加成分"的语序分析

时间附加成分单独结尾，这是它最常见的一种用法。例如：

维：mɛn bazar-ʁa bar-ʁan.
　　我　　市场-与格　　去-曾经过去时
　　我（曾经）去过市场。

哈：kyn bat-tə.
　　太阳　落-确定过去时
　　太阳落了。

柯：anən kemtʃilig-i tyzøt–yl – dy.
　　他的　　缺点 –　3G　　纠正-被动态--一般过去时
　　他的缺点被纠正了。

撒：geʤe jaʁmur jaʁ- ʤi.
　　昨天 雨　　下-确定过去时
　　昨天下雨了。

西裕：men sunan-ɢa xue kela-ɣəla bahr-də.
　　　我　肃南-向格　会　开-目的副动词　去-确切过去时
　　　我去肃南开会去了。

蒙：nar ɡɑr – ʤɛɛ.
　　太阳　出 – 一般过去时
　　太阳出来了。

东乡：bi udʐə - wo.
　　　我 看 – 完成体
　　　我看过了。

保：bǔ iamo u-o.
　　我 饭　　喝-确定过去时
　　我吃饭了。

土：dordʐə re-va.
　　道尔吉　来-过去时
　　道尔吉来了。

东裕：ken wed – be?
　　　谁　病 – 过去时
　　　谁病了？

康：te kʉn ʁurʁun–da kʉr-tʃtʃa.
　　那 人 城-(与-位格) 到-过去时
　　那个人已经到了城里。

满：və dʑi-xə?
　　谁 来-过去时
　　谁来了？

锡：bi tʂəksənəŋ dʑi-xəŋ.
　　我 昨天 来-过去时
　　我昨天来过了。

鄂温克：batʊ uli-gi aŋxa–saa.
　　　巴图 走-延续式副动词 渴-过去时
　　　巴图走着走着走渴了。

动词大都具有动态义，动态义可分为内在动态义和外在动态义两种。内在动态义指动词本身都具有一种过程义，这个过程可以是持续的，也可以是瞬间的。这是一种潜在的动态义，是没有标记的。外在动态义指动词通过各种标记表现出来的动态义，一般是通过句法标记来表现的。如在祈使句中，动词可以表示动态义，其标记就是句式本身；在陈述句中，通过给动词加时间义附加成分来表现动态义。不同的时间附加成分表示不同的动态变化过程。动词可以不加其他附加成分，但一般都要有时间附加成分，可见，时间附加成分是动词附加成分中最常用的附加成分。动词与时间附加成分形成"V+时间附加成分"的结构。时间附加成分前，还可以加上其他附加成分，时间附加成分后面，能出现的附加成分是受限制的。可见，"V+时间附加成分"结构中，动词和时间附加成分之间是个相对自由的空间，时间附加成分后面是相对受限的空间。时间附加成分在动词词尾是阿尔泰语系中最常见的用法。

（二）"V+时间附加成分+语气词"的语序分析

语气词一般都出现在句尾，它表示句子整体的语调，所以语气词的语序是固定的。阿尔泰语系中，时间附加成分都出现在谓语动词的后面，即在句尾。当时间附加成分和语气词在句尾同现时，二者就有了语序的问题。语气词作为独立的词，不依附于动词而存在，而时间附加成分只能依附于动词，所以二者的语序排列是"时间附加成分+语气词"。例如：

哈：aʁa-ŋ da bar-də ma?
　　哥哥-2GS 也 去-确定过去时 吗
　　你哥哥也去了吗？

撒：sen aʃ iʃ-ʤi mu?
　　你　面条　喝-过去时　吗
　　你吃饭了吗？

土：tɕə te-nə tanə-n(ə) uu?
　　你　他-宾格　认识-现在时　吗
　　你认识他吗？

保：ənə gatɕi-nə tɕi kal(ə)-tɕ ba?
　　这　话-（领-宾格）　你　说-非确定过去时　吧
　　这话你说了吧？

锡：ɕinj dzɑq bələn o-χui na?
　　你的　饭　准备　助动词-过去时　吗
　　你的饭做好了吗？

鄂温克：tari ul-səə baa?
　　　　他　走-过去时　吧
　　　　他走了吧？

当句子结尾有语气词时，阿尔泰语系的句尾只有一个语气词出现，这与汉语不同，汉语的句尾可以同时出现两个语气词，如"他来了吗"。阿尔泰语系的时间附加成分兼有两个功能，一是时间功能，二是陈述功能。每个时间附加成分都表示过去/现在/将来的某个时间，同时还表示对某一事件的陈述。因此，从位置来看，时间附加成分依附在动词的后面，是动词的一个附加成分。从语义来看，时间附加成分表示动作的时间义，而动作本身就是关系整体，表示"施事、动作、受事"的语义关系，所以，时间附加成分表示的语义也是属于句子整体的。从功能来看，时间附加成分是属于句子整体的，表示句子整体的陈述语气。科姆里指出："现代研究认为，时态应当是整个句子的范畴，或者逻辑上是整个命题的术语，因为它是作为命题在整体上的真值，而不是动词的某些特征，它必须跟客观世界的恰当的时点状态相匹配。"[①] 因此，每个时间附加成分都是"兼职"的，形式上属于动词的附加成分，语义和功能上属于整个句子的组成部分。时间附加成分的这种功能可以用下图来表示：

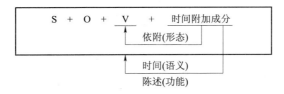

图 4-1　时间附加成分语义功能图

---

① [美] 伯纳德·科姆里：《时态范畴》，北京大学出版社 2005 年版，第 12—13 页。

　　阿尔泰语系中，当句子是陈述语气时，句尾一般不出现语气词，但也有例外，如达斡尔语：

达:nogw ʃam–ii　　　　dag-laa　　　　dəə.
狗　　你-（属-宾格）　跟-过去时　　语气词
狗跟你来了。

达:nək ərin badaa idə-ʤ ol-əŋ　　　　　　　goo!
一　顿　饭　吃-CAV 得-（现在-将来时）　吧
能吃到一顿饭吧！

　　达斡尔语中，"dəə"是肯定语气词，表示对事件的强调肯定。"goo"是不定语气词，介于肯定与否定之间，因此也有疑问的语气。

　　另外，朝鲜语时间附加成分跟阿尔泰语系其他语言的时间附加成分的语序不同。朝鲜语动词的时间附加成分一般不结尾，它的后面有专门的终结形附加成分做句尾。终结形附加成分同时表示动词的式、阶称和法。例如：

朝:ətʃe　　narssi–ka　　tʃoh–ass–ta.
昨天　天气-主格　好-过去时-陈述式对下阶直叙法
昨天天气好。

朝:na–nɯn　jəŋhwa–rɯr　po–kess–sɯpnita.
我-添意　电影 – 对格　看-将来时-陈述式尊敬阶直叙法
我要看电影。

　　朝鲜语时间附加成分后面的表示式、阶称和法的附加成分是必须出现的，这三种语法意义总体来说都是表示语气的，只是表示的角度不同。朝鲜语的谓语动词结构应该是：V+时间附加成分+式、阶称和法附加成分。朝鲜语的时间附加成分与阿尔泰语系其他语言的时间附加成分有所不同，前者只表示时间义，没有陈述功能，不表示某种语气，而后者既表时间，又有陈述功能，表示陈述语气。朝鲜语动词附加成分的语义结构功能如图所示：

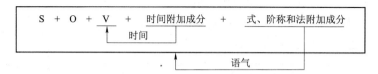

图 4-2　朝鲜语动词附加成分语序功能图

　　时间附加成分由于只表示时间，并且靠近动词，所以在形态上、语义上都属于动词。式、阶称和法附加成分在形态上属于动词的附加成分，但它位于句尾，并且表示语气，表示的是全句的某种语气，因此在语义功能上属于全句。

二、形动词附加成分的语序类型

形动词是动词的一种特殊形式，它既有动词的性质，可以做句尾，又有形容词的性质，能在名词的前面形成定中结构，做名词的定语，还具有名词的性质，在形动词后面可以连接名词的附加成分。形动词在句尾的语序特点与时间附加成分的情况类似，这里就不做分析。下面主要分析"形动词+名词"和"形动词+名词附加成分"两种语序情况。

（一）"形动词+名词"语序分析

形动词可以在名词的前面，做名词的定语，形成"形动词+名词"结构。这种结构的功能与名词相同，可以做句子的主语。例如：

维：meʤlis-ke　　bar-ʁan　　kiʃi　qajti-p　　　　kɛl-di.
　　会议-向格　　去-PAV　　人　返回-状态副动词　来-过去时
　　去开会的人回来了。

蒙：tʃɛɛlag-san　budaa　xaa　bɛɛn?
　　春 - PAV 　米　哪里　有
　　春过的米在什么地方？

柯：bejʤiŋ-ge　　bar-ʁan　　kiʃi　az　emes.
　　北京-与格　　去-PAV　　人　少　不是
　　去过北京的人不少。

"形动词+名词"还可以做句子的宾语。例如：

西裕：ɢɑrɑ-ɣɑn　dienjiŋ-nə　nisə-n　ɢɑrɑ-ɣɑq　　　er?
　　　看-PAV　电影-宾格　什么-宾格　看-经常性形动词　是
　　　看过的电影何必老去看？

保：tər　sə　la-saŋ　iaʤĭ　o.
　　那　没有　哭-PAV　孩子　是
　　那是没有哭过的孩子。

鄂温克：tarĭ　tımaɪsın　əddə　ʤət-tə　　　　　uldə-wi
　　　　他　明天　早晨　吃-未完成体形动词　肉-反身.S
　　olooʤi-rə - n.
　　煮-（现在-将来时）-3
　　他在煮明天早晨吃的肉。

做宾语时，由于"形动词+名词"形成的宾语结构比较复杂，当谓语动词是动作动词时，宾语结构后面都要加上宾格标记。当谓语动词是判断动词时，宾语的后面就不用加宾格标记。

形动词表示的动作跟其修饰的名词有关，形动词修饰的名词可以是形动词所表动作的施事，也可以是该动作的受事。因此形动词表示的时间直接跟"形动词+名词"形成的定中结构有关。如果句中没有谓语动词，或者谓语动词不是动作动词，那么形动词就只能跟其中心语构成句法结构关系。例如：

撒：gel-ɣuʤi　　　　　kiʃ　kem　ɑ?
　　来-现在时形动词　人　谁　语气词
　　来的人是谁？

乌：sen-gæ　　　pul　bɪr-gæn　　　　　ʌdʌm　memmen.
　　你-向格　钱　给-过去时形动词　人　　我
　　给你钱的人是我。

土：tɕənə　var(ə)-ʤin　　　　tiaɢ　munə　ii.
　　你的　拿-进行体形动词　拐杖　我的　是
　　你拿的拐杖是我的。

东裕：ene　ʤasən　kes-sen　qusun　bai.
　　　这个　雪　　化-PAV　水　　是
　　　这是雪化的水。

鄂伦春：oloo-tʃoo　　　　　ulə　iləə　biʃin?
　　　　煮-完成体形动词　肉　哪　有
　　　　煮好的肉在哪儿？

赫：niani　toχo-χən　　təmtkən　okiə　əjə.
　　他　装 - PAV　船　　非常　好
　　他造的船非常好。

这种情况下，形动词的功能就是做定语。实际上，动词做定语不是它的典型句法功能，当动词由典型的句法位置移到非典型的句法位置时，动词的前面或后面要有句法标记。形动词附加成分就是动词做定语的标记。所以，严格地讲，形动词附加成分应具有两种语义功能，一是表达时间义，二是动词做定语的标记。

如果句中有谓语动词，那么形动词就不但跟其中心语有句法结构关系，而且跟后面的谓语动词还有时间上的关系。例如：

图：ol　bar-ʁan　ʤer-ge　　bar-dɣ.
　　他　去-PAV　地方-向格　去-过去时
　　他又去了已去过的地方。

东乡：futʂuɣudu　baʤa　ətʂɯ-sən　kun　qari-dʐɯ　irə-wo.
　　　昨天　　城　去-PAV　人　回-CAV　来-过去时
　　　昨天进城去的人回来了。

达：ir-səŋ　　　xuu bas jau-səŋ.

来-PAV　人　又　走-过去时

来的人又走了。

满：məmə ɕirə-r　　　　　ixan-də　　　　sen　orxo　ubu-me.

奶　挤-现在时形动词　牛-（与-位格）　好　草　喂-将来时

挤奶的牛要喂好草。

当句中有两个动词时，无论这两个动词在什么句法位置上，它们之间都有时间上的联系。需要补充的是，句中出现的两个动作是指一个主体发出的两个动作，而不是两个主体发出的动作，如"我告诉他你来了"这句话中，第一个动词"告诉"是"我"发出的动作，第二个动词性成分"来"是由"你"发出的，这种句子的动词之间的时间关系很复杂，不在现在讨论的范围内。另外，在关系小句中，形动词表示的时间和主句谓语动词表示的时间也有内在的时间关系。例如：

蒙：ɔtʃɪ-x　　　　　gəd　　　bɔd-sɔn　　　xun ʊrdɑɑr nər-əən

去-将来时形动词　联系动词　想-过去时形动词　人　首先　名字-反身领属

məd-uul-nəə.

知道-使动态-现在将来时

想去的人先报名。

在这个句子中，前面的动作"ɔtʃɪ-x"（去）没有发生，但要发生这个动作的想法却已经产生了，先有这个想法，然后才能报名。因此这个句子也有动作的时间先后顺序。

在一个句子中，如果前后两个动作都是由同一主体发出的，那么，先出现的动词表示的动作一般是先发生的动作，后出现的动词表示的动作一般是后发生的动作。因为动作动词都表示跟时间有关的意义，两个动作动词在一个句子中则一定有时间上的先后关系。这种关系可以用下图表示：

图4-3　形动词语序功能图（1）

句首的形动词跟后面的谓语动词有语序的关系，也有时间的关系。二者在语序上的关系正与时间上的关系对应：先发生的动作在先出现，后发生的动作后出现。

（二）"形动词+名词附加成分"的语序分析

形动词后面可以直接加名词的复数、格、人称领属附加成分，构成"形动词+名词附加成分"的结构，这个结构相当于名词，具有名词的句法功能。形动词后面可以单独加复数附加成分、格附加成分、人称领属附加成分，也可以连续加两种附加成分，构成下列结构：

形动词+复数；

形动词+格；

形动词+人称领属；

形动词+复数+格。

下面分别分析这几种结构。

1. "形动词+复数"结构的语序分析

在现有语料中，形动词后面只单独加复数附加成分的例句很少。例如：

哈：ʤəjən-ʁɑ　qɑtnɑs-qɑn-dɑr　　tygel　qɑjt-tə.

会议-与格　参加-PAV-复数　全　　回去-确定过去时

参加会议的人全都回去了。

柯：ʤolʁo　tʃəʁ-uutʃu - lɑr　ketʃee　ket-ti.

路-与格　出去-形动词-复数　昨天　　去-过去时

上路的人昨天走了。

形动词后加上复数附加成分以后，形动词的性质没有变，但"形动词+复数"这个结构不再是形动词，而是名词性结构了，也可以说，名词复数附加成分使形动词名词化了。就是说，"形动词+复数"这个语法槽是个名词性结构。当然，这里动词名词化的过程是由两个过程组成的：首先，动词词根加形动词附加成分后变成形动词，形动词具有形容词的性质。其次，形动词加上复数附加成分变成名词性成分。蒙古语中，形动词加上复数附加成分以后，就具有了名词的性质，如"uʤə"（看）是动词词根，加上过去时形动词附加成分"gsən"后是"uʤəgsən"（看的），变成了形动词，再加上复数附加成分"d"是"uʤəgsəd"（观众），变成了名词。这个词可以单独做主语。例如：

蒙：uʤəgsəd　ir-ʤee.

观众　　　来-过去时

观众来了。

2. "形动词+格"结构的语序分析

阿尔泰语系中"形动词+格"的结构很多。这类结构在句子中可以构成独立的分句，表示前提条件。例如：

撒：men　gel-ɣen-de,　　oj-de　kiʃ　joχdər.

我　来-PAV-位格　房屋-位格　人　没有。

我来时，屋里没有人。

乌：qærı-gæn-dæ　　bu　ıʃ-lær　　　mæn-gæ　ʤudæ　qıjım kel-tı.
　　　老-PAV-位格　这　事情-复数　我-向格　太　　难　来-过去时
　　　人老了，这些事对我太难了。

东裕：təg　mer　jawə-ʁə - də　　　　muu wai.
　　　陡　路　走-未完成体形动词-位与格　不好　是
　　　陡路不好走。

锡：minj gisun gisirə-r - 　　　　d　çi　əm　inʤir.
　　　我　话　说-未完成体形动词-（与-位格）你　不要　笑
　　　我说话时，你不要笑。

这几个例句中，"形动词+格"中的格都是位格，形动词和位格一起构成分句的谓语部分。"形动词+格"结构虽然有格附加成分，但这个结构不是名词性成分，形动词的性质没有变，这里的格具有连接的作用。同时也说明，形动词在前一个分句句尾出现时，不能单独结尾，由格附加成分把前后两个部分连接起来。

"形动词+格"结构能做句子的复杂宾语。例如：

西裕：senəŋ gel-ɣen-nə　　bəl-mes　　dro.
　　　你的　来-PAV-宾格　知道-否定　是
　　　（我）不知道你来了。

保：bədə　nʤaŋ　ʤi - gu　 - nə　　　　　lə　madə-nə.
　　　我们　他　　去-将来时形动词-（领-宾格）不　知道-非确定现在时
　　　我们不知道他要去。

赫：niani əmərgi-χən-wə　　əʤi　χəʤurə.
　　　他　来 - PAV-宾格　别　说
　　　别说他来的（事）。

形动词前面有施事名词性成分时，"施事+形动词"结构后面加宾格附加成分，做句子的直接宾语。这种情况下，"施事+形动词"结构表示事件，以整体的形式与后面的动词构成动宾关系。形动词表示的动作在前，是先发生的，谓语动词居后，也是后发生的动作。

3. "形动词+人称领属"结构的语序分析

"形动词+人称领属"结构在蒙古语族中比较常见。这种结构在句中主要做主语。例如：

蒙：tʃii jab-san-gue-n　　taar-ʤɛɛ.
　　　你　走-PAV-否定-3G　对-过去时
　　　你没走，对了。

东乡：futʂuɣudu irə-sən-ni　　　ətʂɯ-wo.
　　昨天　　　来-PAV-3G　去-过去时
　　昨天来的（人）走了。

达：səb-ii　　　　　　ʤaa-gw - inj ʃii məd-bəi　　　　　ʃii jəə?
　　老师-（属-宾格）讲-未完成体形动词-3GS 你 知道-现在将来时 你 吗
　　老师讲的你懂吗？

形动词不能单独做主语，即使形动词前有施事名词也不能直接做主语。当动词或主谓结构做主语时，必须要在其前或后加上某种标记，即主语标记。人称领属附加成分本来是出现在名词后面表示对名词所指事物的领属。当前面出现形动词时，人称领属附加成分的领属义就弱化了，其主要功能就是做主语的标记。形动词所在的结构可以是主谓结构，如蒙古语；也可以是状中结构，这时形动词是中心语，如东乡语；还可以是定中结构，这时"形动词+人称领属附加成分"是中心语，如达斡尔语。"形动词+人称领属附加成分"的结构如图所示：

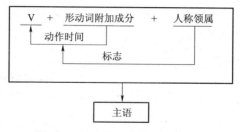

图 4-4　形动词语序功能图（2）

形动词附加成分只与动词词根有结构关系，构成形动词，表示动作发生的时间，与后面的人称领属附加成分没有直接的关系。人称领属附加成分既不与动词词根有直接的结构关系，也不与形动词附加成分有直接的结构关系，而是与前面的形动词有结构关系，是形动词做主语的标志。如果形动词前还有其他成分，这些成分首先和形动词构成一个整体结构，人称领属附加成分跟这个整体结构有结构关系，做这个结构的主语标志。

4."形动词+复数+格"结构的语序分析

"形动词+复数附加成分"结构是个名词性结构，这个结构的后面可以出现格附加成分，形成复杂的格结构。例如：

柯：al-ba-ʁan-dar-ʁa　　　　　ber-di - m.
　　买-否定-PAV-复数-与格　给-过去时-1S
　　我送给没有买过的人们了。

塔：kil-gen-ler-niŋ　　　　ħemmesi　biz-niŋ　　sabaqtaʃ-lar.

来-PAV-复数-领格　其全部　　我们-领格　同学-复数

来的都是我们的同学。

土：moor ʂʤa-ʤin　－　sge－　la　　xamdə çə-ja.

路　修-进行体形动词-复数-造联格　一起　去-祈使式.1

同修路的人们一起去。

"形动词+复数+格"是个复杂的格结构。这个结构的构成如图所示：

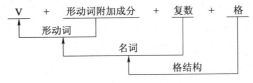

图 4-5　形动词语序功能图（3）

　　形动词附加成分最靠近动词词根，是第一层附加成分，与动词词根的语义关系最密切，没有改变动词的词性，只增加了动词的时间意义；复数附加成分是第二层附加成分，与动词的词根距离较远，所以与动词的关系不太密切，但它改变了动词的词性，使动词变为名词性成分；格是第三层附加成分，与动词的关系最远，而与名词性结构最近，因此它使前面的名词性结构变成了一个格结构。

三、小结

　　阿尔泰语系中时范畴附加成分语序分布主要有两种：句中和句尾。句中的时范畴附加成分的分布还很复杂，有时在动词的词尾，有时在动词词根和其他附加成分之间。形动词附加成分能表示各种时态，同时，形动词还能结尾。但句尾的时间附加成分不能在句中出现。可见，阿尔泰语系中，时范畴附加成分的分布是有规律的：靠近动词的时附加成分，如体附加成分，只表示动作本身的时间义，它是动词本身的附加成分；远离动词词根的时附加成分，如过去时、现在将来时附加成分以及表示时间意义的部分形动词附加成分，形式上是动词的附加成分，语义功能上却是整个句子的附加成分。

　　由以上分析可知，阿尔泰语系中，表示时间义的附加成分至少有两组：一组是只能出现在句尾的时间义附加成分，一组是既能出现在句中，又能出现在句尾的时间义附加成分，即形动词附加成分。当形动词在句首或句中出现，句尾有其他动作动词时，这两个动词之间存在着时间上的先后关系。这种先后关系符合人们的认知规律。句首或句中的形动词即使表示的是将来时动作，在语义上也是先发生的。如"参加明天数学竞赛的人都来了"这个句子中，"竞赛"虽然在"明天"举行，但从报名那天起就等于已经参加竞赛了，因为竞赛包括报名、准备和考试三个阶段，所以这个句子中前后两个动词仍然有时间先后的关系。

第二节　态附加成分的语序类型研究

动词的态表示动作与动作的主体或客体之间的关系。态在阿尔泰语系中普遍存在，只是有的语言动词态的种类较多，有的语言动词态的种类较少。尽管各语言动词同一种态的形式不同，但它们的语序特点与语义特点都一致。各语言动词态的附加成分有以下两个共同特点：

（1）最靠近动词词根；（2）态附加成分可以在句尾。

由此可以推知动词态附加成分的两种语序分布：动词词根+态+其他附加成分；动词词根+态，即：态在其他附加成分的前面，态附加成分位于句尾。

一、态在其他附加成分的前面

阿尔泰语系动词后面如果出现态附加成分和其他附加成分，态附加成分最先出现，靠近动词词根，形成"动词+态附加成分+其他附加成分"的结构。例如：

维：bu　kijim　juj–ul – di.
　　这 衣服　　洗-被动态-确定过去时
　　这件衣服洗过了。

哈：tʃal　　men　kempir　ekewɨ　ur - əs - ɑ　　　basta- ə.
　　老头儿 和 老太婆　两个　吵-交互·共同态-现在时副动词 开始-确定过去时
　　老头儿和老太婆两个吵起来了。

柯：ol　kij–in　–　di.
　　他 穿-自反态 - 一般过去时
　　他（给自己）穿（衣服）了。

东乡：ɢua　noɣai　　dzao-ndu-dzuɯwo.
　　　两 狗　　　咬-互动态-进行体
　　　两条狗在咬架。

康：gula ɢala mʉrgʉ-ndʉ　　 - sina.
　　牛　俩 顶 -（互动-同动态）-正在进行时
　　两头牛正在相互顶。

满：bi　in-bə　　muke　om–bo－xa.

　　我　他-宾格　水　　喝 -使动态-过去时

　　我叫他喝了水。

朝：sɛ-ka　　po　－　i　－nta.

　　鸟-主格　看 －被动态-陈述式对下阶直叙法

　　看见鸟了。

　　态附加成分靠近动词词根，符合语义靠近动因原则。因为态附加成分虽然是动词附加成分，但语义上它还和动词前面的动作主体或客体有关，就是说，态附加成分在主体或客体与动词之间起着连接作用。这种连接作用也是一种语义指向。这种语义指向关系如图所示：

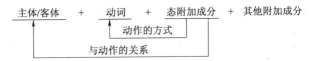

图 4-6　动词态附加成分语序功能图

　　由于态附加成分既靠近动词词根，又与前面的主体或客体距离较近，这样的语序特点能凸显态附加成分的连接作用，使句子的结构更加稳固。

　　态附加成分靠近动词词根，与动词词根一起形成一些特殊的句式。除了没有附加成分的自动态以外，常见的动词态有使动态、被动态、互动态等。这些动词的态都要求特殊的句式。下面以常见的使动态、被动态为例来说明。

（一）使动态形成的致使结构

　　使动态在阿尔泰语系中经常使用。使动态附加成分是阿尔泰语系中致使结构的标志。所以，阿尔泰语系的致使结构属于形态类型的致使结构。正如 Song Jae Jung 所说："这种类型中，致使谓语是派生语素的形式或是词缀，结果谓语是基本动词，词缀粘附在结果谓语动词上。虽然只有一个动词，这个形态类型的致使动词由两个语素构成，这两个语素很容易区分开。在这个意义上，形态致使类型是粘着语。"[1]

　　阿尔泰语系中，使动态经常与时间附加成分一起出现在动词的后面。例如：

哈：ol　biz - ge　　øleŋ　qjt- qəz - də.

　　他　我们-与格　歌　　唱-使动态-确定过去时

　　他让我们唱了歌。

———————

① [新西兰] Song Jae Jung：《语言类型学》，北京大学出版社 2008 年版，第 260 页。

撒：men ʃyeʂen-la(r)-nə　　　oχəs　pidi - t　-　dʑi.

　　我　学生-复数-宾格　　字　　写-使动态-确定过去时

　　我让学生们写字了。

乌：bɵ　køŋilsizliklær　ɵlær-ni　　ædʑiræ -t- di.

　　这　不愉快的事　他们-宾格　分开-使动态-过去时

　　这件不顺心的事使他们俩分手了。

蒙：bɑxʃ-ɑɑr　　　dʑɑɑ–lgɑ - n!

　　老师-造格　教-使动态-现在将来时

　　让老师教！

康：mɑʁɑ-ni　　　tʃina-dʑi　　bɔr-ʁɔ　-　va.

　　肉-（领-宾格）煮-CAV　　熟-使动态-过去时

　　肉煮熟了。

满：in - bə　　mandzu　gidʑuŋ tatɕi-bu － me.

　　他-宾格　满洲　话　　教-使动态-将来时

　　让他教满洲话。

鄂伦春：bii bʊrta –wa　bitəgə-jə　tuurəə-wkəən– ə - m.

　　　我 布尔塔-宾格 书-不定宾格 读-使动态-（现在-将来时）-1S

　　　我让布尔塔读书。

使动态表达的是"致使"义。致使义在有些语言如汉语、英语中用词汇手段来表达，但在阿尔泰语系中用形态手段来表达。使动态形成的致使结构如图所示：

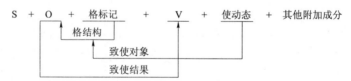

图 4-7　使动态附加成分语序功能图

如果有使动态附加成分，动词前面必须有被致使名词，被致使名词可以是受事，如康家语。其次要有宾格或其他格，如哈萨克语用与格，蒙古语用造格，我们把这称为格标记。O 受两个附加成分的制约：语法上，受格标记的制约，格标记与 O 形成格结构；语义上，O 还受使动态附加成分的制约，与动词形成致使结构。而使动态附加成分同时支配两个成分，一个是动词，一个是 O。阿尔泰语系致使结构有两个标志：一个是格标记，一个是使动态附加成分，二者缺一不可。

（二）被动态形成的被动结构

被动态附加成分出现在动词词根后，与前面的名词形成被动句。阿尔泰语系各语言都有这样的被动态附加成分和被动句。例如：

哈：mɪndet-der kezin–de   orənda-l - də.
　　任务-复数 按时-位格 完成-被动态-确定过去时
　　按时完成了任务。

塔：ʃul baʃ jawləq elleqajtʃan sat-əl - də.
　　那 头 巾 早已 售-被动态-过去时
　　那头巾早已售出了。

乌：bɯ χæt ʤydæ tʃirʌjli jʌz-il – di.
　　这 字 很 漂亮 写-被动态-过去时
　　这字写得真漂亮！

蒙：ʊʊl–ɪɪn œrœœ səlxɪn-d id-（ə）gd-əd ərəg bɔl-ʤɛɛ.
　　山-领格 顶 风-位格 吃-被动态-先行式副动词 崖 成一一般过去时
　　山顶被风蚀成悬崖了。

土：deçə-nə noxuai-də de - lɢa – va.
　　食物-宾格 狗-位与格 吃-被动态-过去时
　　食物被狗吃了。

满：xolxa ʥiŋʂa-də ʤa–bu – xa.
　　小偷 警察-（与-位格） 捉-被动态-过去时
　　小偷被警察捉了。

鄂温克：bii ta-du mʊnda-wʊ-sʊʊ.
　　　　我 他-与格 打-被动态-过去时.1S
　　　　我被他打了。

朝：pəm–i p'osu–eke tʃap-hi - jəss – ta.
　　虎-主格 猎手-与格 捉-被动态-过去时-陈述式对下阶直叙法
　　老虎被猎手捉住了。

被动态附加成分的位置是直接在动词词根后面，它的后面还可以出现其他附加成分。阿尔泰语系的被动句跟汉语一样，有两种形式：一种是受事做主语，施事不出现，如哈萨克语、塔塔尔语、乌孜别克语；一种是受事做主语，施事出现在受事的后面，再加被动标记，如土族语、满语。受事做主语时无论在哪种被动句中都是没有标记的。阿尔泰语系被动句的结构如图所示：

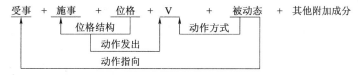

图4-8 被动态附加成分语序结构图

被动句标记有两个：一个是施事后面的位格或与格，一个是动词后面的被动态附加成分。位格结构在被动句中可以不出现，最简单的被动句结构是：受事+V+被动态附加成分+其他附加成分。显然，被动态附加成分在句法上附着在动词的后面，使动词具有了被动义。同时，被动态附加成分还指向前面的受事，表示动作施加的方向。所以，被动态附加成分虽然在后，但它是被动句的主要标志之一。

二、态附加成分位于句尾

动词态附加成分既可以在其他动词附加成分前出现，也可以单独结尾。态附加成分结尾时，这样的句子一般是祈使句。例如：

柯：sen bul tʃapan-dɣ   qɣz-dar-ʁa   tap-tɣr.
　　你　这　衣服-宾格　姑娘-复数-与格　找-使动态
　　你让姑娘们来找这件衣服。

西裕：sen Goj-nɣ   jyl-er.
　　　你　羊-宾格　宰-使动态
　　　你把羊宰了。

蒙：xʊrdan jab - tʃgaa!
　　快　　走--致态
　　大家快走吧!

东乡：ta   udzə-ndu.
　　　你们　看-共动态
　　　你们一起看。

赫：çi   əçixtə umiɲji - wə   χədʐu-wə.
　　你　现在　吴明义-宾格　说-使动态
　　你现在让吴明义说。

这类句子，可以是使动态结尾，也可以是其他态附加成分结尾。使动态结尾，更增加了句子祈使的程度，而且使动态的语义指向有所不同。当主体与客体的生命度相同时，使动态指向离动词较近的那个客体，如柯尔克孜语、赫哲语；当主体是指人名词，客体是指非人类名词时，使动态附加成分指向主体，如西部裕固语。

在使动态句子中，使动态附加成分跟主语没有直接的一致关系，而一致态、共动态结尾的句子中，要求主语跟态有一致关系。蒙古语的例句中如果加上主语，主语应当是表示多数义的词语。在柯尔克孜语句子中，有宾格结构、与格结构，宾格结构指物，与格结构指人，所以使动态指向与格中的名词，让与格结构中所指人物发出谓语动作。

三、小结

阿尔泰语系动词的态范畴，形式上紧接在动词词根后面；语义上，它还与动词前面的名词有关。它既赋予谓语动词某种语义特征，也赋予名词（有格标记的名词）某种语义特征，所以，动词态附加成分在句子中占有特别重要的地位。动词态附加成分虽然语序在后，但它却是表达语法关系的核心。同时，由于动词态附加成分紧靠动词词根，距离动词近，也离前面的名词比较近，有利于控制动词和前面的名词。在致使句和被动句中，态附加成分分别是这两类句式的标志。在这两类句子中，态附加成分一方面表示动作的方式，一方面还指向前面的名词，表示名词与动词之间的语义关系。可见，在这两类句式中，态附加成分的语义功能范围很大，在连接名词和动词这一点上，与格的语义功能相近。

第三节　动词附加成分共现的语序类型研究

阿尔泰语系的动词有时间、体、态、人称、否定、形动词、副动词等附加成分。这些附加成分可以单独用在动词的后面，也可以两个或两个以上的附加成分连续附加在动词的后面。从现有的语料看，动词附加成分连续出现的情况有以下几个特点：

（1）数量上，连用的情况一共有 25 种。其中，动词态附加成分居前的连用情况最多，有 14 种。体、否定、形动词附加成分居前时连用的情况各有 3 种，时间附加成分居前时连用的情况有 2 种。

（2）从连用的情况看，最多只能有四个附加成分连用。

（3）并不是所有的附加成分在连用时都能居前，也并不是所有的附加成分在连用时都能结尾。如态附加成分只能居前，人称附加成分只能结尾。个别语言中态附加成分可连用。

下面分别分析态、体附加成分居前时的连用情况。

一、态附加成分居前时的语序类型

态附加成分居前时，可以和另一个不同类别的附加成分连用，也可以和另两个不同类别的附加成分连用，还可以和其他三个不同的附加成分连用。

（一）态和一个附加成分共现的语序类型

态附加成分后面出现另一个不同类别的附加成分，这样动词后面就出现了两个不同类别的附加成分连用的现象。这样的动词形式常见的有：V+态+时间；V+态+副动词；V+态的重叠使用。

1. V+态+时间

前面分析时已讲过,态附加成分总是在动词词根后第一个出现,时间附加成分总是在句尾出现,所以当这两个附加成分连续在动词后面出现时,就会形成"V+态+时间"的结构。这在阿尔泰语系各语言中都是一致的。例如:

哈:muʁalim bala–lar–də　　　　　otər-ʁəz -də.
　　老师　　孩子-复数-宾格　　坐-使动态-确定过去时
　　老师让孩子们坐下了。

撒:jer　tere – n - miʃ.
　　地　震动-反身态-非确定过去时
　　地震了。

蒙:box　　bər – (i)ld–(ə)n.
　　摔跤手　捉-交互态 – 现在将来时
　　摔跤手角斗。

达:djanjən taan–d　　　　　uʤ – lgəə - sən.
　　电影　你们-（与-位格）看-使动态-过去时
　　叫你们看电影了。

锡:χonin　yxu– d　　　dzavə-v - χəi.
　　羊　　狼-（与-位格）抓-被动态-过去时
　　羊被狼抓了。

鄂伦春:nʊgan – ŋi–n　　kakaran gujkə-du　ʤawa –w-tʃəə.
　　　他 - 领格-3GS 鸡　　　狼-与格　抓-被动态-过去时
　　　他的鸡被狼抓了。

"态"表示动作的方式,或者与主语有关,或者与宾语有关,表示主语或宾语与动作的关系。"时间"指句子整体的时间,与整体事件有关。"态"与"时间"之间没有句法语义关系。二者的语义功能如图所示（只分析"态"与宾语的关系）:

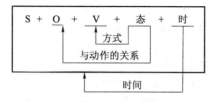

图 4-9 "态"与"时"语序功能图

2. V+态+副动词

副动词是指副动词附加成分加在动词词根之后形成的动词形式,它主要出现在句中，不出现在句尾。它的作用是连接前后两个动词，表示前后两个动词之间的某种语法关系。动词态的附加成分靠近动词词根出现，因此动词态的语序特点与副动词附加成分的语序特点决定了当这两个附加成分连续出现时的语序分布：态 > 副动词附加成分（" > "表示"先于"）。这在阿尔泰语系各语言中都是一致的。例如：

哈：qonɑq-tɑr　onəŋ　yji-nde　æŋgimele-s-　　- ip　　　　　otər.
　　客人-复数　他的　家-位格　交谈-交互·共同态-过去时副动词　助动词
　　客人们正在他家里聊天。

土：te　ndaa araŋ　jauu-lɢa-dʒə　　　　a.
　　他　我　白白　走-使动态-CAV　是
　　他让我白白走一趟。

东裕：tas　semeer　ʃəwərʃəwər　gə-ld(ə) -dʒə　　　ima　wə？
　　　你们　悄悄　小声　　　做-众动态-CAV　什么　是
　　　你们悄悄地做什么？

锡：bi　audʒun-i　dʑilχan- d　doudur arə-və- maq　　　gət - xəi.
　　我　雷-领格　声-(与-位格)　吓一跳　做-被动态-分离副动词　醒-过去时
　　我被雷声吓醒了。

鄂温克：tarĭ　dʒuuri　dʒaandʒɪ-ldɪ - gɪ　　　sɔɔgɪ-ldIɪ-saa.
　　　　那　二　说-共动态-延续式副动词　吵-共动态-过去时
　　　　那两人谈着谈着就吵起来了。

在"V+态+副动词"中，可以区分出两种类型的附加成分：前指附加成分和后指附加成分。动词态是前指附加成分，因为它除了限制动词的语义特点外，还限制主语或宾语的语义特点，而主语或宾语则是在前面的成分。副动词附加成分是后指附加成分，因为副动词不是孤立地表示一个动词的语义特点，而是连接着前后两个动词，表示前面的动词与后面的动词的语义结构关系。如果副动词后面还有一个动作动词，那么这两个动词之间一般有时间上的先后关系。副动词表示的时间在先，后面的动词表示的时间在后；或者前后两个动作是同时发生的，即动作的伴随关系，如"他笑着说"。

3. 态的连续使用

阿尔泰语系中，同类的动词附加成分一般不连续出现。例外的是，在个别语言中动词态有连续出现的现象。例如：

东乡：tʂɯ　həla - ni　　　irə-ɣa - ndu！
　　　你　他们-（领-宾格）　来-使动态-共动态
　　　你让他们一齐来！

东乡:ta　　kəwosɯ -la-nə　　　　çiəçiao-də　irə-ndu -ɣa - ndu.

　　　你们 孩子-复数-反身领属　学校-位格　来-共动态-使动态-共动态

　　　你们都让你们的孩子们全到学校里来!

达:tər-ii　　　　　xaʤir-lgaa-lgaa!

　他-(属-宾格)回来-使动态 1-使动态 2

　让他回来!（让对方通过第三者叫第四者回来。）

达:xolee-lgaa-ltʃ-lgaa!

　和好-使动态 1-互动态-使动态 2

　使和好!（让对方叫第三者使第四、五者互相和好。）

　　东乡语的第 1 个例句中,使动态和共动态的附加成分一齐指向宾语 həla (他们)。东乡语的第 2 个例句中,动词后面态出现了三次,两个共动态之间夹着使动态。它们的语义指向如图所示:

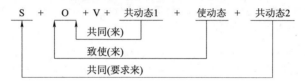

图 4-10 "态"连续使用时的语序功能图（1）

　　达斡尔语的第 1 个例句中,使动态附加成分重叠使用,但前后的语义指向不同。使动态 1 指向句内的宾语 tər（他）,使动态 2 指向句外的第三者。达斡尔语的第 2 个例句使动态重叠使用,之间夹着互动态。这三个态的语义指向如图所示:

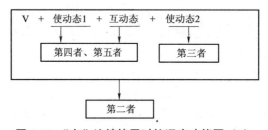

图 4-11 "态"连续使用时的语序功能图（2）

　　整个句子由说话人告诉听话人即第二者,第二者向第三者发出指令,即使动态 2 是针对第三者的。第三者又把指令发给第四者、第五者,要求他们执行指令,即使动态 1 是对第四者、第五者的指令,要求他们共同执行,因此互动态也指向第四者、第五者。

　　（二）态和两个附加成分共现的语序类型

　　由于态附加成分总是在动词词根后第一个出现,所以态附加成分的后面经常出现两个不同种类的附加成分。就是说，动词后面出现了三个附加成分。这三个附加成分的语序也是有规律的，而不是任意的。这样的动词形式常见的有：V+态+体+时间；V+态+时间+人称。

1. V+态+体+时间

在现有语料中，"态、体、时"的附加成分连续出现的例句不多。例如：

蒙：minii　jim　sœl-(ɪ)gd - tʃɪx - ʤɛɛ.

　　我的　东西　换-被动态-完成体-一般过去时

　　我的东西被换掉了。

康：bi　ʉrʉ-da　　　　ʉʤi-ʁa-dʉ - va.

　　我　他-（与-位格）看-使动态-完成体-过去时

　　我让他看了。

锡：tərə-v　　fəxçi-və - mɛtçi – m.

　　他-宾格　跑 -使动态-开始体-现在将来时

　　让他开始跑。

科姆里给"体"的定义是：

Aapects are different ways of viewing the internal temporal constituency of a situation.[①]（体是观察语境中内在时间成分的不同方式。）

科姆里把体范畴和时范畴区分开，他把"体"称为"语境内部时间"（situation-internal time），把"时"称为"语境外部时间"（situation-external time）[②]。据此，阿尔泰语系动词后面连续出现的态、体、时三个范畴也可以作出分类，"态、体"是动词的内部范畴，二者总是跟动作本身有密切的关系；"时"是动词的外部范畴，在句子中"时"范畴附加成分一般表示句子整体的时间，是跟外部参照点有关的时间。Bybee（1985）发现，语言中存在着很强的遵守下列顺序的趋势[③]：

动词词根+态+体+时+语气+人称/数

这与上面例句中三种附加成分出现的顺序一致。如图所示：

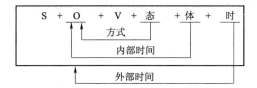

图 4-12　"态、体、时"范畴语序功能图

① [美] 伯纳德·科姆里：《Aspect》，北京大学出版社 2005 年版，第 3 页。

② 同上书，第 5 页。

③ [美] Lindsay J. Whaley：《类型学导论—语言的共性和差异》，世界图书出版公司 2009 年版，第 124 页。

可见，同现的动词语法范畴不仅在结构语序上有区别，而且在语义语序上也有区别。这也更进一步表明，"态、体"是与动词句法语义关系较密切的一对范畴，"时"是与动词句法语义关系较疏远的范畴。

2. V+态+时间+人称

阿尔泰语系谓语动词后面常常有人称附加成分出现。Siewierska 称这种人称词缀为依附性人称标记（Dependent person markers）。他把依附性人称标记分为四种：

weak > clitic > bound > zero[①]

（弱化 > 附缀 > 粘着 > 零形式）

阿尔泰语系的人称附加成分属于粘着形式。"粘着的人称形态一般施加于谓语动词，句法上通常被看做一致关系形态，即用以表达主谓或动宾之类的一致关系。独立论元不出现时，粘着成分也可以独立担当论元。"[②]

阿尔泰语系中，人称附加成分都位于谓语动词的后面，即在句尾。时间附加成分和人称附加成分共现时，时间附加成分位于人称附加成分的前面，这样就形成了"V+态+时间+人称"的动词性结构。例如：

维：øzεm　juj–un　–　　du　–　m.
　　我自己　体洗-(反身-被动态)-确定过去时-1S
　　我洗澡了。

柯：men　anə　menen　sərda-ʃ　–　　tə　–　m.
　　我　把他　同　　谈心-共同·互动态 – 一般过去时-1S
　　我与他谈心了。

塔：men　polɑw　piʃ-ir-　di　–　m.
　　我　抓饭　熟-使动态-过去时-1S
　　我已把抓饭做好了。

鄂温克：tarĭ　ʤuuri　taa-maasɪ-ra　　　–　n.
　　那　二　　拉-互动态-(现在-将来时)-3P
　　那两个人在互相拉。

鄂伦春：bii　burta– wa　bitəgə-jə　　tuurəə　- wkəən-ə – m.
　　我　布尔塔-宾格　书-不定宾格　读-使动态-(现在-将来时)-1S
　　我让布尔塔读书。

人称附加成分与时间附加成分一样，也属于外部附加成分。人称附加成分的功能是，当主语不出现时，就具有句子主语的功能；当主语出现时，使主语和动词的人称一致，使句子具有一致关系。三个附加成分的语义功

① [波兰] Siewierska：《Person》，北京大学出版社 2008 年版，第 22 页。
② 同上书，第 15 页。

能如图所示：

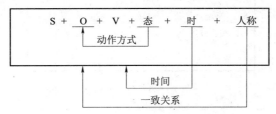

图 4-13 "态、时、人称"语序功能图

3. 态和三个附加成分共现的语序类型

从现有的语料看，阿尔泰语系中动词后面最多能出现 4 个附加成分，形成复杂的动词性结构。这样的动词性结构一般要有态附加成分。例如：

康：ʉrʉsɯ-ni　　　　　dəɣi – ndu - ʁa - dʉ - va.

　　他们-（领-宾格）　打-（互动-同动态）-使动态-完成体-过去时

　　让他们相互打了。

鄂温克：aba　ənee　ʥuuri　ʥaanʤɪ–maasɪ-ʤɪ - ra － n.

　　　　爸　妈　二　说-互动态-进行体-（现在-将来时）-3

　　　　爸爸妈妈两个正在说话。

朝：mək – i –si - jəss - sɯpnikka?

　　吃 -被动态-尊称-过去时-疑问式尊敬阶直叙法

　　喂过了吗？

这样的动词性结构不多。康家语的例句中动词性结构是"V+态 1+态 2+体+时"。"态"和"体"是动词的内部附加成分，"时"是动词的外部附加成分。"态、体、时"的语序功能见图 4-14。鄂温克语的例句中动词结构是"V+态+体+时+人称"。这个结构中，态和体是内部附加成分，时和人称是外部附加成分，"态、体、时、人称"在结构中的语义功能见图 4-15：

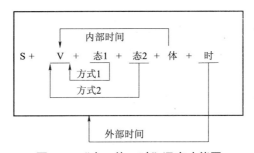

图 4-14 "态、体、时"语序功能图

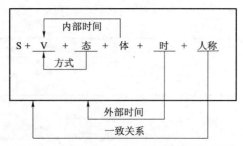

图 4-15 "态、体、时、人称"语序功能图

朝鲜语动词的附加成分多，所以在词根后面出现四个附加成分的现象很多。除朝鲜语外，阿尔泰语系其他语言的动词后面连续出现四个附加成分的现象不常见。这是因为，首先，动词附加成分是分层次的，即内部附加成分和外部附加成分。内部附加成分靠近动词词根出现，外部附加成分离动词词根较远。这两个层次的附加成分部分混合出现，即如果既有内部附加成分，又有外部附加成分出现，那么，必须按照先内部后外部的顺序出现。其次，除了"态"附加成分在个别情况下连续使用外，其他附加成分都不能连续使用。再次，所有的附加成分都加在后面，每个附加成分都有特定的语义特点。如果动词词根后面出现更多的附加成分，那么，词根义的"重量"与后面附加成分语义的"重量"就会失衡，也会加重语言加工的负担。因此，动词词根后面对附加成分出现的数量是有容纳度的，这个容纳度各个语言可能不同。如果超过了这个"度"，动词词根就不接受了。有的语言在处理这个容纳度时，采用灵活的策略，如英语，附加成分既可以在词根后出现，也可以在词根前出现，而阿尔泰语系是后缀型语言，所有的附加成分都出现在词根的后面，所以词根对附加成分的容纳度的限制没有英语那么灵活。

二、体附加成分居前时的语序类型

"在许多语言中，体标记比时标记更靠近动词词干，而时标记又比情态标记更靠近动词词干。"[①]体附加成分属于内部形态成分，经常靠近词根出现。体附加成分居前时，后面可以出现一个动词附加成分，也可以出现两个动词附加成分。

（一）"体"和一个附加成分共现的语序类型

"体"后面常出现的一个附加成分是时或人称，即：V+体+时；V+体+人称。

---

① [德] 弗里德里希·温格瑞尔、汉斯·施密特：《认知语言学导论》(第二版)，彭利贞等译，复旦大学出版社 2009 年版，第 346 页。

1. V+体+时

"体"和"时"都表示时间，但"体"是内部时间，"时"是外部时间。由于内部成分靠近词根，外部成分离词根较远，所以，当"体"和"时"附加成分连续出现在动词词根后面时，"体"附加成分在前，"时"附加成分在后。例如：

维：dɑdɑ-m　　uxlɑ- wɑt - du.

　　父亲-1GS　睡觉-持续体-过去时

　　父亲正在睡觉。

乌：ɪtɪ-ŋɪz　　　　　putu-m-nɪ　　　tʃɪʃlæ-wʌl-dɪ.

　　狗-2GS. 尊称　腿-1GS-宾格　咬-反身体-过去时

　　您的狗咬了我的腿。

蒙：ɡɑr-ɑɑn　　　　ɔɡtɔl-tʃxɪ - ʒʒɛɛ.

　　手-反身领属　割-完成体--般过去时

　　把手割破了。

鄂温克：tarǐ　ɡǝlǝǝ-nǝ-sǝǝ.

　　　　他　　找-趋向体-过去时

　　　　他去找了。

鄂伦春：buku　dʊlɪnʤɪrɡɛɛ　ʃɔktɔ-ʃɪn-tʃaa.

　　　　布库　半　　　　　醉-起动体-过去时

　　　　布库喝得半醉了。

阿尔泰语系动词的"体"和"时"附加成分的语序跟汉语的"体"和"时"的语序是一致的。例如：

他们唱起来了。

外面下着雨呢。

"起来"表示开始体，句尾"了"表示过去时，"着"表示持续体，"呢"表示现在时，这两个句子都是"体+时"的语序。英语则不同，如：I'm reading the book. 这句话中，"am"表示现在时，"-ing"表示进行体，因此英语的"体"和"时"成分的顺序是，"时"成分在动词前，"体"成分在动词后。

2. V+体+人称

"体"是内部时间附加成分，只与动词有关，跟句子没有直接的时间关系。人称附加成分本来只表示句中的一致关系，跟时间没有关系。但阿尔泰语系中，第一、二人称常用来表示现在—将来时。例如：

维：bu　qetɪm　ɪmtɪhan-dɪn　　øt - ɛlɛj - mɛn.

　　这　次　　考试 - 从格　　通过-能动体-1S

　　这次我能考及格。

乌：sɪz yj-dæ   nɪmæ qɪlɪ-jæt-siz?
　　你 房子-位格   什么   做-持续体-2S
　　你在家里做什么？

鄂温克：bii   ɔ - ʤi - mi.
　　　　我   做-进行体-1S
　　　　我正在做。

鄂伦春：bii ʃɔttɪ   ɔlɔ-jɔ   umukəə-nə-m.
　　　　我 总是   鱼-不定宾格 钓-趋向体-1S
　　　　我总去钓鱼。

　　陈述句总是跟时间相联系，因此，每个陈述句都要有一个表示时间的成分。阿尔泰语系中，表示过去、现在、将来时都有专门的附加成分，但在有人称的语言中，如果主语是第一人称、第二人称，如突厥语族各语言、满—通古斯的一些语言，常常用第一、二人称表示现在—将来时。上面的四个例句都是现在—将来时的句子，句尾的第一人称、第二人称附加成分都表示现在—将来时。同时，人称附加成分仍然有人称的作用，如维吾尔语的例句，句首没有出现主语，句尾的人称附加成分就起了主语的作用。所以，在"V+体+人称"的结构中，人称有三个方面的功能：表示全句的时间；当主语出现时，有保持一致关系的作用，如图4-16；当主语不出现时，起主语的作用，如图4-17。"V+体+人称"所在的句子中体、人称的语序功能如图所示：

图 4-16 "体、人称"附加成分　　　图 4-17 "体、人称"附加成分
共现语序功能图（1）　　　　　　共现语序功能图（2）

（二）体和两个附加成分共现的语序类型

与体附加成分共现的其他类附加成分不多，语料中只有"V+体+时+人称"的结构。例如：

维：mɛn bulɑr-ni   ɛmet-tin   køtʃyry-wɑl-di-m.
　　我   这些-宾格 艾买提-从格   抄写-反身体-过去时-1S
　　这些，我是从艾买提那里抄来的。

鄂温克：ɪmanda   ɪmanda - ʤɪ - ra -   n.
　　　　雪   下雪-进行体-(现在- 将来时)-3S

雪正在下。

鄂伦春：bii ʤaan　 dijitʃi–du–wi　　　　giwtʃəən waa –l–tʃa　– w.

　　　 我　　十　　四-与格-反身领属.S　　狍子　　 杀-开始体-过去时-1S

我十四岁开始打狍子。

在动词后面，"体+时+人称"的排列按照从时间到人称的顺序，其语义功能关系如图所示：

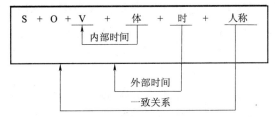

图4-18　"体、时、人称"附加成分共现语序功能图

三、小结

阿尔泰语系动词的附加成分有很多，态和时是各语言都有的附加成分，体则不同。关于突厥语族各语言的体，意见还不一致。《语言简志丛书》（修订本）中突厥语族各语言都没有讲到动词体的问题。力提甫·托乎提认为突厥语族的语言"体包括完成体、未完成体等"①，但没有具体的论述。程适良把突厥语族各语言的体按意义分为"能动体、持续体、反身体、为他体、完成体、尝试体、起始体、突然体、多次体、即近体等各种不同的体"②。本书关于突厥语族动词体的语料都来自程适良（1997）。蒙古语族各语言的体不一致，研究得最全面的是蒙古语。清格尔泰根据"该行为在其发展的哪一个阶段（如开始、结束、完成、未完成等），它具有什么特殊性质（如：瞬间的、一时的、重复的、经常的、继续的等）"③，对蒙古语的动词体范畴进行了详细的分类研究。力提甫·托乎提（2004）认为蒙古语族各语言都有体范畴，但各语言的体范畴各不相同。朝克认为："满—通古斯诸语动词中出现的14种体形态只有进行体、完成体、执行体、多次体是在这些语言内共有的。"④关于满语是否有体范畴，还存在着争议。

总之，由于体范畴的研究在阿尔泰语系中不一致，关于体附加成分的语例就不十分充足。另外，还有时范畴居前的不同附加成分的连用、否定

---

① 力提甫·托乎提：《阿尔泰语言学导论》，山西教育出版社2004年版，第45页。

② 程适良：《突厥比较语言学》，新疆人民出版社1997年版，第277页。

③ 清格尔泰：《蒙古语语法》，内蒙古人民出版社1991年版，第321页。

④ 朝克：《满—通古斯诸语比较研究》，民族出版社1997年版，第285页。

附加成分居前的不同附加成分的连用、形动词附加成分居前的不同附加成分的连用。限于篇幅,这里不一一举例说明。

　　阿尔泰语系动词的附加成分虽然复杂,但无非由两大类组成:内部附加成分和外部附加成分。内部附加成分形式上距离动词近,语义上与动词有直接关系。外部附加成分形式上距离动词远,语义上与动词有间接关系。外部附加成分跟句子有直接的语义关系。由此可以推知,外部附加成分虽然附加在动词上,但实际上是属于句子的。汉语中,体成分直接加在动词后面,与动词构成一个整体结构,而时成分则加在句尾,跟动词的距离较远。英语也如此,体附加成分直接附加在动词后面,时成分则是独立的词的形式,在语流中更趋向于靠近主语。

　　前面分析的都是阿尔泰语系形态方面的语序类型特征,但在分析的过程中总是离不开句法的制约。这是因为,阿尔泰语系名词、动词的附加成分,大都跟句法有直接或间接的关系。因此,每一个形态成分的语序分析,都离不开句法。前面的陈述虽然涉及了句法,但都没有深入地从句法角度进行分析。形态的分析是为句法服务的,以下各章的分析都要在前面分析的基础上进行。

第五章　词的语序类型研究

语序类型研究中，某些词的语序特征与该语言其他的语序特征具有蕴涵关系。其中，附置词、疑问代词语序特征作为独立的参项，在语序类型的研究中占有非常重要的地位。本章主要分析阿尔泰语系附置词、疑问代词的语序特征。

第一节　后置词的语序类型研究

附置词在阿尔泰语系中全部表现为后置词，因此阿尔泰语系附置词的研究就是后置词的研究。"后置词之所以跟 SOV 共现。而不出现在 VSO 中的原因是，后置词与 SV 和 OV 和谐。"[①]阿尔泰语系各语言中都有大量的后置词。虽然后置词听起来语序都是后置的，但跨语言地看，后置词的语序类型还是有区别的。总体来说，阿尔泰语系的后置词语序类型有以下三种：

名词＋后置词；

名词＋格＋后置词：

动词＋后置词。

下面分别分析这三种类型。

一、名词+后置词

后置词可以直接位于名词的后面，与名词构成"名词＋后置词"的结构。这种结构中后置词的功能相当于格。

突厥语族中，没有蒙古语族的造格、随格，但有后置词"bilen"，这个词的语义功能与蒙古语族的造格、随格附加成分的基本语义功能一致。而蒙古语、满语中表示方向的后置词与突厥语族中向格的基本语义功能一致。这表明，阿尔泰语系的格与后置词之间有着某种联系。后置词是独立的词，有独立的形式和意义，如果后置词进一步发展而虚化，就有可能发展成格。实际上，阿尔泰语系的后置词总是出现在名词的后面，表示固定的意义，

---

① [新西兰]　Song Jae Jung：《语言类型学》，北京大学出版社 2008 年版，第 55 页。

这已在语序上同格一样了。

后置词跟名词距离近，与名词有直接的语法关系。但由于这类后置词后面总是出现动词，所以后置词在语义上总有某种动态性。这也符合句子结构"静态→动态"的结构特点。"名词+后置词"结构也可以叫作后置词结构，这个结构总是位于主语的后面，谓语动词的前面。但可以在宾语前，也可以在宾语后。

后置词可以表示比较、比喻义。例如：

柯 : lej–fuŋ　səjaqtuu　　　iʃøø–byz　kerek .
　　雷锋　　像…一样的(后)　工作-1P　　应当
　　我们应像雷锋一样地工作。

图 : aŋ　uʃqaʃ　　　　　dʒoru : n.
　　野兽　和…一样(后)　　生活
　　像野兽一样生活。

土 : ne　tɕidʒaɢ tɕidʒə madə　fulaan a.
　　这个 花　血　像(后)　红　　是
　　这朵花像血一样红。

东乡 : ənə əndzəɣə lousa　tʂɯgiə　　　　　wo.
　　　这 驴　　骡子　一样的(后)　助动词
　　　这驴和骡子一样。

保 : hi mətəgə　　　　　taraŋ　duidzi o.
　　山 像…一样（后）粮食　堆　是
　　像山一样的粮食堆。

东裕 : enə muudən temər ʃəŋgə　　　ɢadu　　wai.
　　　这个 木头　铁　一样(后)　硬　　是
　　　这个木头像铁一样硬。

鄂伦春 : əri kaptaka dʒɔlɔ　ʃirə　ŋətʃin　　　　　namtarin.
　　　　这 扁　石 桌子 像…一样（后）平
　　　　这扁石像桌子一样平。

赫 : əi dʒaqa tiaq tiaq giams kətɕə　　　birən.
　　这 东西 硬　硬　骨　一样(后)　助动词
　　这东西硬得像骨头。

从以上例句可以看出，当后置词前面有两个名词时，后置词只跟靠近它的名词形成后置词结构，如土族语和东乡语等。一般情况下，后置词前面的两个名词的有定与否不同：最前面的名词前面有指示词，因此是有定的，而靠近后置词的名词是无定的。当后置词前是专有名词时，后置词前的名词则是有定名词。所以，表示比较、比喻的后置词所在的句子符合"有定→无定”的结构特点。

这类句子的结构跟差比句的结构一致。如柯尔克孜语例句是个比较句，句子中，比较主体没有出现，比较标准和比较参项出现了，句子的语序结构是：比较标准＋比较标记（后置词）＋比较参项。东乡语也是比较句，句子结构是：比较主体＋比较标准＋比较标记（后置词）＋助动词。像这样的比较句是同样的两个人或事物之间的参照对比，不是比较差异，而是要求比较主体具有和比较标准一样的某种程度或水平，因此这样的比较句可以称之为"同比句"。后置词是同比句的标记，是必不可少的成分。同比句的语序并不都是一致的，如保安语句子的语序结构是：喻体＋比喻标记（后置词）＋本体，赫哲语句子的语序结构是：本体＋比喻参项＋喻体＋比喻标记（后置词）＋助动词。无论是哪种语序，后置词都位于比较标准或喻体的后面，而且不能结尾。完整的比喻句的句子结构可以分为两个板块：本体是一个板块，"喻体＋比喻标记（后置词）＋比喻参项＋助动词"为一个板块。

后置词还可以是表示遍指义的。例如：

西裕：seler kun sen　　ʃyeʃo-ɣa　　bar-ɣaq　　　　be?
　　　你们 天 每(后) 学校-向格　去-经常性形动词 吗
　　　你们每天都去学校吗？

东裕：buda　ødøgʃɔ　bolkon　ʃɔujinʤii-də　tʃɐɡen　tal－ni.
　　　我们 晚　　每（后）收音机-位与格 耳　　放-现在时
　　　我们每天晚上听收音机。

康：bi ʉdər bʉrʉ　ʉniɔ　sa-si.
　　我 日 每(后) 乳牛 挤-正在进行时
　　我每天挤牛奶。

表示遍指义的后置词与前面的名词形成表示时间义的后置词结构时，谓语动词一般要有相应的时附加成分与之对应。

二、名词+格+后置词

（一）后置词结构位于句首

当后置词前面有格成分时，"名词＋格＋后置词"就是一个复杂的后置词结构。当后置词结构表示时间义时，常常是复杂的结构，因此，常位于句子的外围部分，即位于句首。例如：

维：ɑzɑtliq-tin burun　　　u oquʁutʃi　　i－di.
　　解放-从格 以前（后）他 学生　　　系动词-确定过去时
　　解放前，他是个学生。

哈：yʃ　kyn–nen　beri　　　　køp adam-dar –men　　søjle –s　　– ken.
三　天–从格　以来（后）多　人 – 复数 –助格　交谈-交互 共同态-PAV
三天以来他和很多人谈了话。

撒语：igi　jil–den　ili　　　　sen　ɢɑdɑ ot-bər?
二　年–从格　以前（后）你　哪里　住-确定进行体
两年前你住在哪里？

塔：ʁeni　ɑbzij　kit-ken - nen　　　biri　　　χet　joq.
艾尼　大叔　离去-PAV-从格　以来（后）信　没有
艾尼大叔走后一直没有音信。

这种表示时间的后置词结构在句前形成相对独立的结构，即使没有这部分，后面部分也能成句，但句义不一样。按照重成分后置原则，这类后置词结构应该放在句子的后面，但阿尔泰语系中却放在了前面。这跟阿尔泰语序的特点有关。阿尔泰语系的句子是 SOV 型，动词结尾，动词后面除了语气词以外不出现其他成分，就是说阿尔泰语系的句尾没有其他"空间"容纳这类成分，于是这类后置词结构只能位于句首。复杂后置词结构置于句首，有利于保持句子的"重度"平衡。

"时间词语＋从格＋后置词＋主语＋谓语"的结构表示某段时间内发生了某事件。其中时间词语是参照时间，从格表示时间的起点，后置词表示时间的指向，即指向过去、指向现在或指向将来。"时间词语＋从格＋后置词"是事件发生的时间。

后置词结构前置的例句再如：

维：uniŋ-ʁɑ　　nisbeten　　　bu　jɑχʃi-raq.
他的-与格　对于（后）　这　好-比较级
对他来说，这个比较好。

哈：senen　　　bɑsqɑ　　　eʃkim　bil–me - sin.
你（从格）　以外（后）　别人　知道-否定-命令式. 3
除了你以外，别让别人知道。

西裕：mən-dɑn　doɣər　men nime　　ma　　gør–meh–di.
此 – 从格　以外(后) 我　什么　　也　　看见-否定-确切过去时
除此以外，我什么也没看见。

这几个例句中，后置词结构都表示范围。范围义结构在句首，是主句的选择范围或参照范围。同时，这类句子也是固定的构式。如维吾尔语句子是常见的一种比较句，句中形容词用比较级形式。哈萨克语和西部裕固语的例句都是排除式否定句，其中"后置词"bɑsqɑ（……以外）＋动词＋否定成分"是固定搭配。

英语、汉语等语言的重成分理论上有三个位置：句前、句中、句尾。阿尔泰语系的重成分理论上只有两个位置：句前和句中。语言中重成分一般不倾向于放在句中，或者在句前，或者在句尾。这样，阿尔泰语系的重成分实际上只有一个位置：句前。

（二）后置词结构位于句中

后置词结构位于句中也有两种情况：位置灵活的后置词结构，这类后置词结构既可以在句中，也可以在句首；位置固定的后置词结构，这类后置词结构只能在句中，不能在句首。

位置灵活的后置词结构，主要是表示排除意义的结构。例如：

乌：bω iʃ-ni ωn-dæn bʌʃqæ hæmmæ bilæ-di.
　　这　事-宾格　他-从格　除外（后）　都　　　知道-过去时
　　除了他，谁都知道这件事。

保：ndʑaŋ bǔ-sə mate kaŋmə de sə kalo.
　　他　我-（从-比格）　除……以外（后）　无论谁　也　没　说
　　除我以外，他对谁也没有说。

虽然这类后置词结构位置灵活，但位于句首时，如前所述，能使句子处于平衡状态。另外，复杂的后置词结构位于句首时，句子的主语距离宾语、动词比较近。根据认知原理，距离越近的单位，关系也越密切；距离越近的单位，越有利于单位之间的控制与被控制的关系。其他语言中所谓的重成分后置，也是为了使句子的主要成分之间保持更紧密的关系。

位置固定的后置词结构，是不能移至句首的结构。它所在的句子往往比较简短。例如：

柯：ol maʁa qaraʁanda tʃoŋ.
　　他　我（向格）　比起来（后）　大
　　他比我大。

图：men siler-nen ɢatdaj ba:r-men.
　　我　您-从格　一起(后)　去－1S
　　我和您一起去。

达：bii ʃam-ill toləŋ ir-səŋ.
　　我　你-（属－宾格）　为（后）　来-过去时
　　我为你而来。

东裕：bu tʃən-ə tøleendə ere-we.
　　　我　你-领格　替（后）　来-过去时
　　　我替你来了。

康：bi tʃini jiŋgandʉ ɢulu-sa re-va.
　　我　你的　为（后）　远-界限格　来-过去时

　　我为了你远道而来。

满:bi çin–j　orondə　ov–ke!

　　我　你-领格　替（后）洗-祈使式.1

　　我替你洗吧!

锡:bi　tərə–j　gəsgə　arə–m　mutu–qu.

　　我　他-领格　一样（后）　做-CAV　能动词-否定式

　　我不能像他那样做。

鄂温克:sii　awʊ–nɪ　ʤaarın　ɔɔ–ndɪ?

　　你　谁-领格　为了（后）　做-1S

　　你在为谁做?

　　这类句子中的后置词结构之所以不能变换位置，是因为这类句子都有认知的顺序原理在起作用。这类句子中，柯尔克孜语的例句是差比句，后置词结构表示比较标准及比较标记，这些成分都必须放在比较主体的后面，不能移至句首。图瓦语例句中"–nen　ɢatdaj"（从格＋一起（后置词））是个固定搭配，表示共同完成某一动作。图瓦语的例句表面看是并列关系，但语义上不是并列的，在前的为主，在后的为次。实际上，句法结构是并列关系的，在语义上都不是并列的，后面的成分连同并列标记不能移到前面去。锡伯语的例句中，后置词结构是谓语动词的行为标准，这个标准必须靠近动词，才能对动词有更强的约束力。其他语例都是表示对象关系的。后置结构中的 N2 都是主语 N1 施加动作的对象，句子的顺序只能是 N1→N2，而不能是 N2→N1，所以这些句子的后置词结构位置都是固定的。

　　从达斡尔语例句开始，后面例句中的后置词结构都是"人称代词＋领格＋后置词"的格式。阿尔泰语系中，经常有"名词＋领格"后面再加其他格的形式，这表明"名词＋领格"在阿尔泰语系中已经固化为一个名词性结构，表示某人或某物的某一方面、某件东西或某个处所等，具体意思由语境决定。后置词加在其后面相当于加在一个名词性成分的后面。

三、动词+后置词

　　后置词不光在名词后面出现，也在动词后面出现。后置词在动词后面出现的情况有四种形式：动词词根＋形动词附加成分＋后置词；动词词根＋形动词附加成分＋格＋后置词；动词词根＋体附加成分＋后置词；动词词根＋副动词＋反身领属＋后置词。

　　（一）动词词根+形动词附加成分+后置词

　　这种结构即"形动词＋后置词"结构，是后置词结构的一种。这是"动词＋后置词"结构中最多的一种。例如：

哈：doklat ʤasa-ʁan　　soŋ　　økɨl-der　　qəzəw　　talqəla-də.

报告　作-形动词　后（后）代表-复数　热烈　讨论-过去时

报告作完后，代表们进行了热烈的讨论。

柯：ol　kitep　oqu-ʁan　bojdon　iʃqana-ʁa　kir-di.

他　书　读-形动词　按照（后）办公室-向格　进-过去时

他看着书走进了办公室。

锡：təs　gisər-x　soŋqoi　itɕxia-xəi.

他们　说-形动词　照(后)　办-过去时

照他们说的办了。

鄂伦春：tarɪ minə-wə　əʃʃə　itʃə-rə　　nugən　　　ianʃatʃɪ.

他　我-宾格　没　看-形动词　像……一样（后）　样

他好像没看见我似的。

后置词不论出现在名词后面还是动词后面，都有直接连接或间接连接之分。直接连接是指后置词直接连接在名词、动词的后面，中间没有其他附加成分，这是无标记的后置词结构。间接连接是名词、动词与后置词之间有其他成分，主要是附加成分。"名词＋后置词"结构是无标记的后置词结构，"动词词根＋形动词附加成分＋后置词"显然是有标记的后置词结构。阿尔泰语系中，动词词根一般不与其他词直接连接，中间要加附加成分。动词经常加形动词附加成分用来连接其他词，包括后置词。在"动词词根＋形动词附加成分＋后置词"中，形动词附加成分表示时间意义，后置词起连接作用，连接前面的形动词和后面的谓语动词。如果句子中有两个动词，如哈萨克语、柯尔克孜语的例句，句子结构如图所示：

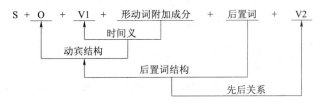

图 5-1　后置词语序功能图（1）

句子结构以后置词为界，前面的后置词结构是第一部分，后面的动词性结构是第二部分，前后两部分之间的关系是时间上的先后关系。

（二）**动词词根+形动词附加成分+格+后置词**

如果说前面的"动词词根＋形动词附加成分＋后置词"结构有一个标记的话，那么，"动词词根＋形动词附加成分＋格＋后置词"结构就有了两个标记。这是个更复杂的后置词结构，在现有的语料中，最典型的是下面两个例句：

塔：min yrymtʃi-gɛ　　kil-gɛn-nɛn　　birlɨ　　anə　　kør-mɛ-di-m.

　　我　乌鲁木齐-与格　来-形动词-从格　以来（后）（把）他　见-否定-过去时-1S

　　我到乌鲁木齐后没见过他。

保：bŭ məçi-gu - sə　　mate　　putçĭ　　de　　madə-m.

　　我 读-形动词-（从·比格）除…以外(后)　写　　也　　知道-确定现在时

　　我除了会读以外还会写。

塔塔尔语例句中的后置词表示时间，保安语例句的后置词表示范围。

不考虑主语，句子内部结构分为五个层次：第一层次是动词加形动词附加成分构成形动词，第二层次是形动词与宾语构成动宾结构，第三层次是格与动宾结构构成格结构，第四层次是后置词与格结构构成后置词结构，第五层次是后置词结构与后面动词构成先后或并列关系。这些层次的构成如图所示：

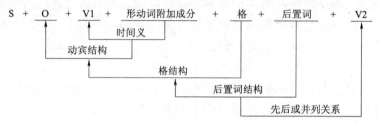

图 5-2　后置词语序功能图（2）

在这五个层次中，后置词处于前后两部分中间，起到承前启后的作用，同时，后置词具有容器作用，容纳了前面的三个层次。由此可以进一步推出，后置词在这里不是形动词加格的后置词，而是整个格结构的后置词。

（三）动词的其他形式+后置词

除了形动词与后置词连用外，动词还可以以动名词的形式与后置词连用，还可以在后面加领属形式与后置词连用。例如：

维：gezit-tɛ　tok toχtit-iʃ　həqqidə　uqturuʃ　elan qilin-di.

　　报-位格　电 停-动名词 关于（后）　通知　　公布—确定过去时

　　报上登了关于停电的通知。

哈：olar-ʁɑ　ʤospardə　asəra　orəndɑ-ʁɑn-ə　yʃin

　　他们-与格 计划-宾格 超过　完成-形动词-3G　为了（后）

　　səjləq ber -il - di.

　　奖励　给—被动态—确定过去时

　　他们因为超额完成了计划而受到奖励。

鄂伦春：tarɪ kʊrɪl-dʊ tʃanʤalaa-daa - wɪ　　ʤaalɪn　əmə-tʃəə.

　　　他　会—与格　参加—目的副动词—反身领属.S　为了（后）来-过去时

他是为了开会来的。

突厥语族语言的动词常以动名词的形式出现在后置词的前面。动名词就是在动词词根的后面加上动名词附加成分构成的动词形式，其功能相当于名词。动词还以另一种名词化的形式与后置词连用，即在动词形式后面加上领属附加成分：哈萨克语的例句是"动词词根＋形动词附加成分＋第三人称领属附加成分"，鄂伦春语的例句是"动词词根＋目的副动词＋反身领属附加成分"。后置词在句子中的功能如图所示：

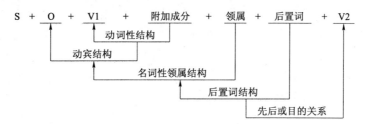

图 5-3　后置词语序功能图（3）

后置词在句子中的功能与前面的分析一样，仍处于前后两部分的分界处。这个后置词结构是有标记的结构，有两个标记：一个是动词性附加成分，一个是名词性附加成分。

四、小结

阿尔泰语系属于后置词语言，后置词普遍存在于阿尔泰语系的各个语言中。后置词既能出现在名词的后面，也能出现在动词的后面。与名词形成的后置词结构可以是无标记的，也可以是有标记的，与动词形成的后置词结构都是有标记的。后置词虽然在后面，但却形成一个隐形的框架，使前面的成分都在这个框架之内。

第二节　疑问代词的语序类型研究

格林伯格（1963）在分析句法的语序类型时，首先提到的是疑问句的语序类型问题，他连续提出了 5 条关于疑问句的普遍共性。其中跟阿尔泰语系有关的有两条：①

普遍现象 9：在远远超过随机频率的多数情况下，涉及全句的疑问小词或词缀，在前置词语言中居于句首，在后置词语言中居于句尾。

① [美] 格林伯格：《某些主要跟语序有关的语法普遍现象》，陆丙甫、陆致极译，《国外语言学》1984年第 2 期。

普遍现象 12：陈述句中以 VSO 为优势语序的语言，其特指疑问句中总把疑问词或疑问短语放在句首。陈述句中以 SOV 为优势语序的语言，从没有这条定规。

可见，疑问句的语序类型研究也是语序类型学的重要内容之一，疑问代词的语序、疑问语气词的语序都跟语序的其他参项有联系。

阿尔泰语系的疑问词包括疑问代词和疑问语气词，另外，突厥语族的语言可以通过词缀来表示疑问语气。本节主要分析疑问代词的语序特征。

阿尔泰语系的疑问代词的语序分布是没有标记的。这里的"没有标记"是指，疑问代词的出现其前后没有任何词的介引，其语序位置不是固定的，它可以在句首、句中、句尾任何一个位置出现，而且疑问代词的出现不一定必须有疑问语气词与其同现。下面就从句首、句中、句尾这三个方面来分析阿尔泰语系疑问代词的语序类型特征。

一、疑问代词居首

阿尔泰语系的疑问代词居首跟英语的疑问代词居首不同。英语的疑问句中疑问代词必须居首，具有规律性、固定性，后面还有标记词。阿尔泰语系的疑问代词居首只是疑问代词的一种语序分布情况，不具有规律性、固定性，前后也没有标记词。例如：

维：nimiʃqɑ　　biz–din　　qetʃ-ip　　　　jyri-sɛn？
　　为什么　　我们-从格　躲-状态副动词　助动词-2S
　　你为什么(总是)躲着我们呢？

柯：netʃe　yj　bar？
　　几　　房　有
　　有几间房子？

塔：niɣɛ　　　　ʤərla-məj　　otəra-səz？
　　（向）什么　唱-否定　　　坐 - 2S
　　你为什么不唱歌？

乌：qændʌq-rʌq　　jæʃæ–b　　　　　tɵr–ib – siz？
　　怎么样-比较级　生活-状态副动词　站-转述式-2S
　　生活得怎样？

蒙：xən-d　ən　uurg-iig　tuʃaa-ʤ　　og　　bee？
　　谁-位格　这个　任务-宾格　交-CAV　给　　呢
　　这个任务交给谁呢？

土：ken ndaa dauudan　a.
　　谁　我　叫　　　　是

是谁在叫我？

康:an‑iɣe　ɯdər　ʤigi？

　　哪－一　　日　　去

　　哪一日去？

鄂伦春:iŋŋətʃin　məəlʤəə　məəlʤəə‑rə　‑　p？

　　什么　　　比赛　　　比‑(现在‑将来时)‑1P

　　咱们比试什么？

朝:nu‑ka　　iki‑kess‑ so？

　　谁‑主格　赢‑将来时‑疑问式对等阶直叙法

　　谁会赢？

疑问代词居首往往是为了突出强调提问的问题，所以维吾尔语、塔塔尔语、鄂伦春语的例句中，把主语放在句尾，用动词的人称附加成分来表示，而把疑问代词放在句首，使句子形成"O＋V＋S"的语序。蒙古语的例句与汉语的对译句的语序正相反，蒙古语为了强调疑问的对象，把与事放在句首。如果把宾格结构"ən uurg‑iig"（把这个任务）放在句首，提问的与事结构放在句中，也符合句法，但其显著性就降低了。处在句首的成分最具有显著性，而疑问代词居首完全符合显著性的要求，因为疑问代词所指问题正是说话人最关注的问题。柯尔克孜语和康家语的例句没有主语，是完全口语化的句子。这两个例句中的疑问代词都做定语，形成"疑问代词＋名词"的结构。这个结构既可以是数名结构，也可以是定中结构。这个结构表明，阿尔泰语系中，当疑问代词修饰名词时，疑问代词在名词的前面。这个结构可以直接位于句首。

二、疑问代词居中

居中是阿尔泰语系疑问代词最常见的用法。疑问代词居中时可充当两种角色：独立成分；修饰语。下面只分析做独立成分时的情况。

疑问代词做独立成分时虽然都在句中，但其语序分布却隐含着差异：有的位置具有灵活性，既可以居中，也可以前移；有的位置是固定的，即必须居中。

（一）位置灵活的疑问代词

位置具有灵活性的疑问代词，根据现有语料，有两种情况：可以随意移动的，但由于语义的限制一般不移动的，如前四个语例；可以移动，但由于句法的要求不前移的，如鄂温克语的例句。例如：

东裕:un‑ə　　　ken pəʤə‑ʤ(ə)　　wai？

　　这个‑宾格　谁　写‑CAV　　　是

这个谁写的?

康:ta-sɯ-ni　　　　　　　kɔ　ajiʁa-va?

　你-复数-(领-宾格)　谁　怕-过去时

　谁吓唬你们了?

鄂伦春:min-ŋi　　mʊrɪn-ma-w　nii　kʊlaka-tʃaa?

　　我-领格　马-宾格-1GS　谁　偷-过去时

　　谁把我的马偷去了?

赫:ti- wə　　　ni-du　　bu-xə - ni?

　那个-宾格　谁-与格　给-完成体-3S

　那个给谁了?

鄂温克:xʊnɪ-nɪ　ɪŋatta xajsɪlad-dʊ awʊ-sal　nən-səə?

　　羊-领格　毛　剪-与格　谁-复数　去-过去时

　　剪羊毛的时候都是谁去了?

前三个例句的句子结构都是一样的:O+宾格+S(疑问代词)+VP。这类句子的常式结构应该是:S(疑问代词)+ O+宾格+ VP。阿尔泰语系的宾语可以有两个位置:主语后和主语前。主语后的位置是宾语的常式位置,主语前的位置是宾语的变式位置。当宾语在常式位置时,宾语后面有时可以不加宾格,但不会造成误解或错误。当宾语在变式位置时,宾语后面必须加宾格标记。在句首的宾语都是有定的,相反,疑问代词是无定的,因此,这样的句子也符合"有定→无定"的语义特点,即:

O+宾格+S(疑问代词)+VP。

有定　　→　　无定

赫哲语例句的结构是:O+宾格标记+疑问代词+与格+VP。这是省略了主语的句子。宾语和疑问代词的长度都一样,后面都有一个附加成分,区别在于:宾语是指示代词,是有定的,疑问代词是无定的,所以这个句子也符合有定到无定的语义特点。疑问代词一般不移到句首。这也是双及物结构的句子。关于双及物结构,后面还要专门讨论,这里不做分析。

鄂温克语例句的句子结构是:NP1+领格+NP2+VP1+与格+S(疑问代词)+VP2。与格前面的部分为时间状语,疑问代词的位置在主语位置上,也可以移到状语之前,变成:S(疑问代词)+时间状语+VP。在所举的这个例句中,时间状语是个复杂的结构,如果放在句中,就会造成中间大、两头小的结构,句子结构不平衡。当时间状语在句首时,符合阿尔泰语重成分前移的要求,句子结构处于平衡状态,只是主语(疑问代词)被包含在中间了。

(二)位置固定的疑问代词

疑问代词位置固定指当句首出现主语时,句中的疑问代词不能移动到句首。这样的用法非常多。例如：

维：sɛn　kim–ni　izlɛj-sɛn?
　　你　谁-宾格　找-2S
　　你找谁？

哈：sen　keʃe　nege　kel-me - dɨ - ŋ?
　　你　昨天　为什么　来-否定-确定过去时-2S
　　你昨天为什么没有来？

柯：tiginde　emneler　bar?
　　那里　什么　有
　　那里有什么？

撒：sen　ɢɑʤaŋ　gel-ʤi?
　　你　何时　来-确定过去时
　　你何时来的？

塔：ol　ni - lɛr　ɑl-ʁɑn ?
　　他　什么-复数　拿-PAV
　　他拿了些什么？

西裕：sen　gonda　ɢɑhdʒɑnɣa　diye　olər-ɣəʂ　　er?
　　　你　在那儿　何时　　直到　住-普通将来时　是
　　　你在那儿要住到什么时候？

图：sen　baqʃə-ŋ-nəŋ　søzi-n　ʤyge　dəŋna - ba(s) -sen?
　　你　老师-2GS-领格　话-宾格　为什么　听 - 否定 - 2S
　　你为什么不听老师的话？

蒙：tʃii　juʊnd　mɑn-ɛɛ - d　ir-dəg - gue　bee?
　　你　为什么　我们-领格-位格　来-经常体形动词-否定　呢
　　你为什么不常到我们家来呢？

东乡：futʂuɣudu　tʂɯ　həndə　ətʂɯ-dənə　ian　giə-wo?
　　　昨天　你　那里　去-分离副动词　什么　做-完成体
　　　昨天你去了那里以后做什么了？

土：aagu　anʤii　ça - gun　　　　ii?
　　姑娘　哪儿　去-未完成体形动词　是
　　姑娘上哪儿去？

达：minii　akaa–minj　xaanə　bəi?
　　我的　哥哥-1GS　何处　有
　　我的哥哥在哪里呢？

保：ənə　awu　halə　ʤi　se?
　　这　孩子　哪里　去　语气词

这孩子上哪里去了呢？

当疑问代词指人时，它的生命度与主语成分的生命度同样高，因此，在做宾语的疑问代词后面要加宾格标记，如维吾尔语。当疑问代词指物并做宾语时，它的后面可以不加宾格标记，如塔塔尔语和东乡语。

图瓦语和蒙古语的语例中，同是表示"为什么"的疑问代词，语序分布却不同。图瓦语中 ʤyge（为什么）出现在动词前，而蒙古语中 juʊnd（为什么）却出现在主语的后面。原因是，图瓦语中 ʤyge（为什么）前面的成分是宾语，而且是表示有定义的宾语。阿尔泰语的宾语有前移的倾向，这也是受 SOV 语序影响的结果。蒙古语的 juʊnd（为什么）后面是处所结构，作句子的补语，它的地位没有宾语显著，倾向于在后的位置。

三、疑问代词结尾

疑问代词结尾的句子大都是短小的句子。例如：

维：bu ɑdɛm kim du?
　　这 人 谁 呀
　　这人是谁呀？

哈：ʃeʃe– m qɑjdɑ?
　　母亲-1GS 在哪儿
　　我母亲在哪儿？

哈：sɨz kɨm-sɨz?
　　您 谁-2S.尊称
　　您是谁？

柯：bul emne?
　　这 什么
　　这是什么？

乌：ɵlær seniŋ nimæ–lær - iŋ?
　　他们 你的 什么人-复数-2GS
　　他们是你的什么人？

锡：sonj duidʐaŋ və?
　　你们的 队长 谁
　　你们的队长是谁？

鄂温克：arĭ bitəgə awʊ-ni?
　　　　这 书 谁-领格
　　　　这本书是谁的？

赫：ti imaχa waχtɕi– m biçin nio ni?
　　那 鱼 打-现在时形动词 有 人 谁

　　　那个打着鱼的人是谁？

朝：ikəs-ɯn　　muɣəs–i –pnikka？

　　这-添意　什么-转类-疑问式尊敬阶直叙法

　　这是什么？

　　阿尔泰语系是 SOV 型，句尾一般是动词。如果是疑问代词结尾，就意味着句尾没有动词，而且疑问代词前后没有其他标记。疑问代词如果是表示"谁、什么"意义的词，那么疑问代词与其主语是同指的，主语部分可以是简单成分，也可以是复杂成分，但总的来说，疑问代词结尾的句子以简单句为主。这有两个原因：一是在这样的句子中句尾没有动词，二是疑问代词本身大都以简单形式入句。突厥语族中，句尾的疑问代词有时要加名词性附加成分；朝鲜语中，句尾的疑问代词带有复杂的形态变化，但不管如何变化，都是疑问代词形式。

四、小结

　　阿尔泰语系疑问代词的语序分布呈无标记状态，根据语用的需要出现在句首、句中、句尾。疑问代词也具有名词的复数、格、领属的形态变化，但这些变化不影响疑问代词的句法功能。疑问代词结尾的句子大都是简短的句子，这跟疑问代词的特点有关，也跟阿尔泰语系的语序类型有关。

　　除了疑问代词外，阿尔泰语系中还有疑问语气词。疑问语气词与疑问代词呈互补的分布。一般疑问句中要有疑问语气词。例如：

维：sen　ʃindʒɑŋliq　mu？

　　你　新疆人　　　吗

　　你是新疆人吗？

哈：tys-ten　kejin　yj-de-siŋ　　be？

　　午-从格　后　　家-位格-2S　　吗

　　下午在家吗？

柯：ol　qərʁəztʃa　bile-bi？

　　他　柯语　　会-吗

　　他会柯语吗？

蒙：tər bus sɛɛn ʋʋ，mʋʋ jʋʋ？

　　那 布 好 吗　坏 吗

　　那布好不好？

土：tɕə　mude-v（a）　　uu？

　　你　知道-过去时　　吗

　　你知道了吗？

满:bi   ərə   ɛdərе ara-mə   ome no?
　　我   这   样   写-CAV   行   吗
　　我这样写行吗?
鄂伦春:ʃii ʤəəktə-jə   ʤəb-tʃə - j   jee?
　　　你 饭-不定宾格   吃-过去时-2S   吗
　　　你吃饭了吗?

特殊疑问句可以有疑问语气词,也可以没有疑问语气词,这可以从前面的语例中看出来。

第六章　短语的语序类型研究

短语的语序类型是语序类型学研究的重点内容。这里所说的短语类型不是按结构来分类的，而是按功能来分类的。短语按功能来分，可以分为名词性短语、动词性短语、形容词性短语等。每类短语可以由两部分构成，也可以由三个或三个以上的部分构成。由两部分组成的短语是简单短语，由三个或三个以上的部分组成的短语是复杂短语。本章主要分析名词性短语、动词性短语、形容词性短语的语序类型。

第一节　名词性短语的语序类型研究

名词性短语指核心词是名词的短语，其修饰语可以是形容词、指示词、数词、领属成分、关系从句、名词等。关于名词的修饰语，Song Jae Jung指出："名词修饰成分放在中心名词前时，是以一个固定的可预测的形式。首先，是指示词或数词，然后是两者都有；第三是形容词，第四是领属成分，最后是关系小句。(Hawkins, 1983)。就是说，如果关系小句前置，其他修饰语如人称领属附加成分、形容词、数词和指示词等，必须也放在前面；如果领属成分前置，那么形容词、数词和指示词也前置，依次类推。""在一致性的后置词语言中，所有的名词修饰语都在中心语的左边(即，DemN，NumN，AN，GN，RelN)。"[1]

阿尔泰语系中，名词性修饰成分都放在名词的前面。由这些修饰语加名词构成的短语包括：形容词+名词；指示词+名词；数词+名词；领属成分+名词；关系从句+名词；名词+名词等。另外，名词性短语还包括由两个名词构成的同位结构。下面依次分析这些名词性短语。

一、名词与形容词的语序类型

阿尔泰语系中，形容词修饰名词形成的短语结构是"形容词+名词"，形容词一致性地都在名词的前面。由一个形容词与名词构成的"形名短语"

---

① [新西兰]　Song Jae Jung：《语言类型学》，北京大学出版社 2008 年版，第 71—74 页。

是简单结构，由两个形容词构成的"形名短语"是复杂结构。

（一）简单的"形名短语"

简单的"形名短语"中，只有一个形容词、一个名词，形容词直接与名词连接，中间没有任何其他成分。例如：

维：appaq kɛptɛr
　　雪白的　鸽子
　　雪白的鸽子

syp–syzyk asman
晴朗的　　　天空
晴朗的天空

哈：ʤaŋa yj
　　新　房屋
　　新房子

əstəp ʤas
热　泪
热泪

柯：køp muʁalim
　　多　老师
　　很多老师

ʧoŋ zal
大　礼堂
大礼堂

撒：aχ modan
　　白　牡丹
　　白牡丹

jaχʃi kiʃ
好　人
好人

塔：kiʧkinɛ kibɨt
　　小的　　铺子
　　小铺子

køp kiʃɨ
多　人
许多人

乌：æʤʌjib tyhfæ
　　特别的　贡献
　　杰出的贡献

gøzæl jæjlʌw
美丽的　夏季牧场
美丽的草原

西裕：aq ɢoj
　　　白的　绵羊
　　　白绵羊

atdəɣ jerdʑi
有名的　歌手
有名的歌手

图：eki kiʒi
　　好　人
　　好人

uzun jaʃ
长　树
大树

蒙：ʤuʤaan œæms
　　厚　　袜子
　　厚袜子

ɔbɔɔ jim
很多　东西
很多东西

东乡：bajan kun
　　　富　人
　　　富人

ʂuni dʑiən
新　衣服
新衣服

土：saiin malɢa
　　好　帽子

xaloŋ ʂʣu
热　水

好帽子　　　　　　　　　　热水

达:utʃikən əud　　　　　　xig　mor
　　小　　门　　　　　　　大　　马
　　小门　　　　　　　　　大马

保:undər hi　　　　　　　amaŋtə χitçiə
　　高　　山　　　　　　　锐利　　剪刀
　　高山　　　　　　　　　锐利的剪刀

东裕:aləs uula　　　　　　rdə　diisən
　　　远　　山　　　　　　长　　绳子
　　　远山　　　　　　　　长绳子

康:sɔ kɯn　　　　　　　　ɢurdun　mɔri
　　好　　人　　　　　　　快　　　马
　　好人　　　　　　　　　快马

满:amba nimaxa　　　　　ʂumin　mukə
　　大　　鱼　　　　　　　深　　　水
　　大鱼　　　　　　　　　深水

锡:fəlgian kirw　　　　　fə　utwku
　　红　　旗　　　　　　　旧　衣服
　　红旗　　　　　　　　　旧衣服

鄂温克:ixxixin ʤug　　　　ularin　mʊrin
　　　　新　　　房子　　　红　　　马
　　　　新房子　　　　　　红马

鄂伦春:ajmakaan tʃɪwkaan　əgdəgə　duŋ
　　　　好看　　　鸟　　　大　　　洞
　　　　美丽的鸟　　　　　大洞

赫:fulgian ilga　　　　　malχu　nio
　　红　　花　　　　　　　多　　　人
　　红花　　　　　　　　　很多人

朝语:sɛ kjokwasə
　　新　教科书
　　新的教科书

　　SOV 语言形容词与名词形成的短语结构中，形容词都前置。前置的形容词不用经过形态变化直接跟名词形成"形名短语"。不管是简单结构还是复杂结构，"形名短语"的功能都相当于名词，中心名词有名词的各种形态变化，形容词前边还可以加副词来修饰名词。因此，简单的"形名短语"可以说是个开放的结构，属于自由短语。

　　阿尔泰语系"形+名"结构跟汉语、英语一样，形容词可以直接修饰名词，这也跟 SOV 语序有关。阿尔泰语系中，凡是位于 S、O、V 后面的成分都是附加成分或虚化的成分，凡是在 S、O、V 前面的修饰成分都是实义成分。形容词作为实义成分自然应该前置。人类语言中，形容词与名词形成的定中结构的基本形式无非是"形+名"结构和"名+形"结构两种。"形+名"结构反映的是"部分→整体"的认知顺序，"名+形"结构反映的是"整体→部分"的认知顺序。

　　除了朝鲜语外，阿尔泰语系其他语言的"形名短语"进入句子后形容词不发生形态上的变化，而朝鲜语的"形名短语"在句子中形容词要发生形态上的变化。例如（下面都是朝鲜语的例句）：

（1）mark-ɯn　　　　mur　　tʃortʃor　　huɯrɯ-pnita.
　　　清-连体形现在时　水　　潺潺　　　流-陈述式尊敬阶直叙法
　　　清清的水在潺潺地流。

（2）p'urɯ-n　　　　namuwɯ-e　　se-ka　　amtʃ-ass- ta.
　　　绿-连体形现在时　树-与格　　　鸟-主格　坐-过去时-陈述式对下阶直叙法
　　　绿色的树上停着鸟。

（3）arɯmtawu‐n　　　jənpjən-ɯn　　na-ɯi
　　　美丽-连体形现在时　延边-添意　　我-领属格
　　　kohjaŋ‐i‐ta.
　　　故乡-谓词形-陈述式对下阶直叙法
　　　美丽的延边是我的故乡。

　　朝鲜语的连体形相当于其他语言中的形动词。朝鲜语的"形名短语"在句中时，不管是在主语位置还是在谓语位置上，形容词的后面要加连体形附加成分，使形容词具有动词的性质。就是说，形容词不能直接与名词连接，首先要给形容词加连体形附加成分，"形容词+连体形附加成分"是动词的形式，然后才能与名词相连。如图所示：

图 6-1　朝鲜语"形名短语"语序功能图

（二）复杂的"形名短语"

　　复杂的"形名短语"是在简单的"形名短语"的基础上形成的。在现有的语料中，这类短语都是在中心名词前面有两个形容词定语。例如：

维：jiraq–tin　jaŋraq　wɛ　muŋluq　naχʃa　sadɑ–lir–i
　　远方-从格　嘹亮的　和　清悦的　歌声　音-复数-3G

aŋlan–maq–ta.
听-动名词-位格(动名词+位格：表示动作正在进行)
从远方传来了一阵清脆婉转的歌声。

哈：ʤoŋχuwa　ultə　æri　eŋbekʃil　æri　batər　ult.
　　中华　　民族　既　勤劳　　又　勇敢　民族
中华民族是勤劳而又勇敢的民族。

撒：anɑ-lar　janə　jaʃil　getu　daχən–ʤi.
　　姑娘-复数　新　绿　盖头　戴-确定过去时
姑娘们戴了新的绿盖头。

乌：bʌlæ–lær　bʌʁtʃæ–dæ　ʃʌd–χɷræm　bæχtli　tɷrmɷʃ　ketʃir –æ–di.
　　孩子-复数　幼儿园-位格　高兴　幸福　生活　度过-（现在–将来时）
孩子们在幼儿园过着幸福愉快的生活。

西裕：gøhp janə joldal–nə　　bəl–əv　　　　　　　　ahl–də.
　　　多　新　事情-宾格　知道-现在未完成体副动词　拿-过去时
我知道了许多新鲜事。

蒙：tʃagaan siimxee uul–iig　　　səmʤɪn　uul　gə - dəg.
　　白　稀疏　云彩-宾格　肠网油　云彩　说道-经常体形动词
把白色的稀薄的云彩叫作网状云。

东乡：niə fugiə xulan tʂʊʤə
　　　一　大　红　花
一朵大红花

鄂伦春：buu　mʊktʃıka nitʃukkəən ɔktə-lıı　jabu-ra　–　w.
　　　　我们　弯曲　小　　路-经格　走-（现在–将来时)-1P
我们行走在蜿蜒的小路上。

赫：iuʂulin əm sab-sagdi tab-targun nixtə　waχa–ni.
　　尤树林 一 大大的　肥肥的　野猪　杀 - 3
尤树林逮了一头大而肥的野猪。

以上例句中，两个形容词并列出现在名词的前面，而且有些句子中的
名词还带有格附加成分，构成"形容词 1+形容词 2+名词+格"的结构。从
句法结构上讲，形容词 1 和形容词 2 是并列关系，就是说，形容词 2 先和
名词形成简单的"形名短语"，然后形容词 1 再和简单的"形名短语"构成
复杂的"形名短语"，格是复杂的"形名短语"的附加成分。这个分析可用
下图表示：

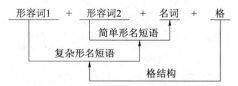

图 6-2　复杂"形名短语"结构图

但从认知上看，这两个形容词的顺序是不能变更的，是符合人们的认知特点的。如，哈萨克语中，两个形容词"eŋbekʃil"（勤劳）和"batər"（勇敢）的顺序一般不能颠倒，"勤劳"是对内而言，"勇敢"是对外而言。撒拉语的两个形容词"jaŋə"（新）和"jaʃil"（绿）的顺序不能变，"新"是从时间角度讲，"绿"是从颜色角度讲，颜色跟中心词的语义关系更密切。西部裕固语的两个形容词"gøhp"（多）和"jaŋə"（新鲜）的顺序也不可更换，前者指的是数量，数量义是主观的，主观性的语义跟事物的语义关系较远，而后者指的是事物的性质，是客观性的语义，它与中心词的语义关系更密切。当中心词前面有多个修饰语时，跟中心词语义关系越密切的成分距离中心词越近。因此，当中心词前面有两个或两个以上的形容词作定语时，它们都是按照一定的顺序出现的。这个顺序就是由主观义成分到客观义成分，或者是按照语义关系由远到近的顺序。如"大红苹果"中，"大"是主观义成分，"红"是客观义成分。

二、名词与指示词的语序类型

阿尔泰语系各个语言中都有完整的指示词系统，既有表示近指的指示词，也有表示远指的指示词。指示词有单复数的变化，有格的变化。当指示词修饰名词时，可以直接修饰名词，·中间没有任何附加成分，而且阿尔泰语系的指示词修饰名词时，都位于名词的前面。"指示词+名词"结构既可以出现在句首，也可以出现在句中。下面分别考察这两种情况。

（一）"指示词+名词"结构居首

"指示词+名词"结构居首意味着指示词位于句首。例如：

维:bu kitab maŋa kerɛk.

　　这　书　　我(与格)　需要的

　　我需要这本书。

哈:ælgɨ kɨtap-tə maкan ber-ʃi !

　　那　书-宾格　我（与格）　给-命令式

　　请你把那本书给我吧！

柯:tigil kiʃi《manas》-tə qotor-o ala-bə？

　　那　人　《玛纳斯》-宾格　翻译-副动词　能-吗

那人能翻译《玛纳斯》吗？

撒：u ɑnɑ ɑmɑ-si-nə oχʃe joχɑ.
　　那 姑娘 妈妈-3G-与格 相同 没有
　　那姑娘不像她妈妈。

塔：bu tʃetʃek-lɐr qɐʁez-dɐn jɑsɑl-ʁɑn mə?
　　这 花-复数 纸-从格 制造-形动词 吗
　　这些花是纸做的吗？

蒙：tər xun nɑd-ɑɑs ʊrdɑɑr ir-sən.
　　那 人 我-离格 前 来-过去时形动词
　　那个人比我来得早。

土：te guɑi-dʑin ken ɑ?
　　那个 跪-进行体形动词 谁 是
　　那个跪着的是谁？

保：tər sɑŋ-nə χutuŋ-kuŋ χɑlʁɐr ɑtɕi-dʑio bɑ?
　　那 家-(领一宾格) 妇女-人 粪 驮-非确定进行体 语气词
　　那家的妇女正在送粪吧？

东裕：tere kuun-ə nere imɑ gədeg bə?
　　那个 人-领格 名字 什么 称呼 疑问语气词
　　他的名字叫什么？

满：ərə betɑ ɛvçe içigiɑtçe ɑtʂɑnɑ-me?
　　这 事 怎么 办 对 -将来时
　　这件事怎么办才好？

锡：tər tɕitɕkə χelin-d do-χui.
　　那 鸟 树-与位格 落-过去时
　　那只鸟落在树上了。

鄂温克：ərĭ ətəxen ɪlɑn utə-wi səri-səə.
　　这 老人 三 儿子-反身领属.S 叫醒-过去时
　　这老人叫醒三个儿子。

赫：ti imɑχɑ wɑχtɕi-m biçin nio ni?
　　那 鱼 打-现在时形动词 人 谁
　　那个打着鱼的人是谁？

朝：tʃə kənmur-ɯn koŋtʃɑŋ-i-pnikkɑ
　　那 建筑物-添意 工厂-转类-疑问式尊敬阶直叙法
　　hɑkkjo-i-pnikkɑ.
　　学校-转类-疑问式尊敬阶直叙法
　　那建筑物是工厂还是学校？

　　指示词在句首，表明它后面的成分是有定性成分，而且定指度最高。居首的"指示词+名词"可以是主语，也可以是宾语。指示词可以是单数形式，但它修饰的名词却可以是复数形式。这样的结构顺序应该是：指示词+(名词+复数附加成分)，即名词与复数附加成分先构成一个名词性结构，然后这个名词性结构再与指示词连接，如塔塔尔语。指示词还可以修饰形动词，指示词后面的形动词可以独立做被修饰语，如土族语，也可以后面再加上施事或受事成分，如赫哲语。

　　当指示词后面出现两个名词性成分即 NP1 和 NP2 时，NP1 和 NP2 有两种结构关系：并列关系或定中关系。不管是哪种关系，指示词只修饰 NP1，而不修饰 NP2。当 NP1 与 NP2 是并列关系时，"指示词＋NP1"构成一个名词性成分，NP2 则与后面的动词形成各种语法关系。当 NP1 和 NP2 是定中关系时，"指示词＋NP1"构成一个名词性成分，这个名词性成分再修饰 NP2。这些分析可以用图 6-3、图 6-4 来表示：

图 6-3　指示词语序功能图（1）　　　图 6-4　指示词语序功能图（2）

（二）"指示词+名词"结构居中

　　阿尔泰语系中，"指示词+名词"结构居中时指示词一般不发生形态变化，"指示词+名词"是作为一个整体结构出现在句中的。例如：

哈：biz osə mektep-tiŋ ʤaŋa oqəwʃə-sə-məz.
　　我们 这 学校-领格 新 同学-3G-1P
　　我们是这所学校的新同学。

柯：men bul qaʃəq-tə ʤəʁatʃtan ʤasa-də-m.
　　我 这 勺子-宾格 木头-从格 制作-过去时-1S
　　我用木头制作了这把勺子。

撒：men bu ʂu-nə oχu vol-ʤi.
　　我 这 书-宾格 读 好〈助动词〉-确定过去时
　　我读完了这本书。

乌：men bœ iʃ-ni œn-ɡæ æjt-ɡæn.
　　我 这 事-宾格 他-向格 说-过去时形动词
　　我向他说过这件事。

图：men ol ʤer-ge ʤed-e al- ba - də - m.
　　我 那个 地方-向格 到-副动词 助动词-否定-过去时-1S

我没能到达那个地方。

东乡：tʂɯ ənə uiliə-ni　　hə-ni　　mədʑiə-ya-ya.

　　　你　这　事-宾格　他-宾格　知道-使动态-使动态

　　　你让他使他（另一个人）知道这件事。

土：gaga - ni　　dʑiən　ənə　giə-ni　　　dʑiərə　wo.

　　哥哥-（领-宾格）衣服　这　房子-（领-宾格）上　　助动词

　　哥哥的衣服在这房子上头。

达：bii　tər xuu-tii　ul tani-ltʃ － ən.

　　我　那 人-共同格　不　认识-互动态-（现在-将来时）

　　我和那个人互不认识。

东裕：budas tere ɢuur bod(o)-in　　dʑuraa-ja.

　　　咱们　那个 两　鹿-领宾格　追-祈使式.1

　　　咱们追那两只鹿。

康：tʃi enə ʃire-ni　　　　alʁa-de!

　　你 这 桌子-(领-宾格)　擦-完成体

　　你把这个桌子擦一下！

满：bi ərə dəbtəlin bitxə-bə　xula- xa-bixə.

　　我 这 本　　书-宾格　读-曾经过去时

　　我曾读过这本书。

锡：dʑitʂəŋ ər　baitə-dəri　dʑali-m.

　　吉成　这 事-离格　躲避-现在将来时

　　吉成回避这件事。

鄂温克：bii tarǐ dɔɔ-lɪı　əməggɪ-suu.

　　　　我 那 河-经格　回来-过去时

　　　　我经过那条河回来的。

鄂伦春：bii əri mʊrɪn-ma dʑawa-m.

　　　　我 这 马-宾格　抓-1S

　　　　我抓这匹马。

赫：çi əi　xitə-wə　　xəlbə-mi　ənə.

　　你 这 孩子-宾格　带-CAV　　去

　　你把这孩子带去。

"指示词+名词"结构居中时，指示词仍然位于名词的前面，而且居中的指示词与居首的指示词相比，形式都是一样的。同在句首一样，当指示词后面有两个或两个以上的名词时，指示词只修饰第一个名词。由阿尔泰语系、汉语、英语的"指示词+名词"结构可以推知：

当指示词后面有多个名词时，指示词只修饰跟它最近的那个名词，并与其形成名词性结构。这个名词性结构再修饰后面的名词性成分。

指示词的这个功能特点正与格的特点相反。格前面如果是由多个词组成的名词性结构时，格则是整个名词性结构的格，而不是单个名词的格。

当"指示词+名词"结构所在的句子还有由指人名词形成的旁格结构时，尽管指人名词的生命度可能高于"指示词+名词"中名词的生命度，但"指示词+名词"结构仍位于指人名词形成的旁格结构前。这是因为，指示词的有定性最高，而在旁格结构中的指人名词的有定性比指示词的有定性要低一些。因此就会形成：S+"指示词+名词"+指人名词的旁格结构+谓语。这也符合句子中的有定与无定的排列原理，越靠前的成分其有定性也越高。

三、名词与数词的语序类型

名词与数词或数量短语组成的结构是"数名结构"。数名结构中，数词的位置有两种：或者在名词前，或者在名词后。在阿尔泰语系中，这两种数名结构都存在。另外，阿尔泰语系中产生了量词，有的语言已有了大量的量词，但量词的出现对数词的语序没有什么影响。

（一）数词+名词

阿尔泰语系大部分语言的数词都在名词之前，形成"数词+名词"的数名结构。例如：

维:on kiʃi
　　十　人
　　十人

bir tʃine su
一　碗　水
一碗水

哈:ʤəjərma bes oqəwʃə
　　二十　　五　学生
　　二十五名学生

bes - altə ʤəŋ alma
五　六　斤　苹果
五六斤苹果

柯:ytʃ miŋ oquutʃu
　　三　千　学生
　　三千学生

bir baraq qaʁaz
一　张　纸

bir kyn
一　天
一天

bir baʃ pijaz
一　头　洋葱
一头洋葱

on kisi
十　人
十人

bir awəz øleŋ
一　首　诗歌
一首歌

bir ʤəlan
一　蛇
一条蛇

bir boo tʃøp
一　把　草

一张纸

塔:jigɨrmɛ ekɨ ɑʁɑtʃʃə
二十　二　木匠
二十二个木匠

bɨr botɨlkɑ ɑrɑq
一　瓶　酒
一瓶酒

乌:bir kættæ ænhʌr
一　大　河
一条大河

bir ʤɷʃt ziræ
一　双　耳环
一对耳环

西裕:jyz beson ɢoj
一百　五十　羊
一百五十只羊

bər bɑʂ uhgus
一　头　牛
一头牛

图:bir daɣ
一　山
一座山

bir ɢɑlbɑq sasən
一　张　纸
一张纸

蒙:tɑbɑn xœn
五　绵羊
五只绵羊

xɔjɪr dəbtər nɔm
两　本　书
两本书

东乡:niə kun
一　人
一个人

土:ɢuraan gambu
三　干部

一把草

bir jɑwləq
一　头巾
一条头巾

bɨr danɛ ɑlmɑ
一　个　苹果
一个苹果

bir lɷʁæt
一　词典
一本词典

ikki χil nɷqtæj næzær
两　种　观　点
两种观点

bər ʤiɣde derek
一　沙枣　树
一棵沙枣树

bər dəp oht
一　根　草
一根草

bir ør
一　房子
一间房子

bir tergen dobraq
一　车　土
一车土

xɔjɪr ɢɑr
二　手
两只手

tɑbɑn gəsəg xurʊud
五　块　奶豆腐
五块奶豆腐

tɑwun ʂɑobin
五　烧饼
五个烧饼

ɢuraan xɑlɢu
三　步

三个干部　　　　　　　　　　　　　三步

达：nək lwəəs　　　　　　　　　　　nək sar
　一　　骡子　　　　　　　　　　　一　　月
　一匹骡子　　　　　　　　　　　　一个月

　nək ərin badaa　　　　　　　　　xojir xoʤoor mood
　一　　顿　饭　　　　　　　　　　两　　棵　　　树
　一顿饭　　　　　　　　　　　　　两棵树

东裕：ɢuur　bod(o)　　　　　　　　niɣe nəŋwa
　　两　　　鹿　　　　　　　　　　一　　东西
　　两只鹿　　　　　　　　　　　　一个东西

满：dʑivɛle ixan　　　　　　　　　　ilan aniya
　　两　　　牛　　　　　　　　　　三　　年
　　两头牛　　　　　　　　　　　　三年

　əm dəbtəlin bitxə　　　　　　　　əmu juru sabu
　一　　本　　书　　　　　　　　　一　　双　　鞋
　一本书　　　　　　　　　　　　　一双鞋

锡：susai χonin　　　　　　　　　　ilan χudaɕi
　五十　　羊　　　　　　　　　　　三　　商人
　五十只羊　　　　　　　　　　　　三个商人

　əm da χɛlin　　　　　　　　　　　əm morw muku
　一　棵　树　　　　　　　　　　　一　碗　　水
　一棵树　　　　　　　　　　　　　一碗水

鄂温克：əmun buɡu　　　　　　　　ɡʊtın adı xʊnin
　　　一　　鹿　　　　　　　　　　三十　几　羊
　　　一头鹿　　　　　　　　　　　三十多只羊

　əmun taŋɡʊr xoomo　　　　　　　əmun atʊ bʊggan
　一　碗　饭　　　　　　　　　　　一　　捆　柳条
　一碗饭　　　　　　　　　　　　　一捆柳条

鄂伦春：ılan bəjə　　　　　　　　　ʊrın adı kʊmakaa
　　　三　　人　　　　　　　　　　二十　几　　鹿
　　　三个人　　　　　　　　　　　二十多只鹿

　omon naptʃı damga　　　　　　　omon təri pəntu
　一　　叶　　烟　　　　　　　　　一　　对　鹿茸
　一叶烟叶　　　　　　　　　　　　一对鹿茸

赫：sundʑa morin　　　　　　　　　sundʑa jantqu
　　五　　马　　　　　　　　　　　五个　　貉子

五匹马　　　　　　　　　　　　　五只貉子

əm　gian　dʐo　　　　　　　　əm　faç　adilə
一　　间　　房　　　　　　　　　一　　块　　网
一间房子　　　　　　　　　　　　一张网

　　阿尔泰语系的语言中，量词的使用不是必需的，如果不影响意义，量词常常可以省略。即使量词出现，其语序也像汉语一样，出现在数词和名词之间。数名结构实际上也是一种定中结构，数词从数量上限定名词。数名结构功能上相当于一个名词性结构，但数名结构中的名词不再有复数的形式变化，不管数词是指一个还是一个以上的数量。这表明，阿尔泰语系的数名结构与"名词+复数结构"具有互补性。数词在名词前也符合 OV 结构的特点。OV 结构中核心词居后，修饰语居前为优势语序，这与动词居后有关系。"修饰语+核心语"的结构中，修饰语居前。居前的成分比居后的成分在认知上具有显著性，所以，核心词前的修饰语越少，核心词的显著度越高；核心词前面的修饰语越多，核心词的显著度就越低。数词居于核心词前，所以，数词要比核心词更具显著性，在一定语境中，数词可以单独具有数名结构的功能。

　　（二）名词+数词

　　阿尔泰语系中，有五种语言的数词在修饰名词时位于名词的后面。这五种语言分别是：撒拉语、土族语、保安语、康家语、朝鲜语。如果有量词，量词也位于名词的后面，形成"名词+数词+量词"结构。例如：

撒：toχ　beʃ　　　　　　　　　　ɑvo　igi
　　鸡　　五　　　　　　　　　　　男孩　　二
　　五只鸡　　　　　　　　　　　　两个男孩

　　aʃ　　udʐ　zanzi　　　　　　tʃirɑluχ　bər
　　面条　三　　碗　　　　　　　　油灯　　　一
　　三碗面条　　　　　　　　　　　一盏油灯

土：xulunə　nəge　　　　　　　kun-　ŋge
　　葫芦　　　一个　　　　　　　　人-　一个
　　一个葫芦　　　　　　　　　　　一个人

　　diuu-ŋge　　　　　　　　　xonə-ŋge
　　弟弟--一个　　　　　　　　　绵羊--一个
　　一个弟弟　　　　　　　　　　　一只绵羊

保：Gonə　dʐirɢurɑŋ　　　　　　çile　nəgə
　　绵羊　　六十　　　　　　　　　桌子　　一个
　　六十只绵羊　　　　　　　　　　一张桌子

tɕiarəg　Gualə　　　　　　　　fgo　çiu　Guar
士兵　　两个　　　　　　　　　大　树　　二
两个士兵　　　　　　　　　　　两棵大树

康：budɔ　niɣe　ajiɐa　　　　　　χɔni　harɔ
饭　　一　　碗　　　　　　　　绵羊　十
一碗饭　　　　　　　　　　　　十只绵羊

ajiɐa　derɔ　　　　　　　　　　jirɐɯ　gurɔ
碗　　四　　　　　　　　　　　腿　　　三
四只碗　　　　　　　　　　　　三条腿

朝：namu　jəsəs　tan　　　　　　so　han　mari
柴　　六　　捆　　　　　　　　牛　一　　头
六捆柴　　　　　　　　　　　　一头牛

sakwa　tukɯnssik　　　　　　　saram　tasəs
苹果　　二斤　　　　　　　　　人　　　五
二斤苹果　　　　　　　　　　　五个人

　　数词和量词位于名词后时，与位于名词前的结构不是镜像结构，而是复制式结构，即在名词前是"数词+量词+名词"结构，在名词后时却是"名词+数词+量词"结构。数量结构后置在阿尔泰语系中不具有普遍性，是一种特殊的语言现象。在其他修饰语都前置的情况下，这几种语言中的数量结构后置现象与语法系统本身也是不协调的，同时也不稳定。后置的数量结构与后缀是一致的，因此，土族语中后置的表示"一个"的词在有些词后面已具有词缀的特点。由于这是一种孤立的语言现象，因此，名词后的数名结构就会向名词前移动。这表现在有些语言中既可以是数量前置结构，也可以是数量后置结构，两种不同的结构在同一语言中并存。这种数量结构后置的现象在其他个别语言偶尔会出现。例如：

东乡：madə saotʂu Gna xəija agi-də　　　　　　ira.
给我　扫帚　二　把　买-分离副动词　来
给我买两把扫帚来。

满：dərən darva–d(ə)　jidʑə　əmkəŋ　be.
桌子 旁边-与位格　椅子　一个　有
桌子旁边也有一把椅子。

　　但这只是很少的现象。阿尔泰语系中以数量结构前置为主，因为阿尔泰语系是"修饰语+核心语"结构的语言，个别不一致的现象会受到结构和系统的作用力，这种作用力包括推力和拉力，在这两种力的共同作用下，不一致的结构逐渐向一致的结构靠拢。

四、名词与领属成分的语序类型

名词与领属成分组成的结构是领属结构。阿尔泰语系中，领属结构都是"领属成分＋被领属成分"的形式。领属结构中，大部分都有领格，领格位于领属成分和被领属成分之间。一部分领属结构没有领格，领属成分直接位于被领属成分的前面。有领格的领属结构称之为有标记的领属结构，没有领格的领属结构称之为无标记的领属结构。

（一）有标记的领属结构

阿尔泰语系各语言中都有领格。领格附加成分位于领属成分和被领属成分之间，一方面起着连接的作用，另一方面起着表示领属的作用。有标记的领属结构根据领属结构后面是否出现人称领属附加成分，分为两小类：一类是没有人称领属附加成分的，称之为简单的有标记领属结构；一类是有人称领属附加成分的，称之为复杂的有标记领属结构。

1. 简单的有标记领属结构

简单的有标记领属结构形式上有两个特点：领属成分和中心名词之间有领格附加成分，中心名词后面没有人称领属附加成分。例如：

乌：stol–niŋ　jyzi　　　　　　ʃindʒʌŋ–niŋ　qʌwɵn
　　桌子–领格　面　　　　　　新疆–领格　哈密瓜
　　桌子面　　　　　　　　　　新疆的哈密瓜

西裕：ʃyeʃo–nəŋ　derek–der　　aniga–nəŋ　ɢoj–lar
　　　学校–领格　树–复数　　　老奶奶–领格　绵羊–复数
　　　学校的树木　　　　　　　老奶奶的绵羊

图：dilgi–niŋ　jaʒə　　　　　　dʒedi ʃen–niŋ　dʒurt
　　狐狸–领格　尾巴　　　　　　七个 县–领格 老百姓
　　狐狸的尾巴　　　　　　　　七个县的老百姓

蒙：mɑn–ɛɛ　uxər　　　　　　duu–（g）iin　nɔm
　　我们–领格　牛　　　　　　弟弟–领格　书
　　我们的牛　　　　　　　　弟弟的书

东乡：ɕiəʂun–ni　ʂubao　　　　ana–ni　otɕin
　　　学生–（领—宾格）书包　　妈妈–（领—宾格）女儿
　　　学生的书包　　　　　　　妈妈的女儿

土：aane–nə　bee　　　　　　aaba–nə　malɢa
　　奶奶–领宾格　身体　　　　爸爸–领宾格 帽子
　　奶奶的身体　　　　　　　　爸爸的帽子

达：galoo–jii　mjag　　　　　bogu–jii　dʒurug
　　鹅–（属-宾格）　肉　　　　鹿–（属-宾格）心脏

　　　　鹅肉　　　　　　　　　　　　　　鹿的心脏

保：dadun-nə　　　baonaŋ gatɕi　　　　tər saŋ-nə　　χutuŋ–kuŋ

　　　大墩-(领-宾格)保安　话　　　　　　那 家-(领-宾格) 妇女 - 人

　　　大墩的保安话　　　　　　　　　　那家的妇女

东裕：temen-ə　　　ŋGuasən　　　　　　mənə　　adʒa

　　　骆驼-领格　　毛　　　　　　　　我 的　父亲

　　　驼毛　　　　　　　　　　　　　　我的父亲

康：aʁa– ni　　　tuəladʒi　　　　　　　ʃire–ni　　　jirʁɯ

　　　村-(领-宾格) 拖拉机　　　　　　　桌-(领 - 宾格) 腿

　　　村子的拖拉机　　　　　　　　　　桌子腿

满：ətuku-i　　　toxon　　　　　　　　ənəŋgi-i　abkai sukdun

　　　衣服-领格　扣子　　　　　　　　今天-领格 天　　气

　　　衣服的扣子　　　　　　　　　　今天的天气

锡：naχtʂə-j　　bo　　　　　　　　　　audʒun – i　dʑilχan

　　　舅-领格　　家　　　　　　　　　雷 - 领格　声音

　　　舅家　　　　　　　　　　　　　雷声

朝：tʃuŋkuk-ɯi　　riəŋtʼo

　　　中国-领格　　　领土

　　　中国的领土

　　简单的有标记领属结构在阿尔泰语系三个语族中的使用分布是不一致的。突厥语族和满—通古斯语族使用得较少，因为这两个语族中大部分语言有着系统的人称领属的形态变化，而人称领属附加成分出现在领属结构后面的机会更多。蒙古语族的各语言基本上都使用简单的有标记领属结构。"领属成分＋领格"在功能上与形容词相当，做中心名词的定语。领属成分在前，被领属成分在后，领属成分是整体，被领属成分是部分，构成"整体＋部分"的结构，这也符合"'整体—部分'作为人类语言共同的优势语序"①的理论。

　　2. 复杂的有标记领属结构

　　复杂的有标记领属结构指在简单的有标记领属结构中间或后面再加上人称领属附加成分构成的领属结构。突厥语族中，领属成分的后面常常还要有人称领属附加成分；蒙古语族中，人称领属附加成分则出现在领属结构中间；满—通古斯语族中，人称领属附加成分出现在领属结构的后面，领属结构中间没有人称领属附加成分。例如：

―――――――――――
　　① 陆丙甫：《"论整体—部分、多量—少量"优势语序的普遍性》，《外国语》2010 年第 4 期。

维：wetin-imiz-niŋ　　hɛmmɛ　　jer-i

　　祖国-3GP-领格　所有的　　地方-3G

　　祖国各地

哈：mekteb-imiz-diŋ　　kitapχana-sə

　　学校-1GP-领格　　图书馆-3G

　　我们学校的图书馆

柯：abaqan-dən　　kiteb-i

　　阿瓦汗-领格　书-3G

　　阿瓦汗的书

撒：kova - niɣi　　muş　　baʁ-ə

　　科娃乡-领格　花椒　园-3G

　　科娃乡花椒园

塔：minim nɛwrɛ-m- nəŋ　　bojə

　　我的　孙子-1GS-领格　身材

　　我孙子的个子

乌：jyrt-imiz-niŋ　　tʌʁ　dærjʌ-lær-i

　　家乡-1GS-领格　山　　河-复数-3G

　　家乡的山河

蒙：ɑɑb-ɪɪn - min　　sʊrɡɑl

　　父亲-领格-1G　教导

　　父亲的教诲

锡：du – j　　utwku-ni

　　弟弟-领格　衣服-3G

　　弟弟的衣服

鄂温克：imin　　dɔɔ-nɪ　　muu–nin

　　　　伊敏　河-领格　水-3G

　　　　伊敏河的水

鄂伦春：tari-ŋi　　ʤuu-ŋi – n　　ɔrɔɔn

　　　　他-领格 房子-领格-1GS 顶

　　　　他的房顶

赫：amə- ji　　təmtkə-ni

　　父亲-领格　　船 – 3G

　　父亲的船

突厥语族复杂的有标记领属结构可以用图 6-5 来表示：

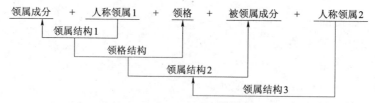

图 6-5　复杂的有标记领属结构的语序结构图（1）

　　复杂的有标记领属结构从结构构成方向上看是右向结构，分四个层次。但从语义指向上看则比较复杂，有两个前指的，两个后指的。第一层次中人称领属 1 的附加成分前指，表示对前面领属成分的领有，构成领属结构 1；第二层次是领属结构 1 与其后的领格构成领格结构；第三层次是领格结构与其后面的被领属成分构成领属结构 2；第四层次是领属结构 2 与人称领属 2 共同构成领属结构 3。两个人称领属都前指，其中，人称领属 1 只控制一个成分，人称领属 2 则控制整体的领属结构，构成复杂的有标记领属结构。这里的标记有三个，分别是人称领属 1、领格、人称领属 2。

　　突厥语族和满—通古斯语族的领属结构中间没有人称领属附加成分，如图 6-6 所示：

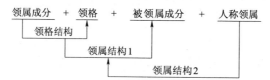

图 6-6　复杂的有标记领属结构的语序结构图（2）

　　与图 6-5 不同的是，图 6-6 领属成分后面没有人称领属附加成分，这样就少了一个领属结构。其他方面都相同。

　　蒙古语族复杂的有标记领属结构如下图所示：

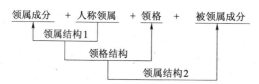

图 6-7　复杂的有标记领属结构的语序结构图（3）

　　与图 6-5 不同的是，被领属成分的后面没有人称领属附加成分；相同的是，领属成分后面有人称领属附加成分。人称领属附加成分在语义上前指，只控制其前面的领属成分，与领属成分构成领属结构 1。领属结构 1 与后面的领格构成领格结构，领格结构再与后面的被领属成分构成领属结构 2。

（二）无标记的领属结构

无标记的领属结构指领属成分与中心名词之间没有领格附加成分，领属结构的中间、后面也没有人称领属附加成分。例如：

维：partijɛ gezit
　党　　报纸
　党报

撒：morən su
　黄河　水
　黄河水

图：islɛm syzy
　伊斯兰　教
　伊斯兰教

土：çiree kol
　桌子　腿
　桌子腿

东裕：ɢol qusun
　河　水
　河水

满：bo çigən.
　房　檐
　房檐

鄂伦春：bʊlaaɡ muu
　泉　水
　泉水

哈：mektep muʁalim
　学校　老师
　学校老师

塔：qaz qanatə
　大雁　翅膀
　大雁翅膀

东乡：mori ʃiən
　马　尾巴
　马尾巴

达：imaa saɡəl
　山羊　胡子
　山羊胡子

康：ula uʤir
　山　尖
　山巅

锡：χɛlin avχ
　树　叶
　树叶

赫：morin ilgi
　马　尾巴
　马尾巴

当领属成分和被领属成分之间有领格标记时，领属成分和被领属成分之间的距离较远，二者的语义关系可以是紧密的，也可以是松散的，领属成分具有突出的地位，"领属成分+领格"的功能跟汉语中的"的"字结构有一致的地方。当领属成分和被领属成分之间没有领格标记时，二者之间的距离最近，语义关系也最近，领属结构相当于一个整体名词，领属成分不具有突出性，结构强调的是被领属成分。这种结构也都是"整体+部分"的结构，领属成分是整体，被领属成分是部分。

五、名词与关系从句的语序类型

关系从句也叫关系小句，"一个关系小句必定包含一个中心名词和一个限制性小句。中心名词本身的所指对象有某个潜在的范围，而限制性小句用一个命题来限制这个范围，这个命题必须符合整体结构的实际所指对象"。①关系从句最常见的有两类：名词后类型和名词前类型。②Keenan 认为，只有在动词居后的语言中，名词前关系从句类型是"唯一的或最能产的形式"。③

阿尔泰语系各语言的关系从句都是名词前类型，即关系从句在中心名词的前面。根据关系从句在句中出现的位置，阿尔泰语系各语言的关系从句可分为位于句首的关系从句和位于句中的关系从句。

（一）关系从句居首

关系从句的成分越多，长度越长，中心名词所受的限制越多，其所指范围越小。因此，关系从句成分的数量与中心名词的所指范围呈反比的关系。中心名词可以是关系从句的施事，可以是关系从句的受事。但无论哪种情况，关系从句限制的中心名词也都是主句的中心名词。

1. 中心名词是关系从句的施事

关系从句的动作是由其所限制的中心名词发出的，这样中心名词就是关系从句的施事。例如：

维：medʒlis–kɛ　bar–ʁan　kiʃi　qajti–p　　　　kɛl–di.
　　会议-与格　去-PAV　人　返回-状态副动词　来-确定过去时
　　去开会的人回来了 。

哈：dʒuməs tekser-iwʃi　kisi-ler　biz-diŋ　　dʒer-imiz - ge　kel-dï.
　　工作　检查-形动词　人-复数　我们-领格　地方-1GP-与格　来-确定过去时
　　检查工作的人员到我们这儿来了。

东乡：futʂuɣudu　badza　ətʂɯ-sən　　kun　qan-dʑɯ　irə-wo.
　　　昨天　　　城　去-PAV　　人　回-CAV　来-完成体
　　　昨天进城去的人回来了。

保：ənə Guar udə sə　kaiχuigə-saŋ kuŋ kə-də　- 　　nə　　　uar(ə)-tɕ.
　　这 二 天 没有 开会-PAV 人 家- (与-位格)-(领-宾格) 回-非确定过去时
　　这两天没有开会的人回家了。

康：ju-sɯn　　　　　　kɯn　χar-tʃi　re-va.
　　走-完成体形动词　人　回-CAV　来-过去时
　　走的人回来了。

句子中最容易关系化的就是主语。上面的关系从句中的中心名词都是原来的句子主语关系化的结果。关系从句中的动词可以是一价动词，也可以是二价动词，甚至是三价动词，关系从句的中心名词都是动词的一个配

---

① [美] 伯纳德·科姆里：《语言共性和语言类型》，沈家煊译，华夏出版社 1989 年版，第 177 页。
② 同上书，第 179 页。
③ [新西兰] Song Jae Jung：《语言类型学》，北京大学出版社 2008 年版，第 242 页。

价成分。动词和中心名词之间是起连接作用的形动词附加成分，同时，阿尔泰语系各语言中这种结构中的形动词附加成分也是关系从句的一个标志。这类关系从句所在句子的语序结构如图 6-8 所示：

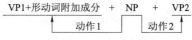

图 6-8　关系从句语序结构图（1）

　　关系从句所在的一部分句子中，一般有两个动词性成分，一个是关系从句中的动词性成分 VP1，一个是中心名词后面的动词性成分 VP2。VP1 和 VP2 在时间上有先后之分，VP1 是先发生的动作，VP2 是后发生的动作。相比之下，VP1 和 VP2 的长度或者基本相同，或者 VP1 要比 VP2 长。这表明，人们在说话时，更重视前一个动作发生的背景，并以 VP1 为背景，再看待 VP2 的发生。关系从句限制的中心名词既是 VP1 动作的发出者，也是 VP2 动作的发出者。当然，中心名词是先后发出两个不同的动作的，在 NP 前的动作是先发生的，在 NP 后的动作是后发生的，这也符合认知的规律。

　　上面分析了中心名词既是关系从句的施事，又是谓语动词的施事的句子。除此之外还有两种情况：

　　一种情况是，中心名词是关系从句的施事，中心名词后面没有动作动词，而是表示判断的结构，结构的核心是名词，即"NP1 是 NP2"的结构。例如：

　　撒：ge(l)-bər diɣen ɢonaχ   mi- niɣi   loʃi   dər.
　　　　来-进行体形动词 客人   我-领格   老师   是
　　　　正来的客人是我的老师。

　　塔：bu χɛbər-ni   siz-gɛ   ɛjt-kɛn kiʃi kɨm?
　　　　这 消息-宾格 您-与格 讲-PAV 人   谁
　　　　告诉您这个消息的人是谁？

　　西裕：gedʒe   gel-ɣen kəsi   kəm dro?
　　　　(昨)晚上   来-PAV   人   谁   是
　　　　(昨)晚上来的人是谁？

　　蒙：tər tʃaaʃɨn jab-dʒ ʒɛɛ-x   xun xən jim bee?
　　　　那 往那边   走-CAV 助动词-非PAV 人   谁   是   呀
　　　　正在往那边走的那个人是谁呀？

　　达：udiʃ tərən-tii   nəkənd wəild-dʒaasəŋ   xuu-inj utgai ʂuudʒii.
　　　　昨天 他-共同格 一起   劳动-完成体动名词 人-3G   就是   书记
　　　　昨天和他一起劳动着的人就是书记。

满：yŋxa mutɕin untʂa–r　　niam-bə　　ini　xaxadʑe　dʑə - me.

　　砂 锅　卖-形动词人-宾格　　他的 男孩　　说-将来时

　　(那个)卖砂锅的人是他的儿子。

锡：tʂai œmi–maχ　　　antχə-s　　gum minj gutʂw.

　　茶 喝-进行体形动词 客人-复数 都 我的 朋友

　　正在喝茶的客人都是我的朋友。

鄂温克：tiinugu əmə-səə　　　bəjə bii.

　　　　昨天　来-完成体形动词 人 我

　　　　昨天来的人是我。

赫：ti mamŋə-tki tuxtim əm-χən　　nio　ni　bitɕin.

　　那 江-向格 上 来-PAV 人 谁 助动词

　　那个从江上来的人是谁来着。

这类关系从句的结构如图所示：

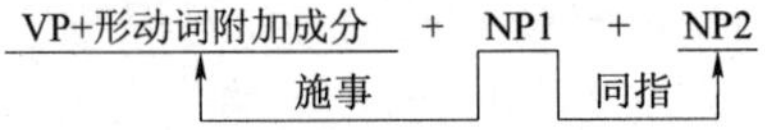

图 6-9　关系从句语序结构图（2）

　　关系从句限制的中心名词是前面动作的施事，同时与后面的名词性成分同指，NP1 与 NP2 同指一个人或事物。NP2 的后面可以有助动词，也可以不出现助动词。这类句子的时间义隐含在关系从句中，即关系从句中动词所表示的时间就是这个句子的时间。因此，形动词附加成分在句首或句中有以下功能：表示时间的功能；表示领属的功能；使动词名词化的功能；连接功能。

　　另一种情况是，中心名词是关系从句的施事，中心名词后面是描述性成分。例如：

柯：bejʤiŋ-ge　bar-ʁan　kiʃi az　emes.

　　北京-与格 去-形动词 人 少 不是

　　去过北京的人不少。

乌：ertægæ tæbrik jiʁini-gæ qætnæʃ- ædigæn　　hær　millæt

　　明天　庆祝 会 -向格 参加-将来时形动词 每 民族

　　χælqi ikki miŋ-gæ bʌræ–di.

　　人民 二 千-向格 去-过去时

　　参加明天庆祝会的各族人民群众大约有两千人。

土：təree jauu-ldə-ʤin　　　　kun-sge andʑiigu– n（nə）a?

　　那里 走-众动态-进行体形动词 人-复数 哪儿 - 领格 是

　　那儿走着的那些人是哪儿的?

东裕：juʁur-də　　　tamahgə　　soro-doɢ　　　　kuun　olon　bai.
　　　裕固-位与格　烟　　　　吸-完成体形动词　人　　多　　是
　　　裕固人里面会抽烟的人较多。

朝：ətʃe　　koŋwən-esə wo-nɯn　　　　　saram-I　manh-ass– ta.
　　昨天　公园-位格　玩-连体形现在时　人-主格 多-过去时-陈述式对下阶直叙法
　　昨天在公园游玩的人很多。

这类句子也由两部分组成。前一部分即关系从句部分是已经发生的或将要发生的事件，后一部分是对主体数量或处所等方面的描述。关系从句部分比较复杂，描述部分比较简单。如果句首有时间词，时间词可能指向关系从句中的动词，也可能指向主句中的动词，如乌孜别克语例句和朝鲜语例句分别属于这两种情况。乌孜别克语例句中句首时间词"ertægæ"（明天）表示将来时，与关系从句中的将来时形动词附加成分对应。而从句中的时间似乎与主句的时间相矛盾。从句是将来时，主句是过去时。这是因为主句指的是"明天参加会议的人数现在已经要达到两千人了"。这是现在统计的结果，是既成的事实，因此主句用过去时来表示已有的结果。朝鲜语例句中，句首时间词"ətʃe"（昨天）指向句尾的过去时动词，而关系从句中的连体形现在时附加成分表示这一动作和后面的动作是同时发生的。

2. 中心名词是关系从句的受事

这类关系从句是指，关系从句限制的中心名词是关系从句动词表示的动作的承受者。例如：

撒：et-gur diɣen　　iʃ-nə　　sen　　e(t)–du?
　　做-将来时形动词　事-宾格 你　　做-语气词
　　要做的事你做了吗？

塔：oqutuwtʃə jaŋadan øt-ken　　χanzutʃa χɛt-lɛr - nɨ　　min
　　老师　　新　　教-PAV　汉文　字-复数-宾格　我
　　jaz-ə　　　　　　　　pal-ma - də - m.
　　写-（过去-完成副动词）拿-否定型-过去时-1S
　　老师新教的汉字我没有写下来。

西裕：serən noro　jimso-ɣan　　orɣaq　menəŋgə　（dro）.
　　　色仁 罗若　用-PAV　　镰刀　我的　　　（是）
　　　色仁罗若使的镰刀是我的。

东裕：ɢal dere tal-ʥə　　(u)ʁur-san　　　　jyndyy–n
　　　火　上　放-CAV 掉-完成体形动词 熨斗-宾格
　　　ken　ab–a　　　　　　(o)d – ba?
　　　谁　　拿-顺序体副动词 去-过去时
　　　谁拿走了放在火上的熨斗？

康:bi dandi-sʉn　　　　mɔri-ni　　　　tʃi　ʉʤi-vʉ?
　　我　买-完成体形动词　马-(领-宾格)　你　看 - 吗
　　我买的马你看见了吗?

满:niuxu-də　　　sɛbu-xa　　　　xonio butɕi-xa　oko.
　　狼-(与-位格)　咬-完成体形动词　羊　死-过去时　没有
　　被狼咬了的羊还没有死。

鄂伦春:ʃin-ŋi　　ʋgɪ-ʤaaŋaatʃi – j　　　mʋrɪn　ʤuu-ŋi
　　　　你-领格　骑-经常体形动词-2GS　马　　　房子-领格
　　　　amajlaan ujtʃi-rə　　　　　　- n.
　　　　后面　　 拴-(现在-将来时)-3S
　　　　你要骑的马在房后拴着呢。

　　当关系从句限制的中心名词后面带有宾格附加成分时,如撒拉语、塔塔尔语、康家语,关系从句的原始位置本应该在主句主语的后面,但在语用中,却出现在句首,即整个宾语部分都出现在句首,形成了"O+S+V"的句式。这类宾语之所以出现在句首,一是因为整体上作为宾语部分的中心语,即关系从句限制的中心名词是有定的,二是因为"关系从句+中心语"作为宾语部分比较长,这样长的结构如果放在句中,可能会影响句子的平衡,而放在句首,整个句子就可以分为两大部分:"关系从句+中心语"为一部分,"主语+谓语"是一部分,这两部分在长度上基本平衡。这类句子的语序结构如图所示:

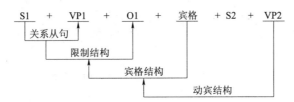

图 6-10　关系从句语序结构图（3）

　　关系从句有施事成分 S1,关系从句限制的中心名词 O 是受事,O 既是关系从句的受事,也是主句的受事。关系从句与中心名词是限制与被限制的关系,构成限制结构,限制结构与后面的宾格构成宾格结构。VP2 与宾格结构是动作与受事的关系。整个句子有两个施事,一个受事,句子无论从语义上还是结构上都是平衡的。

　　关系从句的受事后面也可以不带宾格附加成分。如满语的例句中关系从句是个被动结构,关系从句中施事在前,受事在动作后面,构成"施事—动作—受事"的语序,受事既是关系从句的中心名词,也是主句的主语。鄂伦春语例句的关系从句的结构与其他语言的例句有所不同,表现在关系从句中的施事后面有领格附加成分，这个施事既是从句中动作的发出者，又是中心名词所表事物的领有者。

（二）关系从句居中

关系从句居中指关系从句位于主语后、谓语前。句中的关系从句的语序结构不变，仍然位于中心名词的前面。"关系从句＋中心名词"整体作为句子的宾语部分，其中有的作为动词的直接宾语、补语（如鄂伦春语的例句）。例如：

撒：men ji　dos-ɢan　armud bala-si- nə　　ʤaʁa-ʤi.
　　我　吃　完-PAV　梨　核-3G-宾格　扔-确定过去时
　　我把吃完的梨核儿扔了。

塔：sɨz　øziŋiz　qəl- ʁan　iʃ-nɨ　　　tekʃir-ip
　　您　您自己　做-PAV　事情-宾格　　检查-（过去-完成副动词）
　　kør-iŋiz.
　　看-祈使式.2S. 尊称
　　您把您自己做的事检查一下吧。

塔：sin anəŋ　jaz-ʁan　doklatə-n　kør-ip　　　　　　bol -də - ŋ　　mə?
　　你　他的　写-PAV　报告-宾格　看-（过去-完成副动词）成为-过去时-2S　吗
　　你看完他的报告了吗？

乌：biz　ləʃəŋ　hæjʌt wæqti-dæ tør-gæn　yj-ni　　　kør-di-k.
　　我们　鲁迅　生活　时-位格　住-PAV　房子-宾格　看-过去时-1P
　　我们看到了鲁迅生前住过的房子。

鄂温克：tari　tɨmaɨsɨn　əddə　ʤət-tə　　　　　　uldə-wi
　　他　明天　早晨　吃-未完成体形动词　肉-宾格
　　oloo-ʤi -rə　　　　　　- n.
　　煮-进行体-（现在-将来时）-3
　　他在煮明天早晨吃的肉。

鄂伦春：ʃii min-ŋi　nɔɔwudu ʊgɪ-ŋkɪ　　　　　murɪn-du
　　你　我-领格　以前　骑-多次体形动词　马-与格
　　ʊgɪ-kʃa　　　　ŋənə-kəl!
　　骑-顺次式副动词　去-祈使.2
　　你就骑我以前骑的马去！

鄂伦春：naatʃʊ ətʃəkən əri kʊgakan waa-tʃaa　　　kumaka-wa
　　舅舅　叔叔　这　小孩　杀-完成体形动词　鹿-宾格
　　itʃə -kʃa　　　manɪɪ　　alʤa-tʃaa-l.
　　看-顺次式副动词　很　　害臊-过去时-3P
　　舅舅和叔叔看见这个小孩打的鹿，很不好意思。

　　"关系从句＋中心名词"结构可以称为关系从句结构。关系从句结构在句中时主要做句子的宾语，但做宾语是有标记的，即用宾格附加成分与谓语动词连接。关系从句结构无论在句中还是在句首，它的组成成分的顺序都是"施事+动作+受事"。可见，阿尔泰语系各语言中，关系从句结构组成成分的语序与主句的组成成分的语序是不同的。从句的结构反映了事件发生的顺序，是客观的，而主句的 SOV 语序还可以变换成 OSV 语序。不同的语序反映了人们对客观事件的不同认识，因此主句的语序具有一定的主观性。

　　关系从句中的动词与主句的动词一般是有时间上的先后顺序的，从句动词表示的动作在先，主句动词表示的动作在后，这种顺序是无标记的。但也有相反的情况，即关系从句动词表示的动作在后，而主句动词表示的动作在先。这种情况下，关系从句动词部分就要加上表示时间的词语，如上面鄂温克语的例句。可以说，这种情况下的关系从句动词就是有标记的。

　　关系从句结构在句中做宾语时，由于关系从句结构比较复杂，就使得句子的结构呈现为两头小、中间大的特点。这种结构是为了强调主语对后面信息的处置情况，因此，主语不能移到宾语的后面。但句子的主语部分和谓语部分都使用简单的形式，没有其他的修饰限制成分。这种两头简单、中间复杂的形式，既体现了结构的平衡，也便于听话人理解句中的信息。

　　关系从句结构在句中做宾语时，其后可以不是动作动词，而是系动词。例如：

撒：u　mi-niɣi　o-m-nə　　　vɑχ-Guʤi　　　kiʃ dər.
　　他　我-领格　儿子-1G-宾格　看-进行体形动词　人　　是
　　他是看我儿子的人。

东裕：ene　ʤasən kes-sen　　　　　qusun bai.
　　　这个　雪　化-完成体形动词　水　　是
　　　这是雪化的水。

康：ene　ne　ʤi-gʉ　　　　　　kʉn　va.
　　这　不　去-未完成体形动词　人　是
　　这是不去的人。

康：ene aba-ni　　　məsɯ-sɯgʉ　　　neke va.
　　这　爸-(领-宾格)　穿-经常体形动词　皮袄　是
　　这是父亲(经常)穿着的皮袄。

　　句中的关系从句结构可以是"受事+动作+施事"的顺序，如撒拉语；可以是"施事+动作+受事"的顺序，如康家语。无论是哪种顺序，句中的关系从句都是无标记的简单从句。

　　位于句中的关系从句还有一种特殊的情况，即关系从句结构后面不出现动作动词，而是出现表示判断的助动词，或者关系从句结构直接结尾。例如：

维：bu bejʤiŋ-ʁɑ bɑri-diʁɑn pojiz.
　　这 北京-与格 去-现在将来时形动词 火车
　　这是开往北京去的火车。

图：men bo ʤer- de øs-ken giʒi.
　　我 这 地方-位格 成长-PAV 人
　　我是在这个地方长大的人。

东乡：kə kun ʂɯ mɑtɑn-də guʤin kiəliə-tʂɯn kun wo.
　　那 人 是 咱们-与格 故事 说-现在时形动词 人 助动词
　　那人是给咱们讲故事的人。

东乡：hə ʂɯ uliə ətʂɯ-tʂɯn kun wo.
　　他 是 不 去-现在时形动词 人 助动词
　　他是不愿去的人。

鄂伦春：əri bii ʤəbu-ŋki ʤɑkɑ.
　　这 我 吃-多次体形动词 东西
　　这是我常吃的东西。

赫：bəti uʂkul-tki əm bɑ-du bɑldiwu-χən ɑχɑndu.
　　咱们 小-向格 一 地方-与格 生活的-PAV 兄弟
　　咱们是从小在一起生活的兄弟。

　　句子结构是"主语＋关系从句结构"。关系从句结构可以是"VP＋施事"，可以是"施事＋动作＋受事"。东乡语出现了与汉语一致的语序，即"主语＋系动词＋关系从句"。与汉语不同的是，句尾有一个助动词。

　　阿尔泰语系中，关系从句都是 RelN 语序。根据分支方向理论，"语言趋于右分支时，右分支的短语范畴在非短语范畴的后面；语言趋向于左分支时，左分支的短语范畴在非短语范畴的前面，因而 VO 语和 OV 语之间的基本区别是：它们的分支方向相反，各自是右分支和左分支"。[①] "OV 与 RelN 的和谐，VO 与 NRel 的和谐，都可作如下解释。如，在 OV 与 RelN 的和谐中，关系从句放在中心名词的前面，因为关系从句是短语范畴，而中心名词是非短语范畴，因此它们各自模仿了 O(短语范畴)和 V（非短语范畴）。"[②]

　　关系从句无论在句首还是句中，都与重度原则相对。按照重度原则，

---

① [新西兰] Song Jae Jung：《语言类型学》，北京大学出版社 2008 年版，第 89 页。
② 同上书，第 244 页。

关系从句属于重成分，应该后置，这样才有利于言语的理解。重成分后置实际上也是核心词前置的另一种说法。阿尔泰语系不符合这个原则，关系从句都位于中心名词的前面，即中心名词都在后面。这与阿尔泰语系的"S＋O＋V"语序有关。动词在句尾，就等于动词与主语中的核心词距离远了，这同样不利于语言的理解。所以动词要求主语部分的核心词、宾语部分的核心词与其保持尽量近的距离，这样既有利于句子结构的稳定，又有利于语言的理解。所以当关系从句结构做主语或宾语时，关系从句都要在前面，中心名词在后面。

六、同位结构的语序类型

同位结构一般由"A＋B"两部分构成，A 或 B 的句法功能相同，但 A 和 B 的语义功能不同。在所搜集到的语料中，以指人的同位结构居多。下面就以指人的同位结构为例来分析阿尔泰语系同位结构的语序特点。

指人的同位结构根据 B 的语义特点可以分为两类：称谓性同位结构，非称谓性同位结构。

（一）称谓性同位结构

称谓性同位结构的两部分分别是人名和称谓，但人名和称谓的语序不同。根据人名和称谓词语的语序，将称谓性同位结构分成两部分来研究：人名＋称谓；称谓＋人名。

1. 人名+称谓

人名后面直接加称谓词语，二者之间及其前后没有任何标记。这种称谓顺序与汉语完全相同。例如：

维：rozaχun bowaj
汝扎洪　　大爷
汝扎洪大爷

哈：ysen　ata
玉山　　爷爷
玉山爷爷

柯：sulajman ʤoldoʃ
苏来曼　　同志
苏来曼同志

赫：iudzǎnfu-duidzǎŋ
尤占福　　队长
尤占福队长

塔：mɑhire　χɑnim
玛依热　　女士
玛依热女士

塔：ʃerif　obzij
谢日甫　　大叔
谢日甫大叔

蒙：lubsaŋ　darag
罗布桑　　首长
罗布桑首长

蒙：dambaa baxʃ
丹巴　　老师
丹巴老师

达：batuu - ʃuudʒii
巴图　　书记

达：au-səŋ-miiʂuu
赘逊 秘书

　　　　巴图书记　　　　　　　　　　赘逊秘书

康：inʉsɯ　ʂudʑi　　　　　　康：dʐɔʋən dzɯn aχuŋ

　　　乙努斯　书记　　　　　　　　张文　真　阿訇

　　　乙努斯书记　　　　　　　　　张文真阿訇

锡：ʂanbo　sif　　　　　　　　锡：baturbai　ətʂə

　　　善保　老师　　　　　　　　　巴吐尔拜　叔叔

　　　善保老师　　　　　　　　　　巴吐尔拜叔叔

　　人名相当于专名，称谓相当于通名，所以"人名＋称谓"结构相当于"专名＋通名"结构。人名在前，是这类同位结构中的显著成分，也是交际中最受关注的基本问题。与一个人交际时，首先要知道他的姓名，姓名是一个人的基本标记。称谓是与人交际时要关注的第二个问题，也是一个人的重要标记。人们对一个人的认识一般遵循这样的顺序：人名→称谓。在"人名＋称谓"这个结构中，人名是属于个人的，称谓是属于社会的，所以这个结构反映了由个人到社会、由小到大的过程。以上分析可概括成：

人名+称谓

标记 1+标记 2

专名+通名

个人属性+社会属性

2. 称谓+人名

当称谓语在前、人名在后时，就构成"称谓＋人名"结构。例如：

柯：manastʃə　dʑusup mamaj　bejdʑiŋ-ge　ket–ti.

　　玛纳斯奇 朱素普　玛玛依　　北京-与格　去--一般过去时

　　《玛纳斯》歌手朱素普·玛玛依去北京了。

撒：kidʑi　oʁlə　ɑbudu　siliaŋ-de　　orɣen-bər.

　　小　　儿子　阿不都　西宁-位格　学习-确定进行体

　　小儿子阿不都正在西宁学习。

乌：ortʌq　tɵrsən　siz-ni　kelæ-di　　dep　ojlæ–mæ – b – men.

　　同志　吐尔逊　您-宾格　来-过去时　说　想-否定 -　1.转述式

　　吐尔逊同志，想不到是您来了。

乌：sen mæktæb-gæ　bʌr-gætʃ　　professor osmʌn-ni　joqlæ–b　　　　ø t.

　　你 学校 - 向格　去-顺带副动词　教授　乌斯满-宾格　看望-状态副动词 过

　　你到学校顺便看看乌斯满教授。

西裕：ɑm　lomdzɿ gardamba　ərdʑagar-da　dər na!

　　　现在 经师　噶尔丹巴　后藏-位格　有　哪

　　　现在经师噶尔丹巴在后藏哪!

保：ʂəiyən sali-nə　　　　　　kətə　dʑiotɕyŋ　rə-tɕ.
　　社员　萨力-(领-宾格)　家　　客人　来-非确定过去时
　　社员萨力家里来了客人。

锡：du–ni　　dʐurχaŋa　nymkuŋ　dud–xu - jə.
　　弟弟-3G　朱尔朵阿　病　　躺-过去时-语气词
　　他的弟弟朱尔朵阿有病了。

　　在"称谓＋人名"结构中，称谓是通名，人名是专名，"称谓＋人名"结构相当于"通名＋专名"结构，同时又是"社会属性＋个人属性"的结构。显然，称谓在前是为了突出社会属性。所以，"称谓＋人名"的语序结构也是从大的语义范围到小的语义范围的结构。这类称谓与"人名＋称谓"中的称谓有所不同，后者的称谓主要是常用的称谓语，而"称谓＋人名"结构中的称谓可以是一些特殊的称谓语，如柯尔克孜语例子中的 manastʃə（《玛纳斯》歌手）、撒拉语例子中的 kidʑi oʁlə（小儿子）都是不常用的称谓语，在汉语中这样的称谓语一般都放在人名前面。"称谓＋人名"结构既是同位结构，也可以是主谓结构，而"人名＋称谓"结构既是同位结构，又可以变换成领属结构。

　　语流中，"称谓＋人名"结构中的人名还可以是人称代词。例如：

撒：ɑnɑ , izi　jiʂəŋ　vo(l)- miʃ.
　　姑娘　她　医生　成为-非确定过去时
　　姑娘她自己当医生。

达：ʂuudʑii—tər　əl-sən　 -　　inj　　xij-jaa.
　　书记—他　　说-动名词完成体-3G　做-祈使式. 1
　　依照书记——他说的做吧。

　　这样的结构只能出现在句子中。如撒拉语的例句中，ɑnɑ（姑娘）在前面，是为了强调句子表达的事件是一件不一般的事情：姑娘自己愿意当医生并且已经是医生了。达斡尔语例句中用 tər（他）来复指 ʂuudʑii（书记），是为了强调名词所指对象的身份。

　　"称谓＋人名"结构中的称谓可以是人名。例如：

锡：məiχual　tər　ili–d　　　　gən-xəi.
　　梅花　　她　伊犁-(与-位格)　去-过去时
　　梅花她去伊犁了。

　　除了以上两种情况外，还有一种特殊的人名—称谓结构，即"称谓1＋人名＋称谓2"。例如：

维：baʃ ministir dʑuenlej dʑanabliri
　　总 部长　周恩来　阁下

　　周恩来总理阁下

乌：ɷ　mæktæb-gæ bʌr-ib　　　　　sinif tærbijæʧi mirzæ　dʌmlæ–ni joqlæ–di.
　　他 学校-向格 去-状态副动词 班 主任　米尔扎 老师-宾格 探望-过去时
　　他到学校去探望了班主任米尔扎老师。

　　人名前后各有一个称谓语，但这两个称谓语的语义功能不同。称谓 1 是对职务的称谓，称谓 2 是普通称谓语。称谓 1 的社会属性强，称谓 2 的社会属性弱，当两个称谓语与人名同时出现时，人们最关注的是某人的社会功能。

　　以上分析可以概括成：

　　称谓+人名；

　　通名+专名；

　　社会属性+个人属性；

　　特殊称谓+人名。

　　（二）非称谓性同位结构

　　非称谓性同位结构是指在"A＋B"同位结构中，A 是指人的名词或代词，B 是表数量集合的词语。根据 A 的特点，非称谓性同位结构可分为"分称＋合称"结构与"复数代词＋合称"结构。

　　1. 分称+合称

　　"分称＋合称"结构中，分称由两个或两个以上的指人名词组成，合称是表示集合的词语。例如：

维：ɛr – χotun　her　　ikkisi
　　丈夫 妻子　每个　　两个
　　夫妻俩

哈：ʃal　　men　kempir ekewi̇ ur-əs　-　a　　　　　basta-də.
　　老头儿 和　老太婆 两个 吵-交互·共同态-副动词　开始-确定过去时
　　老头和老太婆两个人吵起来了。

哈：aʤar　ekewiŋ de mǝna ystel　qasǝna　kel-inder　　　　ʃi̇.
　　阿加尔 二个 也 这　桌子　旁边　来-命令式.2P 语气词
　　阿加尔你们两个人也到桌子这边来。

撒：ʂoŋsagu ma abudu　igisi　doji et-miʃ.
　　尚撒姑 和　阿不都 他俩 婚礼 做-非确定过去时
　　尚撒姑和阿不都他俩结婚了。

西裕：men bǝr derdeŋ , bǝr　tusɢan , bǝr　ʂiɣan mǝndaɣ
　　　我 一 狼　一 兔子　一 鼠 这样的
　　　ʂuden amǝhdan-nǝ　ʤǝulavat-də.
　　　三 畜生 - 宾格　救 - 过去时

我救了一只狼、一只兔子、一只老鼠这三个畜生的性命。

图：aʃqəjaq, χo: tʃən, oɣlə　yʒelen　　ʤor‐də.

　　老头　老太太　儿子　三个人　走－一般过去时

　　老头、老太太、儿子三个人走了。

东乡：ganbu ʂəjən‐la　　aʂuɣala　　man　　irə‐wo.

　　干部　社员‐复数　大家　　全　　来‐完成体

　　干部社员们大伙儿都来了。

康：aba ma　ana　ɢala

　　爸 和　妈　俩

　　爸爸和妈妈俩

锡：əjyn　nun　dʐu nan　buluŋku–d　　　ta‐χəi.

　　姐姐　妹妹　二 人　镜子‐(与‐位格) 看‐过去时

　　姐妹二人照了镜子。

鄂温克：amın　ənən　əsxə　ılanı

　　　父　　母　　叔　　仨

　　　父亲、母亲、叔叔他们仨

赫：iutɕiŋχai　majintʂao　ti　dʐuru　əmərgi–mi　　birən.

　　尤清海　马音朝　　那　二　　回来‐CAV　助动词

　　尤清海和马音朝两人正在回来的路上。

"分称＋合称"这种语序结构中，分称由两个或三个具体名词组成，但也有例外，如哈萨克语的例句中具体名词就一个，即 aʤar（阿加尔）。这个句子是祈使句，谓语动词结尾有第二人称命令式复数附加成分，这表示命令的对象是第二人称和 aʤar（阿加尔）。"分称＋合称"中的合称是集合数词或数名结构，但也有例外，如东乡语的例句中，合称部分是 aʂuɣala（大家），而不是数词。这是因为分称部分没有指出具体的人，而只是指出了两种人，并且是复数形式。

还有一种特殊的"分称＋合称"结构，即"分称＋合称 1＋合称 2"。这种结构也可以叫作多重同位结构。例如：

鄂温克：əri aba axın muni　ıla–nı　‐nı　　əmun ani‐dʊ

　　　这 爸 哥 我们 仨‐领格‐3G 一　年‐与格

　　　ɔɔ‐ssı　　baxa‐saa　　　　ɔldʒo‐mʊn.

　　　做‐CAV　得到‐完成体形动词　成果‐1GP

　　　这是爸爸、哥哥我们仨一年劳苦的成果。

赫：iuʂulin iudʐanfu am xita məli əm sagdi aʤən waχatiə.

　　尤树林 尤占福 父 子 俩 一 大 鳇鱼 杀了

　　尤树林、尤占福父子俩逮了一条鳇鱼。

在分称后面出现了两个合称。合称 1 是复数代词，如鄂温克语，或者是具体名词，如赫哲语。合称 2 是表集合的数词。"分称＋合称 1＋合称 2"这个结构中三个成分之间的关系如图所示：

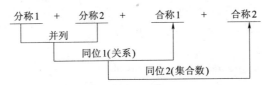

图 6-11　多重同位结构语序关系图

分称 1 先和分称 2 构成并列结构，这个并列结构再与合称 1 组成第一层同位结构，然后第一层同位结构与合称 2 再组成第二层同位结构。合称 1 是用来表示分称 1 和分称 2 之间的关系的，如鄂温克语的例子中，"muni"（我们）表示前面两个名词与说话人的关系，赫哲的例子中合称 1 "am xita"（父子）表示分称中两个名词之间的辈分与血缘关系。合称 2 表示集合关系。

2. "复数+合称"与"单数+单称"

"分称＋合称"结构中，如果分称的名词用一个复数代词来代表，就构成了"复数＋合称"结构。如果分称部分是表示单数的代词或名词，合称部分也用单数的形式，就构成"单数＋单称"的结构。例如：

撒：men igisi–m　paχula-ʃ - 　 bər.
　　我　二-1G　聊天-交互·共同态-确定进行体
　　我们俩正在聊天。

塔：alar　ekisi　kilɨ - ʃ - 　　ti.
　　他们　俩　和好-交互·共同态-过去时
　　他们俩和好了。

西：məs　xosə　bəle　duhd-enə.
　　我们　大家　一同　干-祈使式
　　我们大家一起干！

图：mo-nə　dəwa　bis　ʤa:-ʤa:nan　dəŋna–p　gøry–p　ʤor-bəs.
　　这个-宾格　图瓦人　我们　刚　刚　　　听-副动词　说-副动词　助动词-1P
　　我们图瓦人刚刚听说这个。

东乡：hə bidzɿən gajidʑiao Guala– ni　biaojanggiə-wo.
　　他　我们　弟兄　　二人-宾格　表扬 - 完成体
　　他表扬了我们弟兄俩。

土：buda xana xamda sauu-ldə - 　ja.
　　我们　大家　一起　住-互动态-祈使式.1
　　我们大家一起住。

保:ndʑaŋ ɢua(r)lə-də　　　kotɕyŋ　wi–saŋ　　　　　ço.
　　他　二人-(与-位格) 儿女　　有-非确定完成体　不是
　　他二人从未有过儿女。

满:bo　axon　do　dzǫ　niama
　　我们 兄　弟　两　人
　　我们兄弟两人

鄂伦春:tarıl　tʊŋŋamṇaa–l　ta–laa　　bəjut-tə.
　　　他们　五 - 复数　那-位格　打猎-过去时
　　　他们那五个家伙到那边打猎去了。

赫:muni əyn　du　dʐuməli　　laχso–tki　əmərgi–χəjə.
　　我们 姐 弟　二　　　　同江–向格　回来–完成体
　　我们姐弟俩从同江回来的。

西裕:ɢajlɑ！sen　bu　arɣadʑi！
　　跑吧　你　这　懒汉
　　快跑吧! 你这懒汉。

东乡:bi　niədʐən　iaw-ujə！
　　我　一个人　去-祈使式
　　我一个人走吧！

从上面的分析来看，阿尔泰语系中的指人同位结构中称谓性同位结构的语序相对自由，"专名＋通名"结构与"通名＋专名"结构并存。非称谓性同位结构的语序比较固定，都是"指人成分＋数量义成分"的结构。

七、小结

阿尔泰语系各语言的名词有个共同的特点，名词后连接的成分都是词缀或附加成分，名词前加的都是表示修饰、限制、领属义的词语性成分。名词前的词语与名词构成名词短语，而名词短语共同的特点就是中心名词都后置，即"修饰性成分+中心名词"。在所有的修饰性成分中，与类型学有关的包括形容词、数（量）词、指示词、领属性词语、关系从句。名词前的这些成分可以分为两大类：客观性成分和主观性成分。形容词表示的性质是事物本身具备的，是与事物不可分割的，因此是客观性的。数量结构表示事物的数量，数量不是事物的内在性质，而是外在的，是人们对客观事物计数的结果，因此具有主观性，同时也具有一定的客观性。指示词是相对的概念，同一个事物，对于不同的说话人来说，远近距离不同，所选用的指示词也不同，而且指示词跟事物本身没有关系，所以指示词表示的概念具有主观性。领属性词语表示主体对另一事物的占有，是完全从主观的角度看待客观事物，所以是主观性的。关系从句不具有客观性，是从说话人的角度对事物的认识，有明显的主观性。这里所说的客观性、主观性都不是绝对的。各类修饰语按照客观到主观的表示程度呈以下的等级排列：

形容词＞数（量）词＞指示词＞领属性词语、关系从句

越靠左边的，客观性越强，越靠右边的，主观性越强。例如：

蒙：mini　ən　gurban　ʊlaan　almʊrad

　　我的　这　三　　红　　苹果

　　我的这三个红苹果

跟名词距离越近，越具有客观性；离名词越远，越具有主观性。

阿尔泰语系名词的修饰语前置，显然与其基本语序特点有关。个别语言中数量结构后置并不影响其他修饰语的前置性，并且，数量结构后置的语言中也允许数量结构前置，显然，阿尔泰语系中修饰语前置是优势语序。阿尔泰语系中，表示语法意义的成分都后置，具有词汇意义的修饰限制成分都前置，即：修饰语+中心语+词缀。

第二节　动词性短语的语序类型研究

动词性短语包括动词与副词、动词与否定成分、动词与助动词构成的动词性结构。在动词性结构中，动词是核心词，副词、否定成分、助动词是次要成分。动词与副词、否定成分、助动词的语序特征是本节要讨论的主要内容。

一、动词与副词的语序类型

阿尔泰语系各语言的动词性结构中，副词都位于动词的前面，即"副词+动词"。在没有宾语的句子中，以及在有宾语的句子中，副词的语序分布还有不同的地方。下面就根据无宾语/补语句、有宾语/补语句两种句型来分析动词与副词构成的动词性结构。

（一）无宾语/补语句中的"副词+动词"结构

无宾语/补语句是指只有主语、谓语，没有宾语/补语的句子。这类句子结构简单，副词直接位于动词之前。例如：

维：biz　birgε　bari-miz.

　　我们　一起　去－1P

　　我们一起去。

柯：bulbul–dar　tuʃ-tuʃta　ʃajraj-t.

　　夜莺－复数　在各处　鸣叫-3

夜莺在各处鸣唱。

撒：sen ɑsontʃux jyr.
　　你 慢慢地 走
　　你慢慢地走。

乌：ω hæliginæ ket-di.
　　他 刚刚 去-确定过去时
　　他刚刚出去。

西裕：men ɑmehgə gel-en.
　　　我 马上 来-祈使式
　　　我马上就来。

蒙：tər xun bɛɛnbɛɛn irə-n.
　　那 人 时常 来-现在将来时
　　那人时常来。

东乡：ənə kəwon udu duddʑi fugiəda-wo.
　　　这个 孩子 天 天 长大-完成体
　　　这个孩子一天一天地长大了。

达：təd ədəə jau-bəi.
　　他们 现在 走-（现在-将来时）
　　他们现在走。

保：ɢura laŋgə or-o.
　　雨 稍微 下-确定过去时
　　下了点儿雨。

东裕：tʃə moodə jawə.
　　　你 立即 走
　　　你立即走。

满：bi təkə ara-m vadʑi-xa.
　　我 刚 写-CAV 完-过去时
　　我刚写完。

锡：manə aifini jav-χəi.
　　奶奶 早已 走-过去时
　　奶奶早已走了。

鄂温克：talʊr unər bajan-dʒɪ təgə-səə.
　　　　他们 真 富-进行体 坐-过去时
　　　　他们真正地富起来了。

鄂伦春：intʃu mʊtʃʊ aʃɩkʊla-tʃaa.
　　　　尹楚 空 抓-过去时

尹楚抓空了。

赫：əm sagdi mafka dʑolbu niu-χə - ni.

一　大　熊　突然 出来-完成体-3

一头大熊突然出现了。

朝：uri-ɯi　risaŋ-ɯn　kkok　sirhjəntø-nta.

我们-领格 理想-添意　一定　　实现-陈述式对下阶直叙法

我们的理想一定实现。

"副词+动词"中，副词没有任何形态变化，也没有任何标记，直接做动词的状语。如果副词是表示时间义的，动词的附加成分与副词一致，这种情况下副词在句法上修饰限制动词，语义上表示动作的相对具体时间。这种关系如图所示：

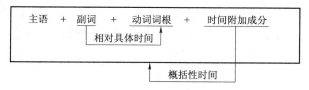

图 6-12　"副+动"语序功能图（1）

　　句子的时间义是由"副词+时间义附加成分"共同表示的，但二者还有分工。副词表示相对具体的时间，时间义附加成分表示抽象、概括的时间。时间义附加成分虽然连接在动词的后面，表面上表示动作的时间，但实际上是表示事件发生的时间，所以应该属于句子的一个构成成分。

　　由以上的分析可以发现，阿尔泰语系的陈述句一般有四个表示时间的成分，一个是表示时点和时段的时间名词成分，表示具体时间；一个是时间副词，表示相对具体时间；一个是体附加成分，表示动作的完成情况，属于抽象义时间成分；一个是时间附加成分，也属于抽象义时间成分。当这四个成分共现时，其语序是：时间名词成分+时间副词成分+体附加成分+时间附加成分。时间名词成分一般出现在句首或主语后，其语义指向后面的事件或动作；时间副词一般出现在动词的前面，其语义指向后面的动词；体附加成分附加在动词后面，其语义指向前面的动词；时间附加成分附加在动词后面，其语义指向句子整体。当体和时间附加成分共现时，其顺序是"体+时间附加成分"的顺序。

　　这四个时间成分中，有两个表示句子的时间，即时间名词成分和时间附加成分；两个表示动词的时间，即时间副词和体附加成分。从这四个时间成分出现的顺序看，越靠前的成分表示的时间义越具体，越靠后的成分表示的时间义越抽象。因此，阿尔泰语系陈述句的时间表达顺序就是从具体时间到抽象时间。这四个成分可以分为两组：时间名词成分和时间副词为一组，体附加成分和时间附加成分为一组。每组的成分在陈述句中一般只出现一个就可以了，即一个句子中只要出现一个具体时间义的成分和一个抽象时间义的成分就可以了。阿尔泰语系中，陈述句中必有的时间成分一般是时间附加成分。汉语句子的时间成分的分布顺序与阿尔泰语系一样，如汉语的过去时成分"了"和现在时成分"呢"总是出现在句尾，但汉语中没有出现在句尾表示将来时的成分，表示将来时的成分是时间名词成分或时间副词，这些词一般出现在动词的前面。英语的时间成分的分布顺序与阿尔泰语系有所不同。例如：

He is reading the book yesterday morning.

英语中时间名词成分一般放在句尾，时间成分如"is"出现在动词前，体成分如"-ing"出现在动词后。时间副词可以在动词前，也可以在句尾。可见，英语中抽象的时间成分都在句中，具体的时间成分在句尾，时间成分的分布特点是从抽象到具体的顺序，这与阿尔泰语系、汉语时间成分的分布顺序正相反。

（二）有宾语/补语句中的"副词+动词"结构

有宾语/补语句指有宾语或补语的句子。在阿尔泰语系各语言中，有宾语/补语句中的副词有两种语序分布：副词在宾语/补语前；副词在宾语/补语后。下面分讨别论这两种情况。

1. 副词在宾语/补语前

这类句子中，副词不是靠近动词，而是宾语或补语靠近动词，副词在宾语/补语的前面。例如：

维：biz　　bir-birlep　　yj-gø　　kir-ɗi-k.
　　我们　　一个--一个　　屋-与格　进-过去时-1P
　　我们一个一个地进屋里去了。

柯：men　bygyn　mektep-ke　bara-m.
　　我　　今天　　学校-与格　去-1S
　　我今天到学校去。

塔：bɨz　ewwel　bu　wɑzifen-nɨ　bitɨrij-k.
　　我们　首先　这　任务-宾格　完成-1P
　　我们首先完成这个任务吧！

满：çi　jovxa　　　　　amala　ənʈʂɡəmə　　dʐezxən　dzo！
　　你　走-完成体形动词　以后　经常　　　信　　　来
　　你走了以后要经常来信！

东裕：tere　iguʤiɡə　ende　ere-deg.
　　　他　经常　　这儿　来-多次体形动词

他是常到这儿来的。

锡：tatɕiɕi-s　　ʥiŋ　bitxə　uruvuma-χəi.
　　学生-复数　正　书　　复习-过去时
　　学生们正复习功课。

鄂温克：bii　jaga　taʥɪ　baxaldɪ-suʊ.
　　　　我　正好　他　遇到 - 过去时
　　　　我正好遇上了他

鄂伦春：kuku　ʃəɔtti　ɔlə-jo　　umukəənə -rə-n.
　　　　库库　经常　鱼-不定宾格　钓-（现在-将来时）-3S
　　　　库库经常去钓鱼。

　　副词在宾语/补语前面时，副词与动词的距离比较远，因此它与动词的关系就比较疏远。在这样的句子中，副词修饰的不是动词本身，而是动词与其前面的宾语或补语构成的动宾结构或动补结构。这可以用下图来表示：

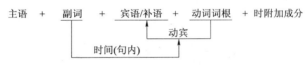

图 6-13　"副+动"语序功能图（2）

　　我们讨论的"副词+动词"的结构，这里实际上是"副词+动词性结构"。动词性结构表示的是动作，副词表示动作的时间。而动词的时附加成分表示的是句子整体的时间。可见，与时附加成分相比，副词是句内时间成分。在时间语义槽里，副词只涵盖后面的动词性结构，而时附加成分涵盖的是整个句子。

2. 副词在宾语/补语后

这类句子中，副词位于宾语和动词的中间，即副词靠近动词。例如：

柯：men mu-nu　　aran　tyʃyn-dy - m.
　　我　这个-宾格　勉强　了解-过去时-1S
　　我勉强才弄明白了这个。

撒：u minə neme bər gəz　jaʃa-dər-ʥi.
　　他 我 又 一 遍　说-使动态-过去时
　　他让我再说几遍。

塔：ɑlɑr biz-gɛ　　serek　kil-ɛ.
　　他们　我们-与格 稀少地　来-（现在-未来时）
　　他们很少到我们这儿来。

乌: ⊕ ozbektʃæ-ni 　　　æntʃæ-myntʃæ bilæ-di.
　　他 乌孜别克语-宾格 多多　少少　　知道-确定过去时
　　他多多少少懂得一些乌孜别克语。

蒙: bii ɛʤɪl-ɑɑn 　nəgməsən 　guitʃitgə-ʤee.
　　我 工作-反身 彻底　　　完成-过去时
　　我把工作彻底做完了

东乡: lo-ni 　dai aɣə-sə 　　　kun-la man irə-wo.
　　锣-宾格 刚　打-条件副动词 人-复数 都　来-完成体
　　刚一敲锣，人们就都来了。

达: tər tʃaaŋukw-jii 　　tam tark-sən.
　　他 碗-（属-宾格）碎　 打-过去时
　　他把碗打碎了。

保: naŋtɕiə-nə 　　　de u 　uăr（ə）　　　o.
　　午饭-（领-宾格）刚　喝　完了（助动词）是
　　刚吃完午饭。

东裕: tere namin 　　　ʤorʤoor 　hog-ni.
　　他　我（宾格）　故意　　　打-现在将来时
　　他故意打我。

满: bi ɕim-bə 　kəʂkən goni-xa！
　　我 你-宾格　很　　 想念-过去时
　　我很想你！

鄂伦春: sʊbaʤEE nʊgan-dʊ-n 　　ʊŋta 　armʊʃi gub 　ɔɔ-tʃaa.
　　苏巴杰　他-与格-3GS　鞋　　套裤　都　做-过去时
　　苏巴杰把鞋和套裤都做好了。

赫: bi əi baitə-wə alibtə sa-χajə.
　　我 这 事-宾格　早已　知道-完成体
　　这事我早已知道了。

副词在动词的前面，与动词形成"副动"结构。这样的"副动"结构比较紧凑，副词与动词的关系比较密切。同时，由于宾语与动词的距离比较远，因此宾语的后面都有宾格标记。这类句子的结构如图所示：

图 6-14　"副+动"语序功能图（3）

当副词在宾语前面时，副词的管辖范围是"宾语+动词"。当副词在宾语后、动词前时，它只管辖动词，即副词越靠前，它管辖的范围越大，反之则越小。副词的语义指向也不同。副词可以指向主语，如东乡语；可以指向宾语，如鄂伦春语；可以指向动词词根，如塔塔尔语；可以指向动词时附加成分，如赫哲语。虽然语序上副词在动词前，是副词的修饰成分，但语义上却不一定遵守这个顺序。当副词在宾语/补语前面时，副词大多是表示时间义的，指向"宾语/补语+动词"结构，表示动作的时间；当副词在宾语/补语后、动词前时，除了时间义副词外，程度、语气、方式、范围副词都可以出现，而且这些副词的语义指向各不相同。

（三）"副词+动词"结构与否定成分的语序[①]

"副词+动词"结构与否定成分的语序主要是副词与否定成分的语序。阿尔泰语系各语言中，否定成分都在副词的后面。例如：

撒：u　mojsi　jaʃa-ʁan　　　　　joχdər.
　　他　根本　说-完成体形动词　没有
　　他根本没说过

西裕：bu　jɑvdɑl-nə men　dɑjlə　bəl-mes.
　　　这　事-宾格　我　根本　知道-否定
　　　我根本不知道这件事。

蒙：ən ɛʤɪl-ɪɪg　　xaaʃ jaaʃ　xii-ʤ　　bɔlɔ-x　-　　　gʋe.
　　这 工作-宾格　马马 虎虎　做-CAV　成-非过去时形动词-否定
　　这件工作不能马虎。

土：bu iiçə jadaa-ʤə guii.
　　我　太 累-CAV　没有
　　我不太累。

土：kalaɢ-naa　xauu bii nəmpu！
　　痰-反身　胡乱 不 吐
　　不要随地吐痰！

保：bŭ　dəigi　ted gatçi　lə　mədə-nə.
　　我　根本　藏 话　不　知道-现在时
　　我根本不懂藏语。

东裕：tʃə larɣə-me　　　　　oro　da　dulia-ʤə　　uɣui wai.
　　　你 说-持续体形动词　根本 也　对-CAV　　没有 是
　　　你说的根本不对。

康：ʉsɯ ɢala dɯ se re-ʤa.
　　他们俩 还 没 来-过去时

　　他俩还没有来。

满：çi sədzən jolo-mə　je　　amtʂə-mə　baxa-r-ko!

　　你　车　　骑-CAV　也　赶-CAV　能-形动词-否定

　　你就是骑车也赶不上!

鄂温克：tarǐ　bəjə　jədduwi　əsin　amara-ra.

　　那　人　经常　　不　休息-（现在-将来时）

　　他经常不休息。

鄂伦春：tarɪ　bəjə　əli　unəgə　ɪnna-ra.

　　那　人　现在　尚未　到-（现在-将来时）

　　那人现在还没到。

　　当副词与否定成分同现时，副词、动词、否定成分有两种语序结构：副词＋动词＋否定成分，如撒拉语、东部裕固语；副词＋否定词＋动词，如鄂温克语、鄂伦春语。这两种类型的结构如图所示：

图6-15　副词与否定成分语序图（1）　　　　**图6-16　副词与否定成分语序图（2）**

　　当否定成分在动词后面时，它否定的是"副+动"结构；当否定成分出现在副词和动词之间时，它否定的是动词，副词修饰的是"否定成分+动词"结构。

　　至于否定成分的语序问题，下一节要专门讨论。

二、动词与否定成分的语序类型

　　阿尔泰语系中动词的否定形式很复杂，否定成分的语序结构有三种：否定词+动词；动词词根+否定语素；动词+否定词。第一种类型可以叫作词前否定，第二种可以叫作词中否定，第三种可以叫作词后否定。

　　（一）词前否定

　　词前否定就是否定词在动词前面对动作进行否定的结构。否定词是独立的词，不依附于动词而存在。例如：

东乡：bi　dʑiao-nə　　asə　uru-dʑu　　irə-wo.

　　我　弟弟-反身领属　没　领-CAV　来-完成体

　　我没有把弟弟领来。

东乡：hə kun　bu　ətʂu-giə!

　　那　人　不　去-希望式

　　　　不要让那人去。

土:bu lii mude-nə.
　　我 不　知道-现在时
　　我不知道。

土:bu dərasə-nə　sii　otɕə-va.
　　我 酒 -宾格　没有 喝-过去时
　　我没有喝酒

达:tər ul　onə-ŋ.
　　他 不　骑-现在将来时
　　他不骑。

达:ʃii namii buu dag.
　　你 我　别 跟
　　你不要跟着我。

保:tɕǐ təgə iu!
　　你 不　走
　　你不要走!

保:bǔ baonaŋ gatɕǐ-nə　　　lə madə-nə.
　　我 保安 话-（领-宾格）　不 知道-非确定现在时
　　我不懂保安话。

东裕:tʃə mula–la　　　pudə hogəldə!
　　　你 孩子-联合格 不要 打
　　　你不要和孩子打架!

东裕:bu χalda–sada　　　lə mede–ni.
　　　我 看-让步式副动词 不 知道-现在时
　　　我看也不知道。

康:bi se dʑi-va.
　　我 不 去-过去时
　　我没去

满:ɕi əm gidʑə-rə!
　　你 别 说-现在时形动词
　　你别说!

锡:ɕi əm　baitaqw gisun gisirə-r.
　　你 不要 无用　话 说-未完成体形动词
　　你不要尽说废话!

鄂温克:tiinugu bii ənu–suu ,　　tɔɔci tarǐ əsəə　əmə-rə.
　　　　昨天　我 病-过去时.1S 所以 他 没　来-未完成体形动词

　　　昨天我病了，所以他没来。

鄂温克：bii　bitəgə-jə　　　əsimi　　tatı-ra.

　　　　我　书-不定宾格　　不　　　学习-(现在-将来时)

　　　　我不念书了。

鄂伦春：tarı bəjə　əʃi　unəgə　　ınna-ra.

　　　　那　人　现在　尚未　　到-(现在-将来时)

　　　　那人现在还没到。

朝：sikan-i　　tʃinass-nɯnte　　kitʃ'a-nɯn　an　o-nta.

　　时间-主格　过去-对立关系　　火车-添意　不　来-陈述式对下阶直叙法

　　时间过了，但火车还没来。

　　词前否定只在蒙古语族和满—通古斯语族中使用，突厥语族不使用词前否定。词前否定时，否定词靠近动词，否定词和动词之间没有其他成分，直接对动作进行否定，否定词直接控制动词，因而对动作的否定力度很强。阿尔泰语系中，否定一般分为陈述否定、祈使否定和判断否定。判断否定一般是对名词性成分的否定，而且属于词后否定，不在现在的讨论范围之内。这里所说的否定主要是针对陈述否定和祈使否定而言。陈述否定分为词前否定和词后否定。词后否定时动词词根和否定成分之间要有其他附加成分，如形动词附加成分，因此不是对动作的直接否定，否定力度没有词前否定的力度强。因为词前否定是对动作无间隔的否定，因此否定力度要比词后否定力度强。祈使句一般都用词前否定的形式。但也有特殊的情况，如锡伯语，否定词位于宾语的前面。这种情况下，否定词后面的"宾语+动词"是作为一个整体结构被否定的，并且这个句子是祈使句，其他有宾语的句子中，否定词都直接在动词的前面。当否定词和其他副词并列出现在动词前时，否定词总是出现在副词和动词之间。

　　（二）词中否定

　　词中否定指否定成分出现在动词内部，否定成分以语素形式连接在动词词根后面。否定成分不能独立存在，必须依附于动词而存在。例如：

维：mɛn rɑsɑ　bu-ni　bil-me-p-ti-mɛn.

　　我　真的　这-宾格　知道-否定-副动词-确定过时-1S

　　我真的不知道这件事。

维：ejt-qɑn-lir-iŋiz-ni　　　　unut-mi-di-m.

　　说-PAV-复数-2GS-宾格　　忘记-否定-确定过去时-1S

　　我没有忘记您说的许多话。

哈：sen keʃe　nege　kel-me-dɨ-ŋ?

　　你　昨天　为什么　来-否定-过去时-2S

你昨天为什么没来？

哈：bul kɨno-nə　men　de　kør-me-p - pɪn.
　　这 电影-宾格 我　也　看-否定-副动词-1S
　　我也没看过这个电影。

柯：biz　ʤaqənda　ʃaŋχaj-ʁa　bar-ba - j - bəz.
　　我们 在最近　上海-与格　去-否定-副动词-1P
　　我们最近不去上海。

柯：men　qal-bas-mən.
　　我　留下-否定-1S
　　我可能不留下。

撒：men doj-ma-ʤi.
　　我　饱-否定-过去时
　　我没吃饱。

撒：bixi　teɣu　men　tʃəχ-əl - mər.
　　高　台阶　我　上-能动形式-否定
　　我上不了高台阶。

塔：min bu qɛlɛm-nə　sɑnɑ-mɑ-də - m.
　　我　这 笔-宾格　数-否定-过去时-1S
　　我没有数这些笔。

塔：anəŋ　kilɨr-ɨn　hitʃkɨm　bɨl-mɨj.
　　他的　到来-宾格 任何人　知道-否定
　　谁也不知道他来。

乌：men　ʃinʤʌŋ-gæ　kel-mæ-gæn　e - di - m.
　　我　新疆 - 与格　来-否定-PAV　助动词-过去时-1S
　　我过去没来过新疆。

西裕：sen bɑr-mɑ-ɣa（ş）　　　　　　　ɑ-nə　bəl-men　dro.
　　　你 去-否定-（过去-完成体副动词）　那-宾格　知道-否定 是
　　　你没有去，所以不知道那事儿。

蒙：tʃii　juund　ʤæxdɑl　ir-uul-sən-gue　　　　　　bee？
　　你　为什么　信　来-使动态-过去时形动词否定　语气词
　　你为什么不来信？

词中否定是很特殊的一种否定形式，只存在于突厥语族和蒙古语中。突厥语族中，否定语素基本是一致的，大都以"ma、mæ、me"的形式出现在动词词根后面。如果动词后面要接其他附加成分，否定语素则最靠近动词词根，其他附加成分都出现在否定语素的后面。这表明，在突厥语族的动词中，与其他附加成分相比，否定语素最显著、与动词关系最为密切。

否定语素可以结尾，而其他附加成分并不都能做句尾，显然，否定语素的
句法功能要强于某些附加成分。由于否定语素最靠近动词，与词前否定一
样，否定语素可以直接控制动词，否定动作。另外，与动词的其他附加成
分有一点不同的是，突厥语族的多数语言中，否定语素不直接出现在其他
附加成分的前面，常见的是，否定语素的后面出现副动词附加成分，然后
才出现其他附加成分。副动词附加成分后面常常要停顿，出现其他动词，
所以副动词附加成分的独立性很强。当副动词附加成分出现在否定语素和
其他附加成分之间时，它有两个作用，一是连接作用，连接否定语素和其
他附加成分；二是凸显作用，凸显否定语素是与其他附加成分不同的一类
成分。例外的是，有一个动词的附加成分能出现在否定语素的前面，就是
动词的能动形式的附加成分，如撒拉语。

　　突厥语族中，否定语素先与动词形成一个整体，然后再与后面的其他
附加成分组合。蒙古语中，动词后面有三个附加成分，首先使动态与动词
词根构成使动态结构，然后使动态结构与形动词附加成分构成形动词结构，
最后形动词结构与否定语素构成否定结构。就是说，突厥语族的否定语素
只否定动词词根，蒙古语的否定语素否定动词词根和其他所有的附加成分。

　　（三）词后否定

　　词后否定指否定成分以独立词的形式出现在动词的后面，否定其前面
动词表示的动作。例如：

维：meniŋ　kør-gin–im　　　joq.
　　我的　　看见-PAV-1GS　　没有
　　我没有看见过。

维：mɛn　bɑr-ʁɑn　ɛmes.
　　我　　去-PAV　不是
　　我没有去过。

哈：eʃkim　ɑjt-qɑn　　emes.
　　无论谁　说-PAV　不是
　　谁都没有说。

哈：eʃkim　kør-gen　　ʤoq.
　　无论谁　看见-PAV　没有
　　谁都没有看。

柯：alar　bil-gen　　emes.
　　他们　知道-PAV　不是
　　他们不曾知道过。

柯：sen　bɑr-ʁɑn-əŋ　　ʤoq.
　　你　去-PAV-2S　　没有

你没有去过。

撒：u　bu　iʃ - nə　　　et-gen　　joχdər.
　　他　这　事情-宾格　　做-PAV　　没有
　　他没做过这事。

塔：ol　iʃlɛ-mɛ - dɨ　　　tygɨl.
　　他　干-否定-过去时　　不是
　　他不是没干。

乌：ɷ　ʌli　mæktæb-gæ　imtæhʌn　ber-mʌqtʃi　emæs.
　　他　高等　学校-向格　　考试　　给-愿望式　　不是
　　他不准备参加高考。

蒙：ən ʤʊraɡ　ʤʊr -san　biʃee.
　　这　画　画-PAV　　不是
　　这幅画不是画的。

土：tɕəmu　təgii　lantɕaɢ　udʑe-san-nə　　　mude-dʑə　guaa.
　　你　　那样　苦　　看-完成体-宾格　　知-CAV　　没有
　　不知道你受了那样的苦。

达：xəin　xəisə-gw　udeen.
　　风　　刮-未完成体　尚未
　　风还未刮呢。

保：ndʑaŋ rə　da　- gu　　　　　　ɕo .
　　他　来　能(助动词）-将来时形动词　不是
　　他来不了。

康：ʉrʉ　la　ide- sʉ　　　ʉʁua.
　　他　也　吃-正在进行时　无
　　他也没吃着。

　　词后否定主要出现在突厥语族和蒙古语族的各语言中，满—通古斯语族很少使用词后否定。突厥语族既有词中否定，又有词后否定。从语序来看，词中否定时，否定语素靠近动词词根，它否定的是动词本身，而不能否定动词的其他附加成分；词后否定时，否定词在句尾，否定指向句子整体，即否定的是句子。

　　除了否定语素以外，蒙古语也有否定词，这和突厥语族、蒙古语族其他语言的否定形式一样。当否定词出现在句尾时，它指向前面的句子，是对句子的否定。满—通古斯语族和蒙古语族的词前否定，否定成分指向后面的动词性成分。词前否定、词中否定和词后否定的区别如图所示：

图 6-17　词前否定结构图

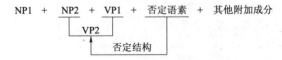

图 6-18　词中否定结构图

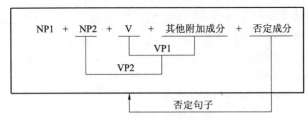

图 6-19　词后否定结构图

因此可以说，词前否定、词中否定、词后否定的范围不同。词后否定的范围最大，词前否定的范围次之，词中否定的范围最小，即：

词后否定 > 词前否定 > 词中否定

由以上论述可知，阿尔泰语系中突厥语族主要使用词中否定和词后否定，蒙古语族主要使用词前否定和词后否定，其中蒙古语还经常使用词中否定，满—通古斯语族主要使用词前否定。无论是哪种否定，否定词都直接靠近动词。这也说明，阿尔泰语系中，否定成分不能出现在句首，只能出现在句中和句尾。这是由阿尔泰语系 SOV 语序特点决定的。

三、动词与助动词的语序类型

助动词是动词的一个小类，没有独立的意义，辅助动词表示语法意义。这里所讲的"没有独立的意义"，是指当这类词位于动词后面时，没有独立的词汇意义。实际上很多助动词可以单独使用，这时是有独立的词汇意义的。助动词主要出现在句尾，有时也出现在句中。动词与助动词的语序关系是："在 VO 语中助动词被预测为在实义动词的前面，而在 OV 语中，这两个成分的次序正相反。"[1]

（一）句尾助动词

助动词的语序特点主要有两点：助动词可以出现在名词后面，也可以

---

[1] [新西兰]　Song Jae Jung：《语言类型学》，北京大学出版社 2008 年版，第 91 页。

出现在动词后面，但以出现在动词后面为主；助动词可以出现在句中，也可以出现在句尾，但以出现在句尾为主。

句尾助动词有的只有语法意义，没有词汇意义。例如：

维：su qɑjnɑ– p　　　　　kɛt – ti.
　　水 沸腾-状态副动词 助动词-确定过去时
　　水大开了。

哈：men bɪr ɑz　　ujəqtɑ-p　　　　　ɑl – də – m.
　　我 一 会儿　睡-过去时副动词 助动词-确定过去时-1S
　　我睡了一会儿。

柯：biz siz-di saqtɑ-p　　　oltur – du – q.
　　我们 您-宾格 等-副动词 助动词-一般过去时-1P
　　我们等您了。

撒：sen nitʃix lɑn ber-ʤi?
　　你 怎样 回答 助动词-确定过去时
　　你怎样回答的？

乌：hæmmæ kyl–ib　　　　ket– di.
　　大家　　笑-状态副动词 助动词-过去时
　　大家都大笑起来。

蒙：tər xun ɔtʃ-(ɪ)x　　　　ʒʒɛ - ʤɛɛ.
　　那 人 去-现在将来时 助动词-一般过去时
　　那个人曾经要去。

保：ʤi andər uǎr(ə)-o.
　　集 散 助动词-肯定语气
　　集散了。

锡：tər aʤi biraj muku əji-maq　　　dud-xui.
　　那 小 河 水 流-分离副动词 助动词-过去时
　　那小河的水在流着。

这类助动词位于句尾，有两方面的功能：一方面表示基本动词的语法意义，另一方面，助动词的后面连接着全句的表示时间意义的附加成分。就是说，助动词既关联着基本动词，又关联着全句。助动词的语义功能可以用下图来表示：

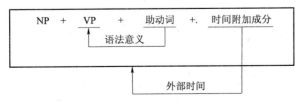

图 6-20　助动词语序功能图

不管是及物句还是不及物句，主要动词只能有一个，由它来支配宾语或表示主要动作。阿尔泰语系句子中，当动词 VP2 总是在动词 VP1 后面出现形成"VP1＋VP2"结构时，VP2 的位置就会固定下来，与 VP1 形成稳定的结构。结构固定的结果是 VP2 的词义弱化，不再表示动作义，只能配合 VP1 表达语法意义，成为助动词。汉语、英语都是 SVO 型语言，助动词在主要动词前。阿尔泰语系是 SOV 型语言，助动词在主要动词后。从汉语、英语、阿尔泰语系的情况来看可以发现，主要动词总是离宾语最近，助动词总是离宾语远。

有些助动词位于基本动词的后面，除了表示基本动词的语法意义之外，还有自身的词汇意义。例如：

维：bu wɛzipi- ni　orunli-ʁili　　　　boli-du.
　　这 任务-宾格 完成-目的副动词　助动词-确定过去时
　　这项任务能完成。

撒：men bu　ʃu - nə　oχu　vol-ʤi.
　　我　这　书-宾格　读　助动词-确定过去时
　　我读完了这本书。

塔：ekɨ jɨgɨt　soʁəʃa　baʃla- də.
　　二　小伙子　相打　助动词-过去时
　　两个小伙子打起来了。

西裕：ardɑq　uzu–p　　　　　　　qap　　dro.
　　　小宝贝　睡-(过去-完成体副动词)　助动词　了
　　　小宝贝睡着了。

图：sen　ʤi–p　　bol - də　 - ŋ.
　　你　吃-副动词　助动词--般过去时-2S
　　你吃完了。

蒙：tʃii　ɔdɔɔ　ccbɔ　jab–ʤ　　bɔl - nɔɔ.
　　你　现在　走-CAV　助动词-现在将来时
　　你现在可以走啦。

东乡：bi　tan - də　　　　kiəliə　danə.
　　　我　你们-与位格　说　　不能（助动词）
　　　我不能跟你们说。

土：taGauu　xaiila-gu　　　　pos（ə）-gu　　rgoom.
　　鸡　　叫-紧随体副动词 起来-紧随体副动词 助动词
　　鸡叫就应该起床。

达：tər　mori–d　　　onə-ʤ　　　ʃal - bəi.
　　他　马-（与-位格）骑-CAV　助动词-（现在-将来时）

他会骑马。

保: bǔ　putɕǐ da-m.

我　写　助动词-确定现在时

我能写。

东裕: bol-son　bol-so　　　　　　　aba　ere.

熟-PAV　助动词-假定式副动词　拿　助动词

如果已经熟了，就拿来。

康: laʃʃɔ ma zaʁa　ɯsɯ-ʤi　re-ʃʤa.

叶　和　枝　长-CAV　助动词-过去时

叶子和枝子长出来了。

满: ərə　bɛta-bə　ɕi　iɕigia-mə mutəm no?

这　事-宾格　你　办-CAV 助动词　吗

这件事你能做吗？

锡: maisə-v　kəmuni dzɔ—m　vadzi-r　　　　　　　　əndi.

麦子-宾格　还　运-CAV　助动词-未完成体形动词 尚未

麦子还没有运完。

赫: ɕi　əi　mori-mə　jalu-m　mutə-tɕi　a?

你　这　马-宾格　骑-CAV　助动词-2S　吗

你能骑这匹马吗？

以上这些例句中，助动词除了有语法意义以外，各自都有独立的词汇意义，即具有"完成、能够、应该"的意义。"基本动词+助动词"相当于汉语中的动补结构或状中结构。虽然是助动词，但它在句子中却是说话人关注的焦点。从语序来看，基本动词在前，应该比助动词更显著，但有三方面理由可以说明在后的助动词比基本动词更显著。首先，阿尔泰语系的基本语序类型"S+O+V"告诉我们，句子的核心成分在句尾，在有动词的句子中，结尾的动词性成分是全句最重要的成分。助动词也是动词，在助动词结尾的句子中，助动词就应该是最重要的成分。其次，从认知上看，一个序列中最前面的和最后面的成分最容易引起人的注意，要比序列中间的成分更具有显著性。助动词处于句尾，是句子最后面的部分，所以应该是更显著的部分。第三，从语用的角度看，助动词结尾的疑问句，可以用助动词来单独回答问题，但不能用基本动词单独回答，所以，助动词才是语用的焦点。综合以上三方面，可以推知助动词结尾的句子中助动词是比动作动词更显著的成分。

（二）句中助动词

一部分助动词除了在句尾表示各种语法意义外，还在句中表示各种语法意义。例如：

哈：bul mæsele-ler-dɨ　　ajt-əp　　otər-mɑ-sɑ-m　　　　　da　bɨle-sɨŋder.
这 问题-复数-宾格　　说-副动词　　助动词-否定-条件式-1S　也　知道-2P
这些问题我不说你们也知道。

西裕：men semen-nə　hiʤi-v
我　饭-宾格　　喝-现在完成体副动词

un-gəʂ　　　　　la　bɑr-ɣəʂ.
助动词-将来时副动词　就　去-确切将来时
我吃完饭就去。

蒙：tər　tʃɑɑʃɨn　jab-ʤ　　bɛɜ-　x　　　　　xun　xən　jim　bee?
那　往那边　走-CAV　助动词-现在将来时形动词　人　谁　是　呀
正在往那边走的那个人是谁呀？

东乡：mini ətʂɯ giə-dzɯ　kiəliə-dzɯ　bi-sə　　　　　　bi　ətʂɯ-jə　　ləi!
我 去 助动词-CAV　说- CAV　助动词-条件副动词　我　去-祈使式　啦
要是说让我去，我就去啦！

保：nʤaŋ rə da-gu　　　　　　　　ço.
他　来　助动词-将来时形动词　　不是
他来不了。

东裕：bu lɑnʤɔu-də　　jɑwə-sa　　　　niɣə ʤəl
我　兰州-位与格　走-假定式副动词 一　　年

bol-so　　　　　ere- ɣ(ə)　　　　　wai.
助动词-假定式副动词　来-未完成体形动词　是
我去兰州一年以后回来。

　　句中的助动词词汇意义虚化，主要起着两方面的语法作用：一是连接前面的基本动词与后面的其他成分，二是补充表达基本动词的语法意义，如哈萨克语、西部裕固语、东乡语。助动词还可以位于关系从句的内部，连接基本动词与中心名词，如蒙古语、赫哲语。"基本动词＋助动词"结构被否定时，否定词一般位于这个结构的前面或后面，不出现在这个结构的中间，就是说，"基本动词＋助动词"是作为整体结构被否定的，如保安语。助动词还可以跟基本动词分开，助动词和基本动词之间有其他成分，这时助动词具有一定的独立性，它和前面的成分一起构成助动词结构，补充说明基本动词，如东部裕固语。

　　助动词本来都有独立的词汇意义，当它们出现在基本动词后面时，原来的词汇意义虚化，语法意义增加，成为基本动词后面表示语法意义的词。在这一点上，与阿尔泰语系中的后置词有某种一致的地方：位置固定，意义虚化。后置词是连接名词性成分与动词性成分的，每个后置词都有专门的语法意义，它的形式固定，没有词形变化。助动词虽然也后置，但不能叫后置词，助动词形式不固定，有动词的各种形态变化形式，并且既可以出现在句尾，也可以出现在句中。

阿尔泰语系各语言都是后置词语言，名词、动词具有以下相对应的特点：

NP-附加成分　　NP-词缀　　NP-后置词

VP-附加成分　　VP-词缀　　VP-助动词

可见，动词后面的助动词与名词后面的后置词存在着对应关系。

四、小结

阿尔泰语系中，动词的修饰限制成分按位置分为两种：动词前的修饰限制成分和动词后的修饰限制成分。动词前的修饰限制成分主要是副词。"副词＋动词"的结构中，副词主要从程度、范围、时间、语气、频率等方面修饰限制动词。动词后的修饰限制成分分为两种：一是动词的附加成分，一是助动词。附加成分主要表达动词的时、体、态、人称等语法意义，助动词主要辅助动词表达各种语法意义。从这点来看，语言中动词虽然是实词，是能独立成句的词，但动词仍然是不自足的，它本身并不能完全表达各种语法意义。

从阿尔泰语系动词修饰成分的位置来看，动词前的修饰限制成分既有独立的词汇意义，又有语法意义，而动词后面的修饰限制成分的词汇意义都已虚化，即使是有独立意义的助动词，当和动词一起使用时，其词汇意义也虚化了。可见，动词前与动词后是两个不同的语法区域。

关于动词附加成分的语序问题，前面已经讨论过。这里再来分析一下动词与其修饰限制成分共现时的语序结构关系。这种关系可用下图表示：

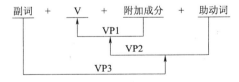

图 6-21　动词性短语语序结构图

动词词根首先与附加成分构成动词性结构 VP1，然后 VP1 与助动词组成动词性短语 VP2，VP2 再与副词组成 VP3。从这个结构图可以看出，与动词语义关系最近的是动词的各种附加成分，其次是助动词，副词是最外围的成分。就是说，助动词先与动词性结构组成一个更大的动词性结构，即动词性短语。副词修饰限制的是整体的动词性结构，而不是只修饰限制动词。

第三节 形容词性短语的语序类型研究

形容词性短语主要指以形容词为核心词的短语。跟语序类型有关的形容词性短语主要包括"程度副词+形容词"结构与"否定词+形容词"结构。这两个结构中，形容词的位置是语序类型学关注的问题。

一、形容词与程度副词的语序类型

形容词主要表示事物的性质、状态。性质形容词跟事物的分类有关，具有恒定性，一般不受程度副词的修饰。状态形容词跟事物的某种状态有关，具有临时性，可以受程度副词的修饰。在 VO 型语言中，程度副词的优势语序是位于形容词的后面。在 OV 型语言中，程度副词以位于形容词前为优势语序。阿尔泰语系属于 OV 型语言，程度副词都位于形容词的前面。

对形容词性短语的考察，同样离不开句子。"程度副词+形容词"的结构在句子中是否发生语序的变化，是否发生形态的变化，有没有其他一些标记，这些都要结合句子来分析。

下面从两个方面来讨论："程度副词+形容词"位于句前或句中；"程度副词+形容词"结构位于句尾。

（一）"程度副词+形容词"位于句前或句中

"程度副词+形容词"位于句前的情况不多，位于句中的情况比较多，所以放在一起来讨论。在句前或句中时，"程度副词+形容词"结构直接用于名词或动词的前面，没有任何形态变化。例如：

维：kijim sel   uzun kel–ip   qap–tu.
　　衣服 稍微 长的 来-状态副动词 留下-确定过去时
　　衣服稍微长了一些。

哈：olar bir asa   qəjən mindet-ti orənda-də.
　　他们 一 非常 困难 任务-宾格 完成-确定过去时
　　他们完成了一件非常困难的任务。

柯：ol eŋ murun kel–di.
　　他 最 早   来--一般过去时
　　他头一个来了。

塔：ol biz-niŋ　eŋ　jɑqən　dost-əbəz.
　　他　我们-领格　最　近的　朋友-1GP
　　他是我们最亲密的朋友。

乌：bω χæt ʤydæ tʃirʌjli jʌz–il – di !
　　这　字　很　漂亮　写-被动态-过去时
　　这字写得真漂亮！

蒙：ən xʋɑr–ıïg　toŋ　sɛɛxɑn　ɔjo-sɔn　bɛɛ-n.
　　这 花-宾格 非常 美好　缝-PAV　助动词-现在将来时
　　这朵花绣得真漂亮。

保：laŋ χarə　dawu　apə.
　　稍　黑　布　买
　　买稍微黑些的布。

东裕：buduun ʃgen-ə　keedə nas(ə)da– wa?
　　　最　　　大-领格　几个　岁-过去时
　　　最大的几岁了？

满：bira- də　　kəʂkəŋ　lobdo　nimaxa　be.
　　江-(与-位格) 很　　多　鱼　有
　　江里有很多鱼。

鄂伦春：əkin–in　nuktʃəə　aja　ʤuu–du　　aaʃi–na　　　– 　　n.
　　　　姐姐-3GS 非常　　好　房子-与格　睡-（现在-将来时）-3S
　　　　姐姐睡在一个非常好的房子里。

　　"程度副词+形容词"位于句前或句中时，程度副词没有发生形态变化，形容词也没有发生形态变化，它们的前后没有其他标记，程度副词与形容词的语序没有发生变化，直接与后面的名词、动词构成句法结构。"程度副词+形容词"结构居前时可以做句子的主语，但要发生形态变化，在形容词的后面加上领格附加成分。这表明"程度副词+形容词"结构具有名词性的特点与功能。

　　当受事位于句前时，如乌孜别克语、蒙古语，"程度副词+形容词"直接位于受事的后面，而不是位于动词的后面。这种语序类型符合语义认知的特点。"程度副词+形容词"在句法上与动词有句法关系，但"程度副词+形容词"结构与受事的关系更密切，直接指向受事，这符合象似关系，语义关系密切的成分在线性距离上也比较近。这种关系可以用下图来表示：

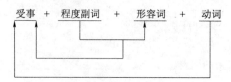

图 6-22 形容词性短语语序功能图（1）

（二）"程度副词+形容词"位于句尾

阿尔泰语系各语言的形容词可以直接位于句尾，"程度副词+形容词"结构也可以直接位于句尾。例如：

维：u–niŋ   awaz-i   intɑjin zil.
他-领格 声音-3G 十分 清脆
他的声音十分清脆。

哈：oraz - dən   søz-i   øte durəs.
欧拉孜-领格 话-3G 很 正确
欧拉孜的话很正确。

柯：onəŋ   iʃte-gen   qəzmattarə   øtø køp.
他的 做-PAV   工作   很 多
他做过的工作很多。

塔：alɨm   bek   tɨrɨʃtʃan.
阿里木 很 勤奋
阿里木很勤奋。

乌：ʃinʤʌŋ   qʌwɷn-i   tʃinækæm   ʃirini!
新疆 哈密瓜-3G 特 甜
新疆的哈密瓜真甜！

西裕：bu ɑlɑ jiz qɑldʐɑ jyGɑ dro.
这 花 布 太 薄 是
这花布太薄了。

图：bis-diŋ   øreneri–bis   Gonʤuɣ   Gəzəqdəɣ.
我们-领格 学校-1GP 很 美丽的
我们的学校很美丽。

蒙：ən-nee   ɑmt   sur   sɛɛxan.
这-领格 味道 太 美好
这东西的味道特别好。

土：ne xaii ndaa iiça ʂge va.
这个 鞋 我 太 大 是
这双鞋我穿太大了。

"程度副词+形容词"结构位于句尾时，结构的前面没有任何标记，直接与前面的名词性成分连接，结构的后面大部分可以没有任何成分，程度副词与形容词的语序没有发生变化，直接做句子的谓语。有时句尾要加上一个系动词，这个系动词没有实际意义。"程度副词+形容词"结构位于句尾的句子都是简单句。

形容词大都有程度义。阿尔泰语系中，形容词的程度义表现形式有两种：一种是在比较句中，一个名词与另一个名词进行比较，如差比句，这是外向比较，需要加"从格"等作为比较的标记；一种是自我比较，这是内向比较，是对某一物的程度评价，这种情况下一般在形容词前加程度副词。在内向比较句中，程度副词凸显的是程度的"级"，即"很、十分、特别、太、最"，不同的程度副词凸显不同的程度义。

阿尔泰语系各语言"程度副词+形容词"结构的短语形式与在句子中的形式是一样的，没有发生任何变化。这个结构是"修饰语+中心语"的结构，修饰语在前，中心语在后，这也与阿尔泰语系的 SOV 语序有关：阿尔泰语系中，无论是名词性短语、动词性短语或者是形容词性短语，都是"修饰语+中心语"的结构。这个结构符合"背景→焦点"的认知结构，修饰语是背景，中心语是焦点。

二、形容词与否定词的语序类型

阿尔泰语系各语言中都有专门的否定词，既有前置的否定词，也有后置的否定词。各语言的形容词都能直接被否定，否定词一般都位于形容词的后面。例如：

撒：bu　boz　gox　emes　ɑ.
　　这　布　蓝　不是　语气词
　　这布不是蓝的。

塔：sanduʁatʃ-nəŋ　bala-lar-ə,　　köp tygɨl qoʃlap qɑnɑ.
　　百灵鸟-领格　孩子-复数-3G　多　不　成对　仅仅
　　百灵鸟的雏儿，不是一群，只一对儿。

乌：biz　egællæ-gæn mʌtirijʌl–lær köp emæs.
　　我们　掌握-PAV　材料 -复数 多　不是
　　我们掌握的材料不多。

西裕：qədej pudəʁ-nə ørʁener jynji　emes　dro.
　　　汉族 字-宾格 学习　容易　不是　是
　　　学习汉字是不容易的。

图：eki emes.
　　好　不
　　不好。

蒙：ən bus ʤugəər, ɛextar ʋlɑɑn biʃee.
　　 这 布 可以 厉害 红 不是
　　 这种布还可以，不太红。

蒙：ənd-əəs dəmii xɔl gue.
　　 这里-离格 不太 远 没有
　　 离这里不太远。

土：ne ŋgo sɢɑn puʦa.
　　 这个 颜色 美 不是
　　 这个颜色不好看。

土：ne nəge padə va，te nəge padə guaa.
　　 这个 一 结实 是 那个 一 结实 没有
　　 这一个结实，那一个不结实。

达：ənə ilgaa saikən biʃin.
　　 这 花 好看 没有
　　 这花不好看。

保：abo-nə daʤi ginə.
　　 爸爸-3G 舒服 没有
　　 他爸爸不舒服。

东裕：buda dui-sə tʃyy-də kur - gə - də χolo puʃə wai.
　　 我们 队-离比格 区-位与格 到-未完成体形动词-位与格 远 不是 是
　　 从我们队到区里不远。

康：anla-dʉ ʉlio teme niɣe ʤiʤo mari.
　　 天- (与-位格) 云 那么 一 厚 不是
　　 天上的云不那么厚。

满：mini boo uba-tʃi goro akʋ.
　　 我 家 这儿-(从-比格) 远 不
　　 我家离这儿不远。

锡：ər oruni əni-də - ni xauʂun aqu.
　　 这 媳妇 母亲-(与-位格)-3G 孝顺 不
　　 这个儿媳妇不孝顺婆婆。

鄂温克：tari inigniŋgʉ ʉgirəŋ tooddiwi bitig-wi ajaʤi əʃiŋ ətərə.
　　 他 天 玩 因为 书-1GS 好的 不 会
　　 因为他整天玩，所以学习一点儿也不好。

朝：narssi-ka tʃoh-tʃi anh-asə
　　 天气-主格 好-否定关系① 不-方式手段关系

---

① 注：否定关系与后面的方式手段关系都属于朝鲜语的连谓形附加成分。连谓形附加成分相当于其他语言的副动词附加成分。

kuu-to　ka-t∫i　　　anh-ass-ta.

他-添意　去-否定关系　不-过去时-陈述式对下阶直叙法

天气不好，他也没有去。

否定词在形容词的后面，只管辖前面的形容词。如果形容词前有其他副词出现，副词先和形容词形成形容词性结构，再受否定词的限制。如图所示：

图 6-23　形容词性短语语序结构图（2）

可见，形容词的修饰成分也在否定词的控制范围之内。

阿尔泰语系各语言的否定词在否定名词时直接位于名词的后面；否定动词时，有的语言否定成分放在动词的前面，有的语言否定成分放在动词的后面；否定形容词时，如以上例句所见，否定词都放在形容词的后面。形容词和否定词结合时二者都不发生形态变化。朝鲜语的形容词后面要加上表否定关系的附加成分，使其转变成谓词性成分。否定关系的附加成分一方面是句法要求的，另一方面也是否定的标记。蒙古语第二个例句中的"dəmii"（不太）不是否定的标记，它是程度副词，去掉这个词句子也能成立，只是在语义上有区别。

三、小结

阿尔泰语系各语言中，否定词位于形容词的后面，即位于中心词的后面，这一点与助动词一致，所以很多语言把否定词都叫作助动词，也是有一定道理的。但这些否定词与助动词还不一样。助动词有动词的各种形态变化，而这些否定词却没有形态变化。从这一点来看，否定词又像后置词。这样，形容词与名词、动词又有了一致的地方，即：

名词　　　　动词　　　　形容词

后置词　　　助动词　　　否定词

阿尔泰语系各语言中，名词、动词、形容词既有前置的修饰成分，又有后置的修饰限制成分。但从否定成分的语序看，名词都是词后否定，动词的否定比较复杂，如前所述，突厥语族的否定成分都在动词词根的后面，蒙古语族既有词前否定，也有词后否定，满—通古斯语族只有词前否定，而阿尔泰语系中形容词都是词后否定。这可以用以下表格来表示：

表 5-1　　　　　　　　　　　阿尔泰语系否定词语序表

词类 语序 语族	名词	动词	形容词
突厥语族	词后	词中	词后
蒙古语族	词后	词前/词后	词后
满—通古斯语族	词后	词前	词后

从这个表可以发现，阿尔泰语系中，否定词主要分布在被否定词的后面，形成"中心词+否定词"的结构。否定词后置，这与否定词的功能有关。阿尔泰语系各语言都有系动词，系动词是用来表示肯定语气的，而系动词都位于句尾，形成"S+O+系动词"的结构。与系动词意义相反的否定词也能形成"S+O+否定词"的结构，所以，否定词像系动词一样，具有助动词的功能。

另外，阿尔泰语系各语言的短语结构都有共同的语序特点：除了否定成分和助动词以外，其他短语主要是"修饰语+中心语"的结构，即修饰成分在前，中心语在后。这与阿尔泰语系的 SOV 语序有关。

在分析各类短语时，经常涉及各类词的各种附加成分，主要是名词和动词的附加成分。可见，短语的分析离不开词的结构。当名词、动词做短语的中心语时，名词、动词常常处于一种平衡的被修饰状态，即中心语前面有各种修饰语，后面有各种附加成分，形成"修饰语+中心语+附加成分"的结构。

第七章 句子的语序类型研究

世界上的语言有六种基本语序类型，最常见的有两种：SVO 和 SOV。阿尔泰语系属于 SOV 语言。科姆里指出："知道一个语言是 VSO 或 VOS，我们能预测它的其他语序参数的价值；知道一个语言是 SOV，我们可以很有把握地预测它的其他语序参数的价值；知道一个语言是 SVO，我们实际上不能预测其他任何东西。"①可见，SOV 语言和它的其他语序参项之间存在蕴含关系。在 SOV 中，V 的位置是固定的，S 和 O 的位置可以变化，即 SOV→OSV。这种语序有个共同特点：S 与 O 是静态部分，V 是动态部分。这与潘国英的分析一致，即：

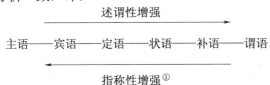

此外，在突厥语族的某些语言中，谓词性人称附加成分常常在句尾。口语中，主语人称代词可以省略，句尾的人称附加成分就起着主语人称的作用，这样就形成了特殊的 OVS 句型。如果说这是阿尔泰语系的一种句型，那就违背了阿尔泰语系语言"谓语动词后不再出现其他句子成分"的语序特征规律。但由于在突厥语族语言和部分满—通古斯语言中存在着这种说法，本书姑且把这类句子作为一种特殊的句型加以简单的分析。因此，在阿尔泰语系中，SOV 是基本句型，OSV 和 OVS 是变式句型。语序类型学除了研究语言中的句型之外，还关注语言中的常见句式，如双及物句式及差比句式。本章主要讨论以上提到的三种句型和两种常见句式。

第一节 句型的语序类型研究

阿尔泰语系的句型有 SOV、OSV 以及 OVS。这三种句型中，SOV 是

① [新西兰]　Song Jae Jung：《语言类型学》，北京大学出版社 2008 年版，第 63 页。
② 潘国英：《汉语状语语序研究及其类型学意义》，中国社会科学出版社 2010 年版，第 51 页。

基本句型，当 S 移动到 O 后面时，就形成了 OSV 句型。如果 S 没有出现，动词词尾出现了人称附加成分，就形成 OVS 的句型。SOV 和 OSV 在阿尔泰语系中常见，OVS 只存在于突厥语族和满—通古斯语族的一些语言中。

一、SOV 句型

SOV 句型是阿尔泰语系中最常见的句型，是其他句型和句式的基础形式。SOV 句型如果再根据有无宾格标记分类的话，可以分为无宾格标记的 SOV 句型和有宾格标记的 SOV 句型。

（一）无宾格标记的 SOV 句型

无宾格标记的 SOV 句型的结构最简单，在阿尔泰语系中普遍存在。例如：

哈：ol　χɑt　ʤɑz–əp　otər.
　　他　信　　写–现在进行时
　　他正在写信。

柯：at　tʃøp　ʤe–p　　　　tur – a　– t.
　　马　草　吃–副动词　助动词–（现在—将来时）
　　马正在吃草。

撒：edisi　piser　boʁʤi　or–ʁur.
　　明天　我们　　麦子　　割–确定将来时
　　明天我们割小麦。

塔：biz　tʃej　itʃ– tɨ – k.
　　我们　茶　喝–过去时–1P
　　我们已喝茶了。

蒙：bii　kɪnɔɔ　uʤ–（i）x　　　　　　durtɛɛ.
　　我　电影　看–现在将来时形动词　喜欢
　　我喜欢看电影。

土：bu　ʃdəme　de–va.
　　我　　馍馍　吃–过去时
　　我吃馍馍了。

达：tər　daŋg　oo–gaatʃ.
　　他　烟　　吸–经常体
　　他经常吸烟。

满：mama　ɔktɔ　ʤə–mə ilixabi.
　　奶奶　药　　吃–（现在–正在时）
　　奶奶正在吃药。

锡：əni–ni　dzɑq　arə–maχəi.
　　母亲–3G　饭　　做–正在进行时
　　妈妈做饭。

　　这类句子中，宾语没有明显的宾格标记，句子直接由主语、宾语、谓语构成，除了这三个成分之外，几乎没有其他的成分，所以也可以称为无标记的 SOV 句型。Lindsay J. Whaley 提出了判断基本语序的四条标准，其中第 2 条是：最常见的语序趋向于为基本语序。第 3 条是：没有标记的语序趋向于为基本语序。[①]因此可以说，这类 SOV 句型是阿尔泰语系最基本的句型。

　　撒拉语的例句中，主语前面有一个时间词，做句子的状语，这个状语成分的存在没有影响到宾格的标记。但如果进一步观察，就会发现，句子有隐性的标记。句子的主语都是指人或其他动物的名词，即都是生命度很高的名词，也都是有定名词。宾语都是没有生命度的名词，也都是无定名词。每个句子的结构都是：

生命名词—非生命名词—动词

有定名词—无定名词—动词

控制名词—被控制名词—动词

　　生命度、有定与无定就是这类句子的隐性标记。句子的语序是固定的，宾语不能移到句首。"在简单的及物句中，动词跟拥有高生命度的名词一致，这个名词的位置在最前面。"[②]

　　另外，可以发现，句子的宾语部分都是一个光杆名词，宾语前边没有任何修饰限制成分，后面没有任何附加成分，而且主语名词和宾语名词是不同种类的名词。所以，句子的结构还可以概括为：N1＋N2＋VP。

（二）有宾格标记的 SOV 句型

　　当宾语后面有宾格标记时，就构成了有宾格标记的 SOV 句型，这类句型要比前面无标记句型复杂一些，在阿尔泰语系中普遍存在。例如：

维：bɑli–lɑr　　køjnɛk–liri–ni　　kij–iʃ　　-　　ti.
　　孩子-复数　衬衣-复数-宾格　穿-(交互-共同态)-确定过去时
　　孩子们都穿上了衬衣。

乌：mæn ɷlær–niŋ　　kel–gænligi–ni　　kør–di – m.
　　我　他们-领格　　来-动名词-宾格　　看-过去时-1S
　　我看到他们来了。

图：men baqʃə-nəŋ　　nom-ə-n　　apar-də - m.
　　我　老师-领格　　书-3G-宾格　　拿走--一般过去时-1S
　　我拿走了老师的书。

　　①[美]　Lindsay J. Whaley：《类型学导论——语言的共性和差异》，世界图书出版公司 2009 年版，第 106 页。
　　①[美]　同上书，第 171 页。

东裕：hə ɕiəʂɯn ʂɯni ʂu–ni　unʂɯ-dzɯwo.
　　　那　学生　新　书-宾格　读 - 进行体
　　　那个学生读新书。

保：ta　maχɕiə　arpə-nə　　　　tar!
　　你们　明天　大麦-(领-宾格)　种
　　你们明天种大麦吧！

东裕：mənə adʒa tere kuun–ə　tanə–na.
　　　我的　父亲 那个 人-宾格　认识-现在时
　　　我的父亲认识那个人。

康：bi　enə tulʁa–ni　　　bei-ʁa– va.
　　我　这 柱子-(领-宾格)　立-使动态-过去时
　　我立了这根柱子。

鄂温克：sii arĭ nɔmɔxi mɔrin–ba auɡɔ-xa.
　　　　你 这 老实的 马-宾格　骑-祈使式. 2S
　　　　你骑这匹老实的马。

鄂伦春：bii ʃɔɔtʈ ɡiwtʃəən–ɲi ulə-jə –　n
　　　　我 经常　狍子-领格　肉-不定宾格-3GS
　　　　dʒəbu–ŋki　biʃi – m.
　　　　吃-现在时　助动词-(现在-将来时). 1S
　　　　我经常吃狍子肉。

赫：bi　ti　əm　χob-χorduqun mori-mə　jalug-jə.
　　我 那 一　快快的　　　马-宾格　骑-祈使式. 1S
　　我骑那匹最快的马。

朝：haksɛŋ-tɯr-i　　　kkotʃʼ-ɯr　sim-nɯnta.
　　学生-复数-主格 花 - 对格　种-陈述式对下阶直叙法
　　学生们种花。

　　这类句子的宾语大都是复杂的形式。这不但表现在宾格的标记上，而且大多数宾语的前面还有其他修饰限制成分。维吾尔语的例句本来是最简单的句子，只有 S、O、V 三个成分。可是三个成分中都有表示多数意义的附加成分：主语和宾语后面都有复数附加成分，谓语动词词根后面有交互—共同态附加成分，这个附加成分表示这个动作是由多个人一起来完成的。这样，句子的三个成分都有附加成分。另外，如果主语和宾语不加复数附加成分的话，它们都是光杆名词，可以根据生命度和语序来判断它们的语法关系。当主语、宾语都加上复数附加成分后，这两个成分的形式完全相同。为了从形式上区分这两个成分，就要在宾语的后面加上宾格标记。保安语的例句中，宾语前面的状语跟它没有直接的语法关系，宾语后面的宾格标记可以省略，为了强调突出宾语，就在后面加上宾格标记。朝鲜语中宾语都要加格标记。其他例句中，宾语前面都有修饰限制成分，宾语部分变成了复杂的形式，而复杂的宾语都要用宾格与动词连接。另外，从大多数例句中可以发现，当主语和宾语之间有其他成分时，宾语后面要加宾格标记。这是因为主语是控制名词，宾语是被控制名词。当主语和宾语之间没有其他成分时，主语可以直接控制宾语；当主语和宾语之间有其他成分隔开时，二者的距离变远了，主语不能直接控制宾语。为了增加控制力，语言就在宾语的后面加上宾格标记，但也有例外的情况。例如：

西裕：ʤiŋsɑ-lɑr　　ol　oyərdzïyɑ　os-əp　　　　　　qɑhl - də.

警察-复数　那　贼　　　　捉-(过去-完成体副动词)　助动词-确切过去时

警察们把那个贼捉住了。

西部裕固语的这个例句中，宾语前面有指示代词，但宾语后面没有宾格标记。这是由百科知识决定的。日常生活中，"警察捉贼"是常理，"警察"是控制项，而且控制力很强，而"贼"是被控制项，被控性很高。"警察捉贼"是正常的，是无标记的，不存在"贼捉警察"的现象。所以，宾语后面可以不加宾格标记。况且句尾的助动词"qɑhl"有"告一段落"的意思，表示前面动作的完成，这具体完成的动作的对象一定是具体的、有定的，是对具体对象而完成的动作。在没有标记的情况下，如果具体动作动词前面有两个或两个以上名词性成分，动词直接管辖跟它距离最近的名词性成分。如图所示：

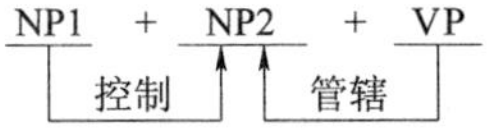

图 7-1　无标记 SOV 句型语义结构图

NP2 前面受 NP1 的控制，后面受 VP 的管辖，因此，NP2 虽然没有宾格标记，也不会引起歧义。

二、OSV 句型

上文讲到，宾语都有宾格标记。"基本语序语法上没有标记，而其他都是有标记的。如，有标记的语序要比无标记的语序受到语法的或分布的限制，形式上可能更复杂些。"[①]OSV 句型与 SOV 句型相比，受到的限制就要多一些。SOV 中如果把宾语和宾格标记再向前移动，就形成了 OSV 句型。OSV 句型中 O 也有简单与复杂之分，为了便于讨论，这里把 OSV 句型分为两类：简单的 OSV 句型和复杂的 OSV 句型。

---

① [新西兰]　Song Jae Jung：《语言类型学》，北京大学出版社 2008 年版，第 49 页。

（一）简单的 OSV 句型

简单的 OSV 句型指宾语部分是简单形式的 OSV 句型，包括宾语只有一个名词的 OSV 句型和宾语是"指示代词+名词"结构的 OSV 句型。例如：

撒：bu iʃ-nə　　men et-gi　　　ju!
　　这　事-宾格　我　做-愿望式　语气词
　　这件事让我做吧！

西裕：bu dienjiŋ-nə　men ɢɑrɑ-yɑn.
　　　这　电影-宾格　我　看-PAV
　　　我看过这部电影。

图：mo-nə　　dəwɑ bis　dʑa:-dʑa:nɑn dəŋnɑ – p　gøry-p　　　dʑor - bəs.
　　这个-宾格 图瓦人 我们　刚　　刚　听-副动词　说-副动词　助动词-1P
　　我们图瓦人刚刚听说这个。

土：ʂdaaɢu-nə bu çdʑun-la – naa　　　　ɡuaa　　re-va.
　　柴-宾格　我 姑娘-造联格-反身领属　背　　来-过去时
　　我跟我的女儿把柴背回来了。

达：os-ii　　xar xukur oo-səŋ.
　　水-宾格　黑　牛　喝-过去时
　　水被黑牛喝了。

满：mim-bə　ʂudʑi xənxəndi　gədʑər-xə.
　　我-宾格　书记 狠狠地　　说-过去时
　　书记狠狠地批评了我。

锡：tər bitxə-v　laidʑən ɢadʑi-χ　bixəi.
　　那　书-宾格 赖珍　拿 – 过去完成时
　　那本书赖珍拿去了。

尽管是简单的宾语形式，一旦离开了它原来的语法位置，移动到其他位置时，就打破了句子的平衡。句子要实现新的形式下的平衡，就要为之付出代价，在宾语的后面加上宾格标记。不管宾语是有生名词还是无生名词，不管宾语的生命度如何，都要加宾格标记。从句法来看，宾语移动到句首后，远离动词，动词对宾语的管辖力度减弱。为了保证动词与宾语之间有效的管辖与被管辖的关系，就用宾格来标记宾语部分与动词之间的关系。宾格附加成分在句首宾语后有以下几个方面的作用：一是标明宾语，使宾语名词和主语名词区别开来；二是连接宾语和后面的主谓结构；三是增加宾语和谓语动词的语义联系；四是强调的标记。这类句子的结构如图所示：

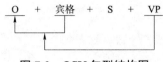

图 7-2　OSV 句型结构图

从语序类型看，OSV 句型分为两大部分：宾语与宾格标记为一部分，主语与谓语为一部分。宾语在句首使句子的处置义更加明显。这与汉语的"把"字句不同。汉语的"把"字结构位于句中，不能移至句首。阿尔泰语系的宾格结构可以在句首，也可以在句中。位置不同，语义也不同。宾格结构在句首是为了凸显处置义。

以上各句中的句首宾语都可以移至句中，移至句中后，宾语部分是指示代词和"指示代词+名词"形式的，宾格都不能省略。土族语和达斡尔语的例句中，宾语是光杆名词。移至句中后，土族语宾语后的宾格标记不能省略，因为谓语动词是复杂形式；达斡尔语句中宾语后的宾格附加成分可以省略，但省略后句义就发生了变化。

（二）复杂的 OSV 句型

复杂的 OSV 句型指宾语部分是关系从句或相当于"的"字结构的 OSV 句型。当宾语是个复杂的结构时，往往使用这种句型。例如：

维：u　bil- gɛn–ni　　mɛn–mu　bil- ɛr- mɛn.
他　知道-PA-宾格　我-也　　知道-现在将来时
他懂得的我也能懂。

哈：zulal- dəŋ　ququajəna-n　eʃkɨm　qorq – a　　　　qoj - ma - də.
祖拉力-领格　威吓-宾格　任何人　怕-现在时副动词　助动词-否定-确定过去时
谁都不怕祖拉力的威吓。

柯：anən　kel–er – in　　kim　bile–ti?
他的　来-形动词-宾格　谁　知道-过去时
谁知道他来的事？

塔：ɑnən　kil-iri – n　hitʃkɨm　bɨl– mi - j.
他的　到来-动名词-宾格　任何人　知道-否定-（现在-未来时）
谁也不知道他来。

乌：ɷlær–niŋ　χæwɷz–dæ　bæliq　tɷtæ-jntgæ–lik- lær–ni
他们-属格　池塘-位格　鱼　抓-动名词 – 复数-宾格
sen rʌst　kɵr–di–ŋ– mi?
你　真的　看-过去时-2S 吗
你真的看到了他们正从池塘里捞鱼？

东乡：tʂu-ni　uʝu-dʐu　ire-san-ni　bi　dʐaru-dʐu　uida-ɣa-wo.
你-领格　拿-CAV　来-PAV-宾格　我　用-CAV　完-使动态-完成体

你拿来的（东西）我用完了。

保：daxədʑia-nə　　　çyeçio ne-saŋ - nə　　　　bǔ　gudə　gog(ə)-o.

　　大河家-(领-宾格)　学校　开学-PAV-(领-宾格)　我　昨天　听-确定过去时

　　我昨天听说大河家的学校开学了。

东裕：bu arahgə lə uu-daɢ　　- ə　　tʃə　lə　mede- nem　　u?

　　　我　酒　不　喝-多次体形动词-宾格　你　不　知道-现在时　吗

　　　你不知道我不喝酒吗？

鄂温克：muni　ədu satʃtʃi-tʃtʃi　nəə-sə　moo-wu awu-ni ira-tʃtʃi　uli-sə?

　　　　我们　这里　砍-完成体　放-PAV 木-宾格　谁-3G　拉-完成体　走-过去时.3S

　　　　谁拉走了我们砍好放在这里的柴火？

赫：mini buda dzəfə-m　oti-xə -mə　　niani sa-xajə.

　　我的　饭　吃-CAV　完-PAV-宾格 他　知道-完成体

　　他知道我吃完饭了。

　　宾语部分都由主谓两部分构成，是个相对独立的结构，也是一个相对独立的事件。如果说，前面简单的 OSV 句型中，宾语位于句首是为了强调凸显它，那么，复杂的 OSV 句型中，宾语位于句首更是为了句子结构的平衡。以宾格标记为界限，前后两部分在结构上一致，长度上一致。宾语部分是已发生的事件，后面的部分是相对未发生的事件，从宾语部分到后面的主谓部分，就是从已知到未知的结构，这个信息传递结构符合句子的信息结构要求，即已知信息→未知信息。

　　由以上分析可以发现，复杂的 OSV 句型的信息结构与一般句子的信息结构是一致的。从句法上看，复杂的 OSV 句型是宾语部分移到句首后形成的，是基本句型变换后得出的句型；从语义上看，是"受事+施事+动作"的结构；从语用上看，是"已知信息+未知信息"的结构。

　　由此可见，语序实际上可以同时从三个平面来分析，即句法结构的语序、语义结构的语序和语用结构的语序。有时，这三种语序是一致的；有时，这三种语序又是不一致的。不一致的时候应该分别加以分析，这样得出的结论更全面。

　　现在可以说，复杂的 OSV 句型不是由 SOV 句型变换而来的，而是阿尔泰语系中一种独立存在的句型，只是这种句型不如 SOV 句型更常见，因此可以说，SOV 是阿尔泰语系典型的句型，而 OSV 是阿尔泰语系非典型的句型。

三、OVS 句型

　　这里的"S"跟前面的句型中的"S"不同。这里的"S"指的是具有主语作用的谓词性人称附加成分，不是具体的词语。这个句型只在有谓词性人称附加成分的语言中才存在，所以这类句型只在突厥语族的大部分语言和满—通古斯语族的鄂伦春语中存在。例如：

维：køjnɛk– ni　　　tik–tyr– dy　　－　　m.

衬衣-宾格　　缝-使动态-确定过去时-1S

我让别人给缝制了衬衣。

哈：køpʃilik-tiŋ pikiri-ne　　qosəl - də - m.

大家-领格　意见-宾格　同意-确定过去时-1S

我同意了大家的意见。

柯：siz-din　　ʤardam-əŋəz-də　　ølgøntʃø　　unut-paj-mən.

您-领格　帮助-尊称.2GS-宾格　到死为止　忘-否定-1S

您的帮助我到死也忘不了。

塔：ɑltən ijerli　　ɑt-lɑr　　mɪn- dɨ - m.

金　有鞍的　马-复数　骑-过去时-1S

我骑上了金鞍马。

乌：jækʃænbæ kyni bʌʁtʃæ-gæ ojnæ-jlik.

星期日　　天　公园-向格　玩-祈使式.1P

我们星期天到公园玩玩去。

鄂伦春：ʊrɪn　adɪ　kʊmakaa–ja　ʤawa-tʃaa-wʊn.

二十　几　鹿-不定宾格　抓-过去时-1P

我们抓到了二十多只鹿。

这类例句中，除了塔塔尔语以外，宾语或补语大都有格标记。主语以人称附加成分的形式附加在动词后面。本来，这样的句子前面可以有一个主语，但由于与谓语动词后面的人称意义相同，口语中，在语言经济原则的作用下，前面的主语省略，而用谓语人称附加成分来起到主语的作用。谓语人称附加成分虽然黏附在动词的后面，却具有主语的作用。

阿尔泰语系中，人称成分在动词前则是独立的词，在动词后则是附加成分。这与阿尔泰语系的后置词语言特点有关。后置词语言中，中心词前面与后面是两个不同的语法位置。前面的修饰成分都以独立的词的形式存在，后面的限制成分大都以附加成分的形式存在，即在中心词前为词，在中心词后为附加成分。

主语在句尾跟主语在句首的功能不同。主语在句尾时，主语只控制其所在的那个单句，至于这个单句前面与后面的其他句子就无法控制了。而句首主语不但可以控制它所在的那个单句，而且还可以控制后面具有同一主语的句子。

四、小结

上面讨论了阿尔泰语系中 SOV、OSV 和 OVS 句型。阿尔泰语系的典型语序是 SOV。这个结构中，O 可以是不加宾格标记的，即 SOV 可以是无标记结构。无标记结构是语言中最经济、最基本的结构。与 OSV 语序相比，SOV 语序中 O 与动词的距离近，动词可以直接控制宾语。OVS 中虽然 O 与 V 的距离近，但大都有格标记。这个标记主要是为了突出句首成分的宾语地位。

综观阿尔泰语系的三种句型可以发现，S 最灵活，它可以出现在句首、句中、句尾，也可以省略。O 可以出现在句首，也可以出现在句中，不管如何变化，O 与 V 的相对位置都没有变化，V 总是在 O 的后面。

第二节　句式的语序类型研究

句式是由基本句型变换生成的，是结构比较特殊的一类句子。本书主要分析阿尔泰语系中的两种句式：差比句句式和双及物句式。

一、差比句句式的语序类型

差别句在汉语中是"A 比 B 更 C"的形式，其中，A 是主体，"比"是比较标记，B 是比较标准，C 是形容词，也叫比较结果。不同的语系中，差别句结构中的主体、比较标记、比较标准、形容词这四项的顺序也不同。即使同一语系内部、同一语言内部，这四项的语序也会有变化。因此，差比句的语序研究是语序类型学研究的一项重要内容。

在阿尔泰语系中，差比句中四项成分的语序与汉语、英语不同，主体、比较标准在结构上有简单与复杂的区别。阿尔泰语系的差比句中，比较标记一般是一个附加成分，附加在比较标准的后面，这是不变的，所以比较标记随比较标准语序的变化而变化，不单独加以分析。差比句中的形容词（即表示比较结果的词）都在句子的结尾，这个语序也是不变的，所以不单独加以分析。现在只剩下主体和比较标准的语序问题。为了便于观察阿尔泰语系差比句的不同形式，下面从两个方面来分析阿尔泰语系的差比句：主体在前的差比句和比较标准在前的差别句。

（一）主体在前的差比句

主体在前的差比句是指主体在比较标准前面的差别句。如果句子前面没有其他成分，这类差比句的主体都位于句首。这类差比句在阿尔泰语系各语言中普遍存在。

差比句中有的比较结果比较简单，有的比较结果比较复杂。据此，把这类差比句分为无具体比较结果的差比句和有具体比较结果的差比句。

1. 无具体比较结果的差比句

无具体比较结果的差比句指比较结果只是由一个抽象的形容词来表示比较结果的差比句。这样的差比句往往不是为了进行具体的比较，只是对主体和比较标准加以大致的比较，比较的结果是概括的、模糊的。

无具体比较结果的差比句又是使用最多的一类，这是因为比较的结果不要求是精确的，这样的结果省力、不易出错，可以在大多数场合使用。在所搜集的语料中，这类例句最多。虽然主体都在比较标准的前面，但与比较结果相比，主体和比较标准还存在着简单与复杂的区别，因此，为了便于讨论，再把这两种情况分开来讨论。①

（1）主体和比较标准都简单的差别句

所谓"简单"，是指主体和比较标准都是光杆名词或代词的差比句。例如：

哈：bolat temir–den qattə.
　　钢　　铁 - 从格　硬
　　钢比铁硬。

撒：men ɑn-dən ɑruχ dər.
　　我　他-从格　瘦　是
　　我比他瘦。

乌：tœrsin qæjɵm–dæn bælænd.
　　图尔逊　克尤木-从格　　高
　　图尔逊比克尤木高。

东乡：bi tʂə-sə undu wo.
　　　我　你-从格　高　助动词
　　　我比你高。

土：tɕə aama–sa– nə ndur a.
　　你　妈妈-离比格-3G 高　是
　　你比他妈妈高。

康：mori gula–ni ʊʥidʑi ɢurdun va.
　　马　牛-(领-宾格)　看　　快　是
　　马比牛快。

满：do agə-dəre bəjə dən.
　　弟弟　哥哥-(从-造格)　身体　高

---

① 有具体比较结果的差比句中主体和比较标准也有简单与复杂之分，但这类差比句的语料比较少，同时，也为了避免重复讨论，这一类就不再细分。

弟弟比哥哥身体高。

鄂伦春：mʊrɪn　ukur-duk　dɪgar.

　　　　马　　　牛-从格　　快

　　　　马比牛快。

朝：kumnjən-ɯn　tʃaknjən-pota　tʃʻup-ta.

　　今年-添意　　　去年 – 比　　冷-陈述式对下阶直叙法

　　今年比去年冷。

如果把阿尔泰语系的差比句进行典型化分类的话，这类差比句应该是最基本的差比句，也是最典型的差比句，其他类型的差比句都是由这类差比句变换形成的。在典型的阿尔泰语系差比句中，主体和比较标准连续出现，比较标准的后面有比较标记，大部分语言都用从格（也叫离格）附加成分做比较标记，比较标记后面是形容词。这类句子的语序结构可用下图来表示：

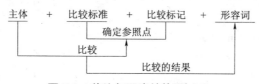

图 7-3　差比句语序结构图（1）

差比句中虽然有主体、比较标准这两个关系项出现，但句子要揭示的是主体在某方面的特征，所以主体在前符合认知的规律。而比较标准只是一个参照点，这个参照点可以是甲，也可以是乙，或者是其他项。主体和参照点排在一起，更有利于发现二者之间的差别。比较标记在这里连接的不是主体与比较标准，而是比较标准与形容词。实际上，"主体+比较标准+比较标记+形容词"中，"比较标准+比较标记"是确定参照点的过程，是动态的。"主体+比较标准+比较标记+形容词"可以概括成"关系项+关系+结果"，也可以概括成"主体+比较过程+比较结果"。

比较标记在这里是分界线，把前后两部分清楚地分开来，同时，如上所述，它也起连接作用，连接着前后两部分。结构上，比较标记连接的是比较标准和形容词；语义上，比较标记连接的是主体与比较标准。

康家语的差比句中，比较标准后面出现的不是从格，而是"领-宾格"附加成分，"领-宾格"后是一个独立的词"ɯʥiʥi"（看），这个词在这里已失去本义，"'领-宾格'+ ɯʥiʥi"是康家语差比句的比较标记。

（2）主体和/或比较标准都比较复杂的差别句

这类差比句指主体和比较标准前面都有修饰限制成分，或其中一项的前面有修饰限制成分。最简单的修饰限制成分是在主体和比较标准的前面

加上指示词。例如:

维:bu øi u øj–din joruq.
　　这 屋 那 屋-从格 明亮
　　这屋比那屋明亮。

柯:bul yj oʃol yj– døn ʥaqʃə.
　　这 房子 那 房子-从格 好
　　这间房子比那间房子好。

西裕:bu tiorden gol tiorden- den jaxʂiraq dro.
　　　这 皮袍 那 皮袍 - 从格 好些 是
　　　这件皮袍比那件皮袍好一些。

图:bo ʥetʃek de ʥetʃek–den Gəzəl.
　　这 花 那 花 - 从格 红
　　这朵花比那朵花红。

蒙:ən gʊtal tər gʊtl–aas gəŋ ix.
　　这 靴子 那 靴子-离格 更 大
　　这双靴子比那双靴子更大。

保:ənə awu na-sə undər o.
　　这个 男孩 我-(从-比格) 高 是
　　这个男孩比我高。

锡:ər muku tər muku-dəri saχuru–qun.
　　这 水 那 水-离格 凉-形容词减弱级
　　这水比那水略凉一些。

　　这些差比句有个共同的特点,就是主体的前面都是近指的指示词,比较标准的前面都是远指的指示词。把近处的事物与远处的事物做比较,并以远处的事物为参照点,这符合认知的顺序。这类句子中的主体和比较标准所指都是具体的事物,而且是两个同类的事物,是两个同类具体事物之间的直接比较。

　　主体和比较标准可以都是领属结构,也可以其中一项是领属结构。例如:

维:bu jilqi ziraet øtkɛn jildiki–din jaχʃi–raq.
　　今 年的 作物 过去的 年的-从格 好-形容词比较级
　　今年的庄稼比去年稍好。

图:daɣ-da-ɣə jaʃ kem–niŋ jaʒə-nan bedik.
　　山-位格-形容词附加成分 树 河-领格 树-从格 高
　　山上的树比河里的树高。

满:mini təxəŋgə ¢in-tʂi tʂiŋxai goro.
　　我的 住的 你-(从-造格) 甚 远

　　　　我住的比你远得多。

鄂温克：əwəŋxi bəjə-ni dɔɔlaa–nɪn imin dɔɔ-duxɪ aruxxun.

　　　　鄂温克　人-领格　内心-3GP　伊敏　河-从格　清洁

　　　　鄂温克人的心比伊敏河水还要纯洁。

赫：iuʂulin sə - ni mini sə - tki sagdi.

　　　　尤树林　岁数-3G　我的　岁数-向格　大

　　　　尤树林的岁数比我大。

　　两个领属结构的比较，可以是两个相同事物的比较，也可以是两个不同事物的比较。同时，比较的不是领属结构核心词所指的事物，而是领属结构所指的事物。比较时，主体的领属结构必须是完整的，而比较标准的领属结构可以是不完整的，可以省略被领属的成分，如满语。赫哲语中，用向格做比较标记，这与其他语言用从格（即离格）做比较标记是不同的。从这些语例中可以发现，人们在进行比较时，常常是由现在到过去、由高到低、由近及远、由人及物、由大到小。

　　阿尔泰语系中，物主代词可以独立使用，物主代词相当于汉语中的"人称代词+的"结构。差比句中，可以是两个具体事物之间的比较，也可以是物主代词之间的比较。例如：

塔：ɑlar-nəqə biz-nikɪ - dɛn ɑwər ikɛn.

　　　　他们-物主代词　我们-物主代词-从格　　重　是的

　　　　他们的比我们的重些。

西裕：menəŋ-gə gonəŋ-gə - dɑn jɑxʂi dro.

　　　　我的-物主代词　他的-物主代词-从格　好　是

　　　　我的比他的好。

乌：biz-niŋ zʌwod–imiz–dæ iʃlæn-gæn telewezor ɷlær-niki – dæn tyzyk.

　　　　我们-领格　工厂-1GP-位格　生产-PAV　电视机　他们-物主代词-从格　好

　　　　我们厂生产的电视机比他们的好。

　　物主代词实际上是人称代词加上物主代词附加成分构成的指物代词。两个物主代词可以直接进行比较，因为它们的地位是平等的。如果比较的两项中有一项不是物主代词，一项是物主代词，那么只有主体是非物主代词，比较标准是物主代词，如乌孜别克语。

　　主体和比较标准还可以是动词性结构，即两个动作之间的比较，也可以是两个形容词之间的比较。例如：

东裕：qusun uu–dala tʃaa uu–sa sain bai.

　　　　水　喝-限定体副动词　茶　喝-离比格　好　是

　　　　喝白水不如喝茶。

康：sɵʉbɔlɔ i - sa　　　 tarʁun-ni　　ʊʤiʤi seini va.
　 瘦　　 助动词-条件式副动词　肥-(领-宾格)　看　 好　 是
　 瘦的比肥的好。

朝：ne-ka　 ka-num　kəs-i ne-ka　 ka-ki -pota　　 nas-ta.
　 你-主格 去-添意　可能 我-主格　去-使动态-比　好-陈述式对下阶直叙法
　 你去比我去好。

　　两个动作之间比较时，这两个动词性结构必须是相同的，或者都是动宾结构，或者都是主谓结构。当两个主谓结构比较时，就不一定是两个动作之间的比较，而可能是两个事件之间的比较。如朝鲜语的例句中，有两个主格标记。朝鲜语中，主格是句子的标记，所以前后两个动词性结构的比较就是两个事件的比较，每个动词性结构是一个事件。

　　如果是两个形容词之间的比较，如康家语的例句，形容词本身没有任何变化，比较标准形容词后面的附加成分是比较标记，不是形容词的附加成分。两个形容词作为主体和比较标准，不能像其他关系项一样直接连接，它们之间要有某种成分出现。如果说两个名词性成分直接连接进行比较是无标记的话，那么，两个形容词在差比句中的比较就是有标记的。

　　前面讨论的差比句都是两个事物、动作或性质方面的直接比较。有时差比句是两个人称代词所指的人在某一方面的比较，要比较的方面必须得在句中交代清楚。例如：

哈：sizder menen　　 gøri onəŋ　 aχwalə-n　 købirek　bile-sizder.
　 您们　 我（从格）比　 他的　 情况-宾格　比较多　 知道-2P. 尊称
　 您们对他的情况比我知道得多。

康：ʧi mən-i　　 ʉʉʤiʤi ju-ʤi　 Gurdun va.
　 你 我-(领-宾格)　看　　 走-CAV　 快　 是
　 你比我走得快。

　　这是结构比较复杂的差比句。句子由五个部分组成，依次是：主体、比较标准、比较标记、比较的方面、比较的结果。这类句子的结构如图所示：

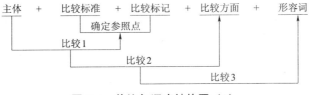

图 7-4　差比句语序结构图（2）

　　比较标准与比较标记确定了比较的参照点，然后进行比较。比较的过程分三步：首先是比较对象的确定，即主体和参照点；其次是内容的比较，即主体和参照点在某一方面进行比较；最后得出比较的结果。在这个句式中，比较方面是主体和比较标准共有的，可以是某种属性，也可以是某个动作。比较的内容也叫作比较域。形容词是比较的结果。这样，这类句式的语序结构可以改写为：

　　主体+比较标准+比较标记+比较域+比较结果

　　2. 有具体比较结果的差比句

　　主体和比较标准比较的结果有具体的数字，这样的差比句就是有具体比较结果的差别句。这类句子结构的复杂之处主要体现在比较的结果部分。例如：

哈：ol　　me–nen　ekɨ　ʤɑs　ylken.
　　　他　　我-从格　二　　岁　　大
　　　他比我大两岁。

康：bi　tʃi-ni　　ʉʤiʤi　niɣe　nasun　gʉ　va.
　　　我　你-宾格　看　　一　　岁　　大　是
　　　我比你大一岁。

满：dʐuwan　sundʐa-tʃi　　dʐuwə　ubu　labdu.
　　　十　　　五-（从-造格）二　　倍　　多
　　　十比五多两倍。

鄂伦春：min–ŋi　əkin–iw　　min–duk　ilan-ʤɨ　　　　əgdəgə.
　　　　我-领格　姐-1GS　我-从格　三-（造-联合格）　大
　　　　姐姐比我大三岁。

赫：mini　imaχa　çini　imaχa–tki　ilan　obu　malχun.
　　　我的　鱼　　你的　鱼-向格　　三　　倍　　多
　　　我的鱼比你的鱼多三倍。

赫：bi　əiniŋ　çin–tki　dʐu　obu　malχun　imaχa　wa–χaji.
　　　我　今天　你-向格　二　倍　多　　　鱼　　得-完成体
　　　我今天比你多打了两倍鱼。

这类差比句的语序结构是：主体+比较标准+比较标记+数量结构+形容词。数量结构在比较标记和形容词之间。这类差比句的比较结果实际上有两个：一个是具体的结果，这是用数量结构表示的；一个是概括的结果，这是用形容词来表示的。具体结果在前，概括的结果在后。这种"数量结构+形容词"的结构与"数量结构+动词"是一致的，形容词在这个结构中具有动词的功能。因此，这类差比句的语序结构可以改写为：

　　主体+比较标准+比较标记+具体比较结果+概括比较结果

（二）比较标准在前的差比句

前面分析的都是主体在前、比较标准在后的差比句。与之相反的语序是，比较标准在前、主体在后。这样的差比句就是比较标准在前的差比句。例如：

柯：boʃ-ton　kørø　iʃte-gen　ʤaqʃə.
　　闲-从格　看来　工作-形动词　好
　　干活要比闲待着好。

撒：asman　geʤe-den　buɣun　jaχʃia.
　　天空　昨天-从格　今天　好
　　今天的天空比昨天好。

塔：atʃəq-qan-nan　qanəq-qan　jaman.
　　发怒-PAV-从格　找茬-PAV　坏
　　找茬的比发怒的难对付。

塔：bu ʃikafdaʁə　raman-nar-nəŋ　oqə-ʁan-nar-əm-dan
　　这　柜里的　小说-复数-领格　读-PAV-复数-1GS-从格
　　oqə-ma-ʁan-nar-əm　køprɛk.
　　读-否定型-PAV-复数-1GS　多些
　　这柜子里的小说，我没读过的比读过的多。

乌：ketʃikibrʌq　ʌl-ib　bʌr-gæn-dæn　koræ　ertærʌq
　　晚一点儿　进-状态副动词　行-PAV-从格　与其　早一点儿
　　ʌl-ib　bʌr-gæn-imiz　tyzyk.
　　进-状态副动词　行-PAV - 1P　好
　　早一点儿搞比晚一点儿搞要好些。

西裕：aq-dan　ɢəzəl　jaxʂi.
　　　白的-从格　红的　好
　　　红的比白的好。

达：pəʃkləə-gəətʃĭ　mɔr-ees　xaul-aatʃĭ　mɔr-iinĭ　saĭn.
　　踢-经常体　马-离格　跑-经常体　马-3G　好
　　能跑的马比能踢的马好。

保：tɕiŋχai-nə　ndʑiə-ʥi　nəχaŋ-nə　χoluŋ　o　ba?
　　青海-(领-宾格)　看-CAV　这里-(领-宾格)　热　是　吧
　　这里看来比青海热吧？

突厥语族、蒙古语族的语料中有这样的例句，而满—通古斯语族语料中没有发现这样的句子。这是语序特殊的差比句。句子的语序结构是：比较标准+比较标记+主体+结果。这个结构是由"主体+比较标准+比较标记+结果"结构变换来的，即"比较标准+比较标记"结构整体前移。不论比较标准在前还是在后，它都是有标记的项，是作为参照点的项。当比较标准在前时，实际就是这样的结构：

背景+图形+结果

这样的语序符合认知的基本规律。而"主体+比较标准+比较标记+结果"的结构是：

图形+背景+结果

从以上的语料可以发现，比较标准在前的差比句还有一个潜在的共性：比较标准和主体所指的事物或者是性质的比较，或者是动作的比较，或者是数量的比较，很少是具体事物的比较。

达斡尔语中还有这样一个特殊的例句：

达：ʧas–aas ʧigaan ʃid–tii.

　　雪-离格　白　　牙-共同格

　　牙比雪还白。

在这个差比句中，比较标准在前，主体在句尾，结果居中。这是两个不同事物间的比较。主体在前、主体居中时其前后都是没有标记的，这表明阿尔泰语系的差比句允许主体出现在这两个位置上。当主体在句尾时，就离开了它的基本位置，它就要变成有标记项。上例中主体 ʃid（牙）后面的附加成分 tii（共同格，也叫联合格）就是它的标记。

二、双及物句式的语序类型

刘丹青指出："双及物结构指的是一种论元结构，即由双及物（三价）动词构成的、在主语以外带一个客体和一个与事的结构，在句法上可以表现为多种句式，有的是双宾语句，有的不是。"① 阿尔泰语系由于与格或向格具有给予义，所以很容易形成双及物句式。双及物句式在阿尔泰语系各语言中普遍存在。与汉语相比，阿尔泰语系的双及物句式除了具有该句式本身的共性特征之外，还有一些个性特征。

阿尔泰语系双及物句式的直接宾语与间接宾语的语序比较灵活，同一语言内部也有变化，可以是"直接宾语+间接宾语"的语序结构，也可以是"间接宾语+直接宾语"的语序结构。下面将从这两个方面进行分析。

（一）"直接宾语+间接宾语"的双及物句式

这是指直接宾语位于间接宾语前面的双及物句式。为了考察阿尔泰语系双及物句式的特征，这里再根据直接宾语和间接宾语的简单与复杂程度分成两种情况来讨论：简单的双及物句式和复杂的双及物句式。

---

① 刘丹青：《汉语给予类双及物结构的类型学考察》，《中国语文》2001 年第 5 期。

1. 简单的双及物句式

这是指直接宾语和间接宾语是由光杆名词或代词充当的双及物句式。这是最简单的双及物句式。例如：

柯：kitebi–ŋ–di　　aʁa　　　　　ber–ip　　　qojo – mun.
　　书-2GS-宾格　向他（与格）　给-副动词　助动词-1S
　　我把你的书交给他。

撒：mi-niɣi　aba-m　　heli-nə　　ini-m-ə　　　ver-ʤi.
　　我-领格　父亲-1G　钱-宾格　弟弟-1G-与格　给-确定过去时
　　我父亲把钱给了我弟弟。

乌：kitʌb–ni　　ɯ-(n)-gæ　　ber.
　　书-宾格　　他-向格　　给
　　给他书。

土：ne - nə　　　　tɕə　　ten - də　　　oɢo.
　　这个-领宾格　你　　他-位与格　给
　　你把这个给他。

满：bi ʥezχən-bə　gutşu-də　　　ara-mbe.
　　我 信 - 宾格 朋友-(与-位格) 写-现在时
　　我正在给朋友写信。

锡：bo　vəxə-v　　bira-d　　　maχt-χəŋ.
　　我们 石头-宾格 河-(与-位格) 扔-过去时
　　我们把石头扔到河里了。

赫：ɕi　χai-wə　　niani–du　　gaʥi-m　　buxə-ɕi?
　　你 什么-宾格 他-与格　　拿来-CAV 给-2S
　　你给他拿什么来了？

双及物句式中涉及了三个名词性成分：主语、直接宾语和间接宾语。上面的大多数语例的双及物结构是：主语+直接宾语+间接宾语+动词。直接宾语的后面都有宾格标记，间接宾语的后面都有与格（或向格）附加成分。这两个附加成分实际上都是这类双及物句式的标记。这类句式的语序结构如图所示：

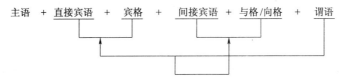

图 7-5　双及物句式的语序结构图（1）

直接宾语在主语的后面，远离谓语动词，因此，动词对直接宾语的控制力减弱。为了保持动词对直接宾语的有效控制,直接宾语后面必须有宾格标记。汉语的双及物句式中,直接宾语不能是光杆名词,其前面必须有数量结构或形容词做修饰语,因为直接宾语与动词之间有间接宾语。这与阿尔泰语系类似,直接宾语前面的修饰成分与阿尔泰语系直接宾语后面的宾格有一致的地方。与汉语的直接宾语不同的是,阿尔泰语系的直接宾语可以是光杆名词,直接宾语前面可以不加任何修饰语,以无定的形式做宾语。但并不都是无定的,如柯尔克孜语例句的直接宾语前面虽然没有修饰语,但后面有领属附加成分,表示直接宾语的归属,因此这样的直接宾语就不是无定的,只不过这种有定的形式是以附加成分的形式连接在名词的后面。

　　间接宾语位于动词的前面,但并不是直接靠近动词,二者之间有与格(或向格)附加成分。如果说直接宾语后面的宾格附加成分是动词对直接宾语控制的标记的话,那么,间接宾语后面的与格(或向格)附加成分就是双及物句式"给予"义的标记,是句子的标记,是阿尔泰语系双及物句式不可缺少的成分。在"主语+直接宾语+宾格+间接宾语+与格(向格)+谓语"中,与格(或向格)附加成分表层上连接的是间接宾语与动词,语义上与格(或向格)附加成分既与主语有关,又与间接宾语有关,更与动词有关。汉语的双及物句中间接宾语靠近动词,英语中,当间接宾语靠近动词时,动词和间接宾语之间没有介词,而当间接宾语远离动词时,间接宾语的前面就要加介词"-to"。

　　进入双及物句式的动词不一定是三价动词,如满语、锡伯语例句中的动词都是二价动词。二价动词进入双及物句式后有了三个配价成分,这是因为双及物句式是个构式。关于构式与动词配价的关系,张伯江(1999)、沈家煊(2000)都有详细论述。二价动词在双及物句式中除了配价发生变化以外,与三价动词一样,都没有特殊的形态变化。

　　双及物句式中,主语一般都位于句首。阿尔泰语系由于有丰富的形态变化,有时主语的位置可以后移,如土族语,直接宾语位于句首,主语位于直接宾语之后。直接宾语位于句首,后面仍然带宾格附加成分,而主语位于句中则没有任何形态变化。这表明,阿尔泰语系的双及物句中,主语位于句中是自由的、无标记的。句子的结构是:直接宾语+宾格标记+主语+间接宾语+与格(或向格)+谓语。因此可以说,直接宾语的语序位置很灵活,它在双及物句中既可以出现在句首,也可以位于主语和间接宾语之间,还可以位于间接宾语与谓语之间。在前两种情况下直接宾语是有标记的,在后一种情况下,直接宾语可以是无标记的,即不加宾格标记。

　　突厥语族的大部分语言中,由于有谓词人称的形态变化,所以双及物句式中前面的主语可以省略，位于句尾的谓词人称附加成分执行主语的功能，如柯尔克孜语的例句，句子的主语是助动词后面的附加成分"–mun"（我）。句子的结构是：直接宾语+宾格标记+间接宾语+与格（或向格）+谓语+主语。

2. 复杂的双及物句式

复杂的双及物句式指直接宾语的前面有修饰语，或者直接宾语和间接宾语的前面都有修饰语的双及物句式，或者直接宾语是由动词性结构构成的双及物句式。一般情况下，直接宾语前有修饰语的双及物句比较多。例如：

维：mɛn ɛhwal–niŋ hɛmmi–si–ni uniŋʁa ejti–p qoj–du– m.
　　我　情况-领格　全部-3G-宾格　向他　说-状态副动词　放-确定过去时-1S
　　我把情况都告诉他了。

哈：sen məna χat–tə oʁan berʃi.
　　你 这　信-宾格　　他-与格　给
　　你把这封信给他。

柯：itʃimdegi bardəq sərəm–də aʁa ajt–əp sal–də–m.
　　内心里的 所有的 心底的话-宾格 向他 告诉-副动词 助动词-一般过去时-1S
　　我把内心的一切话一下子都告诉给了他。

塔：bu ytʃ kilo–nə qonaq–lar–ʁa qoj–a–m.
　　这 三 公斤-宾格　客人-复数-与格 留下-（现在-未来时）-1S
　　我把这三公斤给客人们留下。

西裕：bu menek–də daʁa–ɣa diad–əp ber.
　　　这 钱-宾格　舅舅-向格　送-(过去-完成体副动词)　给
　　　把这钱给你舅舅送去。

图：ol bo kerek–di meŋ–ge ajt–də.
　　他 这 事-宾格　我-向格　告诉--一般过去时
　　他把这件事告诉我了。

土：ne Guraan–nə tesgə–də χuGuaa–dʑə oGo.
　　这个 三个-领宾格　他们-位与格 分-CAV　给
　　把这三个分给他们。

保：bǔ ənə gadəgə–nə tɕio–də ok(ə) e.
　　我 这 纸-(领-宾格) 你-(与-位格)　给　　吧
　　我把这张纸给你吧。

康：tʃi te alima–ni bəde–da ʉɣ.
　　你 那 水果-(领-宾格) 我们-(与-位格) 给
　　你把那水果给我们。

锡:ər baitə-v　tәsə-d　　　　 al- χɐŋ　　　 ma?
　　这 事-宾格 他们-(与-位格) 告诉-过去时 吗
　　这件事告诉他们了吗?

鄂温克:bʉ　ʉr-dʉ　ʉgiinә-sә bajta-wa　əmmә-dʉ
　　　　我们 山-与格 玩去-PAV 事情-宾格　妈妈-与格
　　　　ә-sәmʉŋ　　　ʤinʤi-ra.
　　　　没-过去时.1P　告诉-(现在-将来时)
　　　　我们没有告诉妈妈到山里去玩的事。

赫:ti　әm sagdi-qәn　χartqu-wә　　min-dә　bu.
　　那 一 大-比较级 鲤鱼-宾格　我-与格　给
　　把那条较大的鲤鱼给我。

朝:toŋseŋ–i　i　ir-ɯr　nuna–eke ar-ri - jәss – ta.
　　弟弟-主格　这 事-对格 姐姐-与格 知道-使动态-过去时-陈述式对下阶直叙法
　　弟弟把这件事告诉了姐姐。

上面例句中直接宾语的形式都很复杂，而间接宾语是简单形式。复杂形式是重成分，简单形式是轻成分，重成分在轻成分的前面，这符合阿尔泰语系的语序特点。句子的结构以宾格标记为界限，可以分为两部分，这可以用下图来表示：

图 7-6　双及物句式语序结构图（2）

双及物句式表示把某物转移至某人/某处。转移的过程涉及五个要素：动作的始点、动作的终点、转移的事物、转移的过程和转移的方向。在上面讨论的这类双及物句式中，主语是始点，"间接宾语+与格"是终点，复杂直接宾语是转移的事物，谓语表示转移的过程，与格表示转移的方向。始点部分是静态部分，"终点部分+谓语"是动态部分。因此，这类双及物句式可以概括为：

$$转移$$
始点 ———→ 终点
静态 ———→ 动态

直接宾语和间接宾语也都可以是复杂结构。例如：

乌:sen bɷ χæbær–ni　dædæm-gæ　ʌjim-gæ　　æj–t.
　　你 这 消息-宾格　爸爸-向格　妈妈-向格　说-使动态
　　你把这个消息告诉爸爸和妈妈。

东乡 : tʂɯ ənə baa–ni　　ha　Guada-də　　　ogi !

你　这　钱-宾格　那　二人-与格　　给

你把这钱给那两人。

鄂伦春 : mooliktə muu–wa　gɔrɔ əme- tʃəə　　　　bəjə-du

山丁子　水-宾格　远　来-完成体形动词　人-与格

oŋko-kʃon　　　　　buu-tʃəə.

倒-顺次式副动词　给-过去时

把山丁子汁倒给远方的客人。

间接宾语可以是并列结构，如乌孜别克语，可以是指示结构，如东乡语，也可以是关系从句结构，如鄂伦春语。当间接宾语是复杂结构时，双及物句的标记与格（或向格）加在复杂结构中心名词的后面。乌孜别克语的例句中，间接宾语是并列结构的两个指人名词，两个名词之间没有并列连词，向格附加成分分别加在两个名词的后面，表示这两个名词都是间接宾语。

直接宾语可以是动词性结构。这类句子不是典型的双及物句，而是由典型的双及物句派生出来的。例如：

西裕 : sen　xue aʂ-mas-də　　　gol-ɣa　di–p　　　　　　　ber.

你　会　开-否定-宾格　他-向格　说-(过去-完成体副动词)　给

你告诉他不开会了。

土 : bu　bank(ə)-aa　　　　jauu-san　- nə　　ten-də　　kəle-dʑə　　guii.

我　搬-顺序体副动词　走-完成体形动词-宾格　他-位与格　说-CAV　没有

没告诉他我搬走了。

动词性结构做直接宾语时，后面也要加宾格标记。动词性结构与间接宾语相比，是重成分，间接宾语是人称代词，是轻成分。重成分在前，轻成分在后，符合阿尔泰语系句子的结构特点。同时，宾格标记把句子分为两大块，前部分有一个动词，后部分有一个动词。两个动词分别按时间顺序分布在前后，先发生的动作先出现，后发生的动作后出现。

（二）"间接宾语+直接宾语"的双及物句式

这类句式是指间接宾语在直接宾语前面出现的双及物句式。与上面的分类方法一样，根据直接宾语与间接宾语结构的简单与复杂情况，下面主要从两个方面来分析。

1. 简单的双及物句式

简单的双及物句式指直接宾语和间接宾语前都没有任何修饰语的双及物句式。这与前面分析的简单双及物句式一样，都是阿尔泰语系中最简单的双及物句式。例如：

维：mɛn at-qɑ　　　jɛm　　bɛr- di　-　m.

　　　我　马-与格　　饲料　给-确定过去时-1S

　　　我给马喂饲料了。

哈：ol　maʁan　　　pul　ber-gen edɨ.

　　　他　我（与格）钱　给-曾经过去时

　　　他给我钱了。

柯：ol　muʁalim-ʁa　　mu-nu　　ajt-tə.

　　　他　教师-与格　　这个-宾格　说--一般过去时

　　　他向教师说了这个。

撒：sen ɑnɑ-ʁə　　heli　ver!

　　　你　姑娘-与格　钱　给

　　　你给姑娘钱！

达：tər　nam-əd　　　　bitəg　uku-səŋ.

　　　他　我-（与-位格）　书　给-过去时

　　　他给我书了。

康：ʉrʉ nan-da　　　bəʁa　ʉɣ-pa.

　　　他　我-(与-位格)　钱　　给-过去时

　　　他给了我钱。

鄂伦春：bii ənin-du- wi　　　　　bajta-wa　ʃilba-ʤa-w.

　　　　　我　母亲-与格-反身领属.S　事情-宾格　告诉-将来时-1S

　　　　　我要把事情告诉给母亲。

朝：na-nɯn　toŋsɛŋ-eke　tʃˈɛk-ɯr　tʃu-əss-ta.

　　　我-添意 弟弟-与格　书-对格　给-过去时-陈述式对下阶直叙法

　　　我把书给弟弟了。

　　这类句子中，直接宾语后面可以没有宾格标记。直接宾语和间接宾语没有特殊的形态变化，间接宾语不管在什么位置，后面都要加与格附加成分。不加宾格标记的双及物句式的结构是：主语+间接宾语+与格+直接宾语+谓语。直接宾语后面没有宾格标记，直接与动词相连。宾格标记不出现的原因是：由于直接宾语靠近动词，能够受动词的直接支配；主语是生命度高的指人名词，直接宾语是没有生命度的指物名词，所以主语能够直接控制宾语；直接宾语都是无定名词，可以直接受动词的支配。不出现宾格标记也表明：这类双及物句是最简单的双及物句。简单的形式往往是基本的形式，因此可以初步判定，这类双及物句是阿尔泰语系中最基本的双及物句，也是最典型的双及物句。同时，由于间接宾语的与格标记必须出现，因此可以说与格附加成分是阿尔泰语系双及物句式的标记之一。

　　简单的双及物句也可以有宾格标记，如柯尔克孜语的直接宾语"mu"

（这）是指示词，是有定成分，所以要加宾格标记。鄂伦春语例句中，动词 ʃilba"告诉"不能直接和直接宾语连接，要在直接宾语的后面加上宾格标记，使直接宾语强制成为"告诉"的受事。

2. 复杂的双及物句式

复杂的双及物句中，间接宾语大都是简单形式，只有直接宾语是复杂形式。根据直接宾语的表意情况，这类双及物句可以再进一步分为两种：具体直接宾语的双及物句和抽象直接宾语的双及物句。

（1）具体直接宾语的双及物句

直接宾语是具体名词的双及物句叫具体直接宾语的双及物句。双及物句典型的语义是"有意地给予性转移"[1]，典型的能转移的事物肯定是具体事物。例如：

维：tynygyn biz–niŋ　　muellim maŋa　　　　bir jaχʃi kitab ber–di.
　　昨天　　我们-领格 老师　　向我（与格）一　好　　书　　给-确定过去时
　　昨天我们的老师给了我一本好书。

哈：æke-sɨ　bala-sə-na　　　bir qalam ber-di.
　　父亲-3G 孩子-3G-与格 一　笔　　给-确定过去时
　　父亲给（他）孩子一支钢笔。

柯：ol　biz-ge　　eki–den　　alma ber–di.
　　他　我们-与格 二-从格　　苹果 给--一般过去时
　　他给我们每人两个苹果。

塔：ol　miŋa　　　eki bilet bir–di.
　　他　向我(与格) 二　票　　给-过去时
　　他给了我两张票。

东乡：tʂɯ madə　　　niɛ çin puʤɯ.
　　　你　我（与格）　一　信　写
　　　你给我写一封信。

达：bii ʃam-əd　　nək ʤak uku–jaa!
　　我　你-与位格 一　东西 给-祈使式.1
　　我给你一件东西吧！

东裕：kuun wury-də　　　Gurwan–aar　　og.
　　　人　每－位与格　　三个-造格　　给
　　　给每人三个。

满：agə　min-də　　　　dʐɔ dəbdəlin bitkə　bu-xə.
　　哥哥 我-(与-位格) 两　本　　　书　　给-过去时

<hr>

[1] 张伯江：《现代汉语的双及物结构式》，载沈家煊《现代汉语语法的功能、语用、认知研究》，商务印书馆 2005 年版，第 25—46 页。

　　　　哥哥给我两本书。

赫：çi　　min-du　　malχun　damxi　gadʑi.

　　　你　我-与格　　多　　烟　　拿来

　　　你给我多拿些烟来。

　　这类双及物句的直接宾语或者是数名结构，或者是形名结构，或者是数词单独做直接宾语。无论哪种结构后面，都没有宾格标记，因为这些宾语都是无定宾语，都是非生命名词，又都靠近谓语动词。由此可以推知，虽然直接宾语在双及物句式中有三个可以出现的位置，但只有靠近动词才是直接宾语的典型句法位置。这类句子的语序结构如图所示：

图 7-7　双及物句式语序结构图（3）

　　主语虽然靠近间接宾语，但并不直接与其形成语义关系；直接宾语与谓语在一起，表示使事物转移，转移的方向是与格所指的名词。

　　直接宾语前面的修饰语不是强制性的，修饰语的出现与否不受句法结构的制约。直接宾语可以是光杆名词，可以是数名结构，但数词不能单独做直接宾语，如东部裕固语的例句中，当数词单独做直接宾语时，数词后面要加造格附加成分。

　　在具体直接宾语的双及物句中，直接宾语的后面也可以出现宾格附加成分。例如：

撒：men　ɑ-niɣi　　ana-si-nə　　　χantar-nə　bir　ken　al-ʤi.

　　我　他-领格　姑娘-3G-与格　衬衣-宾格　一　件　买-确定过去时

　　我给他姑娘买了一件衬衣。

乌：ʌjim　men-gæ　bir　sokno　pælto–ni　ʌl–ib　　　　　ber–di.

　　妈妈　我-向格　一　呢子　大衣-宾格　买-状态副动词　给-过去时

　　妈妈给我买了一件呢子大衣。

图：siler-ge　bodam-nəŋ　　yʃ　oɣlə-m-nə　　be: r.

　　您-向格　我自己-领属　三个　儿子-3G-宾格　给

　　我把我自己的三个儿子给您。

　　这几个例句跟前面的例句有不同之处。撒拉语的例句中，直接宾语的宾格标记出现在名词后面，而没有出现在数词后面。这是因为，撒拉语的数词修饰名词时，数词一般放在名词的后面，即"名词+数词+量词"。"买"的过程还暗含着"给"的过程，但句中没有体现出"给"的过程，只强调"买"，而"买"是不含"转移"义的。双及物句强调的是受事通过某一动作发生转移。所以"买"要表示"转移"义就是有标记的，这个标记要加在动作的直接对象上，即加在直接宾语上，因此宾格标记就出现在"χantar"（衬衣）的后面。

　　乌孜别克语的例句中，谓语动词由两部分构成。受事转移的过程分两个步骤，首先是"买"的过程，然后是"给"的过程。"sokno pælto"（呢子大衣）作为转移的受事先是跟"ʌl"（买）联系，然后跟"ber"（给）联系。宾格标记标明直接宾语先跟距离近的动词联系，再跟距离远的动词联系。

　　图瓦语的例句中，主语没有直接出现，但从间接宾语跟直接宾语的关系来看，主语应该是第一人称"我"，间接宾语是第二人称，直接宾语是指人的名词，隐现的主语跟直接宾语的生命度相同。因此直接宾语的后面必须加宾格标记。

　　（2）抽象直接宾语的双及物句

　　抽象直接宾语的双及物句指直接宾语是抽象名词的双及物句。这类双及物句是由具体直接宾语的双及物句引申出来的。例如：

柯：biz aʁa　　　køp ʤardam ber-gen-biz.
　　我们 向他（与格）多　帮助　　给-形动词-1P
　　我们给过他许多帮助。

撒：ʃye ʂən loʂi-ʁə　vunti igi sor-ʤi.
　　学 生 老师-与格 问题 二　问-确定过去时
　　学生向老师提了两个问题。

塔：qujaʃ ʤir-gɛ jaqtələq hæm ʤələləq bir-ɛ.
　　太阳 地-与格 光明　和 温暖　给-（正在-未来时）
　　太阳给大地以光明和温暖。

西裕：men saɣa bər javdal den.
　　　我　对你 一　事　说
　　　我对你说一件事。

东裕：tʃə danda　niɣə tanʃa tal-ʤə og.
　　　你　我(位与格) 一个 主意 放-CAV 给
　　　你给我出个主意。

　　抽象名词都是非生命名词，主语能够直接控制，并且这些直接宾语又都是无定名词，所以这些例句中直接宾语的后面都没有宾格标记。撒拉语的例句是特殊的双及物句，"sor"（问）也具有"给"的意思，是学生把问题转移给老师，因此这个句子跟其他句子一样，都是直接具有"给予"义的双及物句。但跟其他"给"字句不同的是，其他的双及物句中受事转移给客体（即间接宾语）后，客体对受事就有了领属权。撒拉语的例句中受事转移到客体（老师）后，客体不是要对受事实施领有权，而是要根据受事内容反馈给主体一个信息。所以，这个句子不是领有权的转移，可以不加宾格标记。

上面讨论的抽象直接宾语的双及物句中直接宾语后面都没有宾格标记。有些情况下，这类双及物句的直接宾语后面要出现宾格标记。例如：

维:kerim biz-gɛ　bir　χoʃ　χewer-ni　ejti-p　　ber-di.
　克里木　我们-与格　一　好　消息-宾格　告诉-状态副动词　给-确定过去时
　克里木告诉了我们一个好消息。

关于"告诉"义动词，前面已有交代，这里不再赘述。语料中有这样一个"告诉"义动词做谓语的双及物句：

锡:çinj　du　mind　　tərə-v　tɕimar gənə-m　si　–　m　　gisir-xəjə.
　你的　弟弟　我(与-位格)　他-宾格　明天　去-CAV　引称动词-CAV　说-过去时
　你的弟弟告诉我说他明天去呢。

与其他"告诉"义双及物句不同的是，这个例句中虽然也有宾格标记，但却出现在直接宾语中施事名词的后面。这种情况与后面的动词有关。直接宾语是个主谓结构，它的后面又出现了两个动词，第一个动词是引称动词（引称动词"是一个用来引述和称说的动词，具有动词所有的形态变化，其词汇意义比较虚"）。引称动词前面的引语如果是间接引用，引语中的施事就用宾格[①]。同时，引称动词也具有连接的作用，连接引语和后面的动词。

三、小结

（一）关于差比句句式

阿尔泰语系的差比句有两种语序：

（1）主体+比较标准+比较标记+比较结果
（2）比较标准+比较标记+主体+比较结果

第（1）种语序主体在句首，句子凸显的是主体，是站在主体的角度看比较标准。这种语序可以概括成：主体跟比较标准进行比较后得出某种结果。这种语序表达的意思是：主体具有比较标准不具有的某种特点。

第（2）种语序比较标准在句首，句子强调的是比较标准，是站在比较标准的角度看主体。这种语序可以概括成：比较标准跟主体进行比较后得出某种结果。这种语序表达的意思是：比较标准不具有主体的某种特点。

不管是那种语序，有两点是不变的：比较标记总在比较标准的后面，

---

① 《中国少数民族语言简志》编委会等：《中国少数民族语言简志丛书》（修订本·卷六），民族出版社 2006 年版，第 678 页。

比较结果总在句子的结尾。比较标记既是比较标准的标记，它表明前面的成分是用来比较的参照点，同时，比较标记也是差比句的标记。表层上，比较标记连接着前后两项，语义上，它连接的是主体和比较标准。所以，比较标记既是属于比较标准的，也是属于主体和比较标准的，更是属于差比句的。

阿尔泰语系的形容词有级的形态变化，但在差比句中，表示比较结果的形容词一般没有级的形态变化，大都以零形态的形式出现在句中。

（二）关于双及物句式

阿尔泰语系的双及物句语序比较灵活，主语可以在句首、句中出现，突厥语族的一些语言中主语还可以出现在句尾。直接宾语既可以在间接宾语的前面，还可以在间接宾语的后面。相比之下，直接宾语在间接宾语后面可以不用宾格标记，所以直接宾语在间接宾语后面的双及物句是更常见的类型。

从信息的传递来看，直接宾语靠近动词更符合信息传递的语序结构。在"主语+间接宾语+直接宾语+谓语"的结构中，主语是已知信息，间接宾语一般是已知信息。直接宾语在间接宾语前面时不管是有定的还是无定的，都要加宾格标记，这是由语义和认知的原因决定的。而当直接宾语在间接宾语后面时，大多数情况下不用加宾格标记，所以这种情况下直接宾语是无定的情况占多数。而直接宾语正是通过动作要转移的受事，所以"直接宾语+谓语"结构是新信息部分。这样就可以推出，"主语+间接宾语+直接宾语+谓语"就是"旧信息+新信息"的结构。这一结构符合人类语言信息传递结构的规律。

第八章 结语

阿尔泰语系无论在形态类型上，还是语序类型上，各语言基本上是一致的。形态类型上阿尔泰语系属于黏着语。语序类型上，上文分析了以下几方面的内容：

一、阿尔泰语系附加成分的语序功能特点

（一）名词附加成分的语序功能特点

阿尔泰语系的名词有数、格、人称领属等形态变化。这几种形态变化的附加成分都可以单独出现在名词后面，构成"名词+复数附加成分""名词+格附加成分""名词+人称领属附加成分"的结构，也可以两个附加成分同时出现在名词的后面，还可以三个附加成分都出现在名词的后面，形成复杂的名词性结构。由于复数附加成分或人称领属附加成分都能与名词构成名词性结构，而格附加成分属于外部形态，不能与名词构成名词性结构。所以，当这三个附加成分在名词后面共现时，复数或人称领属附加成分总是离名词近，格附加成分大多出现在最后。从语义指向上讲，复数附加成分、人称领属附加成分都前指，而格附加成分倾向于后指。从语义功能看，越靠前的附加成分其语义功能范围越小，越靠后的附加成分，其语义功能范围越大。另外，从现有的语料来看，阿尔泰语系名词后面最多只出现三个附加成分，人称领属附加成分、格附加成分都不能重复出现，而复数附加成分在指人时有时可以重复出现，一般是语义范围小的先出现，语义范围大的后出现。这种情况符合附加成分共现时的要求，后面出现的附加成分语义功能上可以包含前面的附加成分。复数附加成分和人称领属附加成分属于主观性的附加成分，是说话人对事物的某种认识。格附加成分是客观性的附加成分，是句法表达的需要。因此，复数、人称领属和格附加成分共现的语序结构可以概括为：

内部形态成分 ＞ 外部形态成分

语义范围小的附加成分 ＞ 语义范围大的附加成分

语义前指的附加成分 ＞ 语义后指的附加成分

静态附加成分 ＞ 动态附加成分

　　主观性的附加成分　＞　客观性的附加成分

　　（"＞"表示"先于"）

　　（二）动词附加成分的语序功能特点

　　阿尔泰语系动词有时、体、态、人称等形态变化。这些附加成分可以单独出现在动词后面，可以两个一起出现在动词后面，也可以三个、四个附加成分共现。当两个或两个以上附加成分在动词后共现时，如果有态附加成分，则态附加成分最靠近动词词根；如果没有态附加成分，则体附加成分最靠近动词；如果没有人称附加成分，则时附加成分总是结尾；如果有人称附加成分，则人称附加成分结尾。从语义功能来看，态直接指向动词，表示动作进行的方式；体表示动作内部发生的时间，属于内部时间成分；时附加成分形式上是动词的附加成分，语义功能上指向整个句子，表示事件发生的时间，属于外部时间成分；人称附加成分在句尾可以具有三种功能：当前面有时附加成分时，人称附加成分则表示与主语在人称上的一致关系；当前面没有时附加成分时，人称附加成分还可以表示事件发生的时间；当主语省略时，人称附加成分还可以执行主语的功能。所以，这四个常见的附加成分中，态、体属于内部形态成分，其语义范围小；时、人称附加成分属于外部附加成分，语义范围大。它们共现的语序结构可以概括为：

　　内部附加成分＞外部附加成分

　　语义范围小的附加成分＞语义范围大的附加成分

　　方式＞时间＞人称

二、阿尔泰语系后置词的语序功能特点

　　阿尔泰语系属于后置词语言。后置词也是阿尔泰语系的一大特点。后置词的词形固定，语序固定，总是出现在名词性结构或动词性结构的后面。形式上，后置词修饰限制前面的词语，在语义功能上，后置词介于虚词和格附加成分之间，它连接的是前面的名词性成分或动词性成分与后面的动词性成分。如图所示：

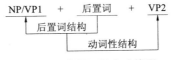

图 8-1　后置词语序功能图

　　后置词位于 NP 或 VP1 与 VP2 之间，与二者的距离相等。后置词与 NP 或 VP1 构成的后置词结构可以位于主语前后，但都在 VP2 之前。后置词结

构语义上后指，指向后边的 VP2，与 VP2 构成动词性结构。

三、阿尔泰语系短语的语序功能特点

（一）名词性短语的语序功能特点

阿尔泰语系的短语语序类型基本上与 SOV 语序一致，即"修饰语+中心语"的结构。名词性短语包括"指示词+名词""领属成分+名词""数词+（量词）+名词""形容词+名词""关系从句+名词"等。"数词+（量词）+名词"结构在大多数语言中都是这种语序结构，在少数语言中还同时存在着"名词+数词+（量词）"结构。这种情况与 SOV 的语序不一致，因此这些语言中同时还使用"数词+（量词）+名词"的结构。阿尔泰语系的名词短语都是名词后置型结构，这可与上面谈到的格结构、后置词结构进行比较：

格　结　构：名词+格

后置词结构：名词+后置词

名词性短语：修饰语+名词

前两个结构都是名词前置型，后一个结构是名词后置型。但从语法功能上看，格结构中，格连接的是名词与动词，在"名词+格+动词"的结构中，格是表达语法意义的核心成分；在"名词+后置词+动词"结构中，后置词是表达语法意义的核心成分。而在"修饰语+名词"结构中，名词是这个结构的中心语，是核心成分。因此，这三个结构的类型都是一致的，都可以概括成"非语法意义核心成分+语法意义核心成分"的结构。

与动词性结构一样，阿尔泰语系中名词性短语也是名词性结构，这个结构中名词的后面还可以出现附加成分，构成"修饰语+名词+附加成分"的结构。在这个结构中，修饰语前置，附加成分后置。修饰语是具有词汇意义的词语，附加成分是表示语法意义的成分。所以"修饰语+名词+附加成分"结构可以概括为：

词汇意义成分+名词+语法意义成分

实义成分+名词+虚义成分

名词前可以连续出现几个修饰成分，名词后可以连续出现几个附加成分，因此阿尔泰语系的名词性结构无论从形式上、意义上还是重度上都是平衡的。

（二）动词性短语的语序功能特点

阿尔泰语系中，动词性短语包括"副词+动词""否定词+动词/动词+否定成分""动词+助动词"等。位于动词前的副词、否定词都是词汇成分，有相对具体的词汇意义。位于动词后的助动词主要辅助动词表达各种语义内容，有些助动词在单独使用时虽然有独立的词汇意义，但位于其他动词

后面时则其词汇意义已经虚化，其语义功能与动词的附加成分相当。阿尔泰语系中，名词有后置词，动词有助动词，后置词与助动词都是后置的词，但二者的功能范围不同。后置词连接的是前面的名词/动词与后面的动词，表示二者之间的语法关系，而助动词位于动词的后面，只表示动词的语义内容。在"副词+动词"结构中，动词是核心词，位于修饰语的后面；在"动词+助动词"结构中，助动词表示语法意义，能够单独回答问题，所以是这个结构的核心语法成分，甚至可以说是这个结构的核心成分。从这点来看，"副词+动词"结构和"动词+助动词"结构都是核心词后置的结构。

阿尔泰语系中，动词在句尾，动词后面可以加上各种时、体、态、式、人称等附加成分，后面还可以加助动词，因此句尾动词可以有更大的向右发展的空间。同时，副词位于动词的前面，是动词的外部语义内容。动词后面的各种附加成分是动词的内部语义内容。助动词也属于动词内部的语义内容。内部的语义内容是动词在一般句子中所必需的，而外部的语义内容并不是必需的。动词处于外部语义内容和内部语义内容之间。动词对副词、附加成分、助动词的需要程度不是绝对的，而是呈渐变的趋势，可以表示成：

附加成分 > 助动词 > 副词

动词的附加成分与后面的助动词的动态性比较强，而动词前面的副词静态性比较强。所以，"副词+动词+附加成分+助动词"的结构可以概括如下：

实义成分+动词+虚义成分

静态成分+动态成分

外部语义成分+动词+内部语义成分

非必需成分+动词+必需成分

这样，动词性结构无论在语法结构上，还是语义结构上，都处于平衡状态。

四、阿尔泰语系 SOV 语序的特点

（一）SOV 是阿尔泰语系的基本语序

从前面的论述中已经知道，阿尔泰语系的基本语序是 SOV。SOV 也是阿尔泰语系的优势语序，这是 SOV 与其他两种语序 OSV、OVS 相比较得出的结论。同时，SOV 本身也是复杂的，其中 O 有时是光杆名词，有时是"修饰语+名词"的结构。当 O 是光杆名词时，其后面常常不加宾格标记，这类没有宾格标记的结构又是 SOV 语序中最简单的结构，也是最基本的结构，而"修饰语+名词"做宾语是由光杆名词单独做宾语的结构变换生成的。

所以，我们说 SOV 是阿尔泰语系最基本的语序类型时，实际上指的是当 O 是光杆名词并且其后面没有宾格标记时，这类 SOV 才是阿尔泰语系最基本的结构。这是无标记的 SOV 语序类型，而其他的语序类型都是有标记的。

（二）SOV 结构的平衡性

句法上，SOV 中，S 与 O 都是名词性成分，相对于后面的动词来说，名词性成分的结构是简单的，而后面的谓语部分则是结构复杂的部分，常常是"副词+动词+附加成分+助动词"这样的结构，所以"S+O"与后面的"副词+动词+附加成分+助动词"结构处于相对的平衡状态，即使 O 移到句首也不会破坏这种平衡。

这种平衡首先是静态与动态的平衡。SOV 与 SVO 一样，V 和 O 靠近。S 是静态部分，"O+V"是动态部分。句子的结构一般是由静态和动态两部分构成的，静态在前，动态在后，这样的语序类型符合事件发展的规律，也符合一般的认知规律。

其次，句子的平衡还表现为结构分布的平衡。SOV 中，V 是复杂的结构，从长度来说比较长。S 与 O 都是相对简单的结构，两个简单的结构连在一起构成复杂的结构。因此，SOV 是"复杂结构+复杂结构"的结构，在结构分布上是平衡的。

第三，句子的平衡还表现为信息结构的平衡。前面讲的静态与动态的平衡，实际上也是信息结构的平衡。S 是静态信息，OV 是动态信息部分。因此，SOV 是"静态信息+动态信息"的结构，信息流动的方向是由静态到动态。

第四，句子的平衡还表现在重度的平衡上。阿尔泰语系中，名词的形态变化没有动词复杂，所以，S、O 是轻成分，但"S+O"则构成了重的结构。V 的前面有副词，后面有各种附加成分，还有助动词，所以 VP 是重的结构。因此，SOV 在结构的重度分布上呈平衡状态。

（三）SOV 句式内的双向分布

阿尔泰语系是后置词语言，它的名词、动词修饰语都在名词的前边，同时，名词、动词的附加成分都在名词、动词的后面，后置词也在名词、动词的后面，助动词在动词的后面。这样，阿尔泰语系的 SOV 语序内部又有两个方向的语序分布：修饰成分类前置，附加成分类后置。这种分布对阿尔泰语系的类型特征有一定的影响。表实义的成分前置，表虚义的成分后置。如助动词都后置于主要动词之后，失去了词汇意义，而副动词前置，仍然保持动词的词汇意义。

五、阿尔泰语系附加成分的多向性

多向性指的是附加成分的表面结构与附加成分实际的语义功能不一

致。阿尔泰语系中，名词附加成分就是静态与动态的结合。名词附加成分可以分为内部形态成分和外部形态成分。内部形态成分主要指向名词，跟动词没有直接的关系。外部形态成分表面上是名词的附加成分，实际上跟名词和动词都有关，如格中的宾格、从格，后面必须出现动词。因此，内部形态成分是单向的，外部形态成分是双向的。

动词的附加成分中，体跟动词有关，时则跟句子有关，这两类附加成分都是单向的。态既跟句子的主语有关，又跟句子的宾语有关，还跟动词有关，是三向的动词附加成分。人称既和动词有关，又和主语有关，还和句子整体有关，所以人称附加成分也是三向的。

参 考 文 献

一、著作

[1] 阿孜古丽·阿布力米提：《维吾尔语基础教程》，中央民族大学出版社 2006 年版。

[2] ［美］Adele E. Goldberg：《构式：论元结构的构式语法研究》，吴海波译，北京大学出版社 2007 年版。

[3] 爱新觉罗·乌拉熙春：《满语语法》，内蒙古人民出版社 1983 年版。

[4] ［苏］埃· 捷尼舍夫：《突厥语言研究导论》，陈鹏译，中国社会科学出版社 1981 年版。

[5] ［苏］巴斯卡科夫：《阿尔泰语系语言及其研究》，陈伟、周建奇译，内蒙古教育出版社 2004 年版。

[6] ［美］鲍尔·J.霍伯尔、伊丽莎白·克劳丝·特拉格特：《语法化学说》（第二版），梁银峰译，复旦大学出版社 2008 年版。

[7] ［美］伯纳德·科姆里：《语言共性与语言类型》，沈家煊译，华夏出版社 1989 年版。

[8] 朝克：《满—通古斯诸语比较研究》，民族出版社 1997 年版。

[9] 朝克：《鄂温克语参考语法》，中国社会科学出版社 2009 年版。

[10] 陈宗振：《西部裕固语研究》，中国民族摄影艺术出版社 2004 年版。

[11] 程适良：《突厥比较语言学》，新疆人民出版社 1997 年版。

[12] 戴庆厦：《中国少数民族语言研究 60 年》，中央民族大学出版社 2009 年版。

[13] 德力格尔玛、波·索德：《蒙古语族语言概论》，中央民族大学出版社 2006 年版。

[14] ［德］弗里德里希·温格瑞尔、汉斯-尤格·施密特：《认知语言学导论》（第二版），彭利贞、许国萍、赵微译，复旦大学出版社 2009 年版。

[15] 高娃：《满语蒙古语比较研究》，中央民族大学出版社 2005 年版。

[16] 高尔锵：《塔吉克语简志》，民族出版社 1985 年版。

[17] 高莉琴：《维吾尔语语法结构分析》，新疆人民出版社 1987 年版。

[18] 耿世民：《现代哈萨克语语法》，中央民族学院出版社 1989 年版。

[19] 哈斯巴特尔：《阿尔泰语系语言文化比较研究》，民族出版社 2006 年版。

[20] 胡增益：《鄂伦春语研究》，民族出版社 2001 年版。

[21] 季永海、刘景宪、屈六生：《满语语法》，民族出版社 1986 年版。

[22] 季永海、赵志忠、白立元：《现代满语八百句》，中央民族学院出版社 1989 年版。

[23] ［芬兰］G.J.兰司铁：《阿尔泰语言学导论》，陈伟、沈成明译，中国社会科学出版社 1981 年版。

[24] 力提甫·托乎提：《维吾尔语及其他阿尔泰语言的生成句法研究》，民族出版社 2001 年版。

[25] 力提甫·托夫提：《阿尔泰语言学导论》，山西教育出版社 2004 年版。

[26] 力提甫·托夫提：《从短语结构到最简方案——阿尔泰语系的句法结构》，中央民族大学出版社 2004 年版。

[27] 李云兵：《中国南方民族语言语序类型研究》，北京大学出版社 2008 年版。

[28] 李增祥：《突厥语概论》，中央民族学院出版社 1992 年版。

[29] 刘景宪、赵阿平、赵金纯：《满语研究通论》，黑龙江朝鲜民族出版社 1997 年版。

[30] 刘丹青：《语序类型学与介词理论》，商务印书馆 2004 年版。

[31] 刘丹青：《话题的结构与功能》，上海教育出版社 2007 年版。

[32] 孟达来：《北方民族的历史接触与阿尔泰诸语言共同性的形成》，中国社会科学出版社 2001 年版。

[33] ［法］梅耶：《历史语言学中的比较方法》，岑麒祥译，世界图书出版公司 2008 年版。

[34] 清格尔泰：《蒙古语语法》，内蒙古人民出版社 1992 年版。

[35] 桑席叶夫：《蒙古语比较语法》，民族出版社 1959 年版。

[36] 沈家煊：《不对称和标记论》，江西教育出版社 1999 年版。

[37] 斯琴朝克图：《康家语研究》，上海远东出版社 1999 年版。

[38] 孙竹：《蒙古语族语言研究》，内蒙古大学出版社 1996 年版。

[39] 孙宏开、胡增益、黄行：《中国的语言》，商务印书馆 2007 年版。

[40] 石毓智：《汉语研究的类型学视野》，江西教育出版社 2004 年版。

[41] 王远新：《突厥历史语言学研究》，中央民族大学出版社 1995 年版。

[42] ［美］威廉·克罗夫特：《语言类型学与语言共性》，龚群虎等译，复旦大学出版社 2009 年版。

[43] 吴宏伟：《图瓦语研究》，上海远东出版社 1999 年版。

［44］易坤琇、高士杰：《维吾尔语语法》，中央民族大学出版社 1998 年版。

［45］《中国少数民族语言简志丛书》编委会等：《中国少数民族语言简志丛书》（修订本）（卷伍、卷陆），民族出版社 2008 年版。

［46］［英］Barry J.Blake：《格范畴》（第二版），北京大学出版社 2005 年版。

［47］［美］Bernard Comrie：《体范畴》，北京大学出版社 2005 年版。

［48］［美］Bernard Comrie：《时态范畴》，北京大学出版社 2005 年版。

［49］［美］Lindsay J. Whaley：《类型学导论——语言的共性和差异》，世界图书出版公司 2009 年版。

［50］［新西兰］Song Jae Jung：《语言类型学》，北京大学出版社 2008 年版。

二、论文

［1］阿·伊布拉黑麦：《东乡语话语材料》，《民族语文》1987 年第 3 期。

［2］安成山：《锡伯语语序——锡汉语对比》，《语言与翻译》1994 年第 4 期。

［3］包萨仁：《从语言接触看东乡语和临夏话的语序变化》，《西北第二民族学院学报》2006 年第 2 期。

［4］宝玉柱：《试论现代蒙古语宾格标记规则》，载戴庆厦、顾阳《现代语言学理论与中国少数民族语言研究》，民族出版社 2003 年版，第 382—388 页。

［5］保朝鲁：《东部裕固语动词的"体"范畴》，《内蒙古大学学报》（哲学社会科学版）1991 年第 4 期。

［6］白梦璇：《蒙古语助动词与英语助动词的比较》，《内蒙古大学学报》（人文社会科学版）2001 年第 6 期。

［7］朝克：《阿夷努语与阿尔泰诸语格形态研究》，《民族语文》1997 年第 4 期。

［8］陈乃雄：《从一些词法形态看康家话与保安语的关系》，《西北民族研究》1997 年第 1 期。

［9］成燕燕：《汉语与哈萨克语被动句类型学比较》，《中央民族大学学报》（哲学社会科学版）2008 年第 6 期。

［10］崔希亮：《空间关系的类型学研究》，载徐杰《汉语研究的类型学视角》，北京语言大学出版社 2005 年版，第 157—173 页。

［11］戴庆厦、傅爱兰：《藏缅语的形修名语序》，《中国语文》2002 年第 4 期。

［12］戴庆厦、傅爱兰：《藏缅语的述宾结构》，载徐杰《汉语研究的类型学视角》，北京语言大学出版社 2005 年版，第 47—64 页。

［13］戴庆厦、李洁：《汉藏语被动句的类型学分析》，《中央民族大学学报》

（哲学社会科学版）2007 年第 1 期。

[14] 道布：《粘着型语言结构的描写问题》，《中国语文》1994 年第 1 期。

[15] 道布：《蒙古语动词"态"语缀探析》，《民族语文》2007 年第 5 期。

[16] 德力格尔玛：《从句义结构看阿尔泰语系的"态"》，《民族语文》2004 年第 2 期。

[17] 德力格尔玛：《蒙汉语连动句对比研究》，《内蒙古民族大学学报》（社会科学版）2007 年第 3 期。

[18] 方晓华：《维语结构类型学特征及其语法分析问题》，《语言与翻译》1993 年第 2 期。

[19] 服部四郎：《阿尔泰系语言的结构》，金淳培译，载中国社会科学院民族研究所语言室《民族语文研究情报资料集》，1984 年第 4 集，第 129—138 页。

[20] 嘎日迪：《中古蒙古语 SOVS 型主谓结构句子演化初探》，《内蒙古师范大学学报》1996 年第 3 期。

[21] 高莉琴：《汉、维语语法对比研究》，《新疆大学学报》（哲学社会科学版）1990 年第 1 期。

[22]［美］格林伯格：《某些主要跟语序有关的语法普遍现象》，陆丙甫、陆致极译，《国外语言学》1984 第 2 期。

[23] 哈斯巴特尔：《关于蒙古语和满语某些复数词缀》，《内蒙古大学学报》（哲学社会科学版）1991 年第 3 期。

[24] 哈斯巴特尔：《满语和蒙古语从比格词缀比较》，《满语研究》1994 年第 2 期。

[25] 哈斯巴特尔：《满语位格词缀和蒙古语与位格词缀》，《满语研究》1998 年第 2 期。

[26] 哈斯巴特尔：《蒙古语、突厥语和满—通古斯语第一人称代词比较》，《满语研究》2007 年第 1 期。

[27] 韩建业：《撒拉语句子分类及成分》，《青海民族学院学报》（社会科学版）1983 年第 1 期。

[28] 韩建业：《撒拉语与汉语语法结构特点之比较》，《青海民族学院学报》（社会科学版）1990 年第 1 期。

[29] 黄行：《我国少数民族语言的词序类型》，《民族语文》1996 年第 1 期。

[30] 黄行：《鄂温克语形态类型的对比分析》，《满语研究》2001 年第 1 期。

[31] 黄行、唐黎明：《被动句的跨语言类型对比》，《汉语学报》2004 年第 1 期。

[32] 黄行、赵明鸣：《我国少数民族语言类型学研究》，《中国社会科学院

院报》2004 年 06 月 17 日 003 版。

[33] 黄行:《语言接触与语言区域性特征》,《民族语文》2005 年第 3 期。

[34] 黄行:《我国汉藏民族语言的语法类型》,《华东师范大学学报》(哲学社会科学版) 2007 年第 5 期。

[35] 胡增益:《阿尔泰语系中的经济原则》,《民族语文》1989 年第 4 期。

[36] 季永海:《满—通古斯语族通论》(下),《满语研究》2003 年第 2 期。

[37] 季永海:《满语鄂伦春语名词比较研究》,《中央民族大学学报》(哲学社会科学版) 2006 年第 6 期。

[38] 贾拉森、正月:《蒙古语和藏语某些格形式比较》,《内蒙古大学学报》(哲学社会科学汉文版) 1999 年第 1 期。

[39] 贾拉森:《再论蒙古语和藏语某些格形式比较》,《内蒙古大学学报》(人文社会科学版) 2002 年第 5 期。

[40] 金立鑫:《对一些普遍语序现象的功能解释》,《当代语言学》1999 年第 4 期。

[41] 金立鑫:《语言类型学——当代语言学中的一门显学》,《外国语》2006 年第 5 期。

[42] 鞠贤:《维吾尔语名名组合的语义分析》,《语言与翻译》1993 年第 3 期。

[43] 力提甫·托乎提:《维吾尔语的关系从句》,《民族语文》1995 年第 6 期。

[44] 力提甫·托乎提:《维吾尔语名词性语类的句法共性》,《民族语文》2006 年第 4 期。

[45] 李素秋:《汉语和维吾尔语多重定语语序的共性特点》,《语言与翻译》2010 年第 1 期。

[46] 李祥瑞:《现代维语的名名结构》,《语言与翻译》2001 年第 3 期。

[47] 李树兰、胡增益:《满—通古斯语言语法范畴中的确定/非确定意义》,《民族语文》1988 年第 4 期。

[48] 李云兵:《论语言接触对苗瑶语语序类型的影响》,《民族语文》2005 年第 3 期。

[49] 李云兵:《花苗苗语方位结构的语义、句法及语序类型特征》,《语言科学》2007 年第 4 期。

[50] 李云兵:《语言接触对南方一些民族语言语序的影响》,《民族语文》2008 年第 5 期。

[51] 李增祥:《突厥语族语言历史比较研究举要》,载中央民族大学突厥语言文化系《突厥语言与文化研究》(第二辑),中央民族大学出版社 1997

年版，第 38—48 页。

[52] 梁敢：《侗台语形容词短语语序类型研究》，《中央民族大学学报》（哲学社会科学版）2009 年第 4 期。

[53] 刘丹青：《吴语的句法类型特点》，《方言》2001 年第 4 期。

[54] 刘丹青：《汉藏语言的若干语序类型学课题》，《民族语文》2002 年第 5 期。

[55] 刘丹青：《语言类型学与汉语研究》，《世界汉语教学》2003 年第 4 期。

[56] 刘丹青：《汉语是一种动词型语言——试说动词型语言和名词型语言的类型差异》，《世界汉语教学》2010 年第 1 期。

[57] 陆丙甫：《从语义、语用看语法形式的实质》，《中国语文》1998 年第 5 期。

[58] 陆丙甫：《从宾语标记的分布看语言类型学的功能分析》，《当代语言学》2001 年第 4 期。

[59] 陆丙甫：《作为一条语言共性的"距离—标记对应律"》，《中国语文》2004 年第 1 期。

[60] 陆丙甫：《语序优势的认知解释（上）：论可别度对语序的普遍影响》，《当代语言学》2005 年第 1 期。

[61] 陆丙甫：《语序优势的认知解释（下）：论可别度对语序的普遍影响》，《当代语言学》2005 年第 2 期。

[62] 陆丙甫：《指人名词组合语序的功能解释》，《中国语文》2005 年第 4 期。

[63] 陆丙甫、罗天华：《"OV 蕴含 TV"的功能解释》，《汉语学报》2007 年第 2 期。

[64] 陆丙甫：《论"整体—部分、多量—少量"优势顺序的普遍性》，《外国语》2010 年第 4 期。

[65] 陆丙甫、金立鑫：《论蕴涵关系的两种解释模式——描写和解释对应关系的个案分析》，《中国语文》2010 年第 4 期。

[66] 罗天华：《SOV 语言宾格标记的考察》，《民族语文》2007 年第 4 期。

[67] 罗天华：《与标记、语序相关的几条句法共性》，《语言科学》2009 年第 3 期。

[68] 马德元：《汉语和维吾尔语的代词对比》，《语言与翻译》2005 年第 3 期。

[69] 马梦玲：《西宁方言 SOV 句式与境内阿尔泰诸语言语法比较》，《青海师范大学学报》（哲学社会科学版）2009 年第 2 期。

[70] 玛依拉·阿吉艾克帕尔：《维吾尔语名$_1$+名$_2$短语结构》，《民族语文》

2009 年第 5 期。

[71] 孟达来:《论阿尔泰语系语言的复数附加成分》,《满语研究》1996 年第 2 期。

[72] 孟和达来、黄行:《蒙古语族和突厥语族关系词的词阶分布分析》,《民族语文》1997 年第 1 期。

[73] 清格尔泰:《关于阿尔泰学的理论和方法》,《内蒙古大学学报》(人文社会科学版) 2003 年第 1 期。

[74] 沈家煊:《〈类型和共性〉评介》,《国外语言学》1991 年第 3 期。

[75] 沈家煊:《类型学中的标记模式》,《外语教学与研究》1997 年第 1 期。

[76] 沈家煊:《关于词法类型和句法类型》,《民族语文》2006 年第 6 期。

[77] 沈家煊:《语言类型学的眼光》,《语言文字应用》2009 年第 3 期。

[78] 史有为:《汉语方言"达成"类情貌的类型学考察》,载徐杰《汉语研究的类型学视角》,北京语言大学出版社 2005 年版, 第 86—123 页。

[79] 斯钦朝克图:《康家语概况》,《民族语文》2002 年第 6 期。

[80] 苏尼克:《通古斯—满洲语言》(引言),陈鹏译,载中国社会科学院民族研究所语言研究室《阿尔泰语文学论文选译》, 1980 年版,第 137—159 页。

[81] 孙竹:《论达斡尔族语言——兼谈达斡尔语与蒙古语的某些异同》,《青海民族学院学报》(社会科学版) 1983 年第 4 期。

[82] 斯仁巴图:《鄂温克语和达斡尔语、蒙古语的形动词比较》,《满语研究》2001 年第 1 期。

[83] 王远新:《突厥语族语言的后置词与词类分化》,《民族语文》1987 年第 5 期。

[84] 王远新:《突厥语族语言方位词的语法化趋势及其语义特点》,《民族语文》2003 年第 1 期。

[85] 王远新:《哈萨克语名词修饰语的语序特点》,《民族语文》2003 年第 6 期。

[86] 吴宏伟:《阿尔泰语系理论及其焦点问题》,《满语研究》1996 年第 2 期。

[87] 吴福祥:《南方民族语言动宾补语序的演变和变异》,《南开语言学刊》2009 年第 2 期。

[88] 吴福祥:《汉语伴随介词语法化的类型学研究》,《中国语文》2003 年第 1 期。

[89] 吾买尔·尼亚孜:《比较分析朝鲜语与维语尔语的词法结构》,《延边大学学报》(社会科学版) 2006 年第 1 期。

[90] 武·呼格吉勒图：《阿尔泰语系诸语言表示形容词加强语义的一个共同方法》，《民族语文》1996 年第 2 期。

[91] 乌尼尔其其格：《达斡尔语和维吾尔语谓语性人称附加成分的比较》，《新疆师范大学学报》（哲学社会科学版）2005 年第 2 期。

[92] 晓春：《蒙古语联系助动词"ge"和满语联系助动词"sembi"的比较研究》，《满语研究》2001 年第 1 期。

[93] 许伊娜：《阿尔泰诸语句法类型及副动词范畴》，《民族语文》2001 年第 1 期。

[94] 云晓：《蒙汉语语序比较》，《内蒙古民族师院学报》1988 年第 2 期。

[95] 余金枝：《矮寨苗语形容词修饰名词语序的类型学特征》，《中央民族大学学报》（哲学社会科学版）2004 年第 1 期。

[96] 余东涛：《类型学视野下的时间词研究》，《汉语学报》2006 年第 1 期。

[97] 张量：《中国突厥语言名词"人称"、"数"的比较研究》，《语言与翻译》1996 年第 3 期。

[98] 张亮：《中国突厥语格的比较》，《民族语文》1991 年第 2 期。

[99] 张晰：《从语言特征谈我国满—通古斯语言的分类》，《满语研究》1995 年第 1 期。

[100] 张世才：《维吾尔语语序刍议》，《语言与翻译》1999 年第 2 期。

[101] 张定京：《汉语与哈萨克语的语序》（上），《语言与翻译》2004 年第 4 期。

[102] 张定京：《汉语与哈萨克语的语序》（下），《语言与翻译》2005 年第 1 期。

[103] 赵斌：《中国各民族语言的语序共性分析》，《语言研究》1989 年第 1 期。

[104] 赵志忠：《满语与赫哲语之比较》，《满语研究》2003 年第 2 期。

后　记

阿尔泰语系分为突厥语族、蒙古语族和满—通古斯语族。我国境内的阿尔泰语系语言有 21 种,这些语言在类型上具有明显的一致性,都属于 SOV 型语言。从语言类型学常用的基本参项来看,阿尔泰语系各语言基本一致。因此,如果只是对阿尔泰语系的语序类型进行比较、描写,这对阿尔泰语系研究的意义不是很大。同时,阿尔泰语系内部也并不是完全一致,表现在名词、动词的形态变化上,突厥语族、满—通古斯语族的一些语言比较复杂,蒙古语族的名词、动词虽然也有系统的形态变化,但整体而言要比突厥语族、满—通古斯语族简单一些。而突厥语族和满—通古斯语族的形态变化也不是完全一样的,还存在着很多差异。另外,阿尔泰语系从表面看有着很大的一致性,那么制约这种一致性的内在动因又是什么?有没有一种内在的规律影响着阿尔泰语系语言的发展?这些都为阿尔泰语系的语序类型研究提供了着眼点。如果把阿尔泰语系的语序类型及其特点、动因都分析清楚了,那么,我们就有条件对国内汉藏语系和阿尔泰语系语言的语序类型进行综合的比较分析,这对分析语言的各种句法语义范畴都将会有很大的作用。这是一项巨大的工程,我个人的学识、能力还远远不能胜任这项工作。即使是对阿尔泰语系的语序类型分析,也只是一种大胆的尝试,由于缺乏语感,对许多复杂细微的语言现象还不能全面掌握,在分析一些语言现象时,常常感觉"力不从心"。阿尔泰语系的每一个方面都还有很多需要研究的地方,即使是本书的每一个方面,都可以再进行更深入的挖掘和探讨,这样才会更进一步发现阿尔泰语系中更多的语言现象,找出影响阿尔泰语系发展的语言规律。

本书是在博士毕业论文的基础上修改完成的。我是 2009 年考入中央民族大学的,师从覃晓航老师。最初在选定这个题目时,许多人不同意,但覃老师力排众议,坚决支持我写这个题目。他认为,阿尔泰语系应当进行语言类型学的研究,应该有这方面的研究成果。他帮助我分析论文的写作思路及其可能遇到的一些困难,鼓励我放开手脚,大胆地来做这项研究工作。论文框架拟定后给覃老师看时,他完全同意我的想法,嘱咐我要认真、严格要求自己,一定要写出一份让人满意的论文来。带着覃老师的鼓励和希望,我竭尽全力写出了论文初稿。谁能想到,他再也没能看到学生的论文，我再也不能从他那温暖的目光中得到只言片语的叮咛。如今，当我在泪光中写着这段文字时，我仿佛又看到了那张熟悉的笑脸，又听到了他那亲切的声音……覃劳师走了，学生无以回报，愿覃老师在天之灵看到学生这本书后能够点头微笑！

在此，我用下面这首小诗表达对覃老师的追思：恩师已乘仙鹤去，白云千里泪空流。桃李无声争吐蕊，愿洒芬芳满春秋。

论文的完成决不是一个人的事情，其中既有作者自己的思考，又凝聚着各位老师睿智的目光。论文初稿完成后，丁石庆老师在百忙之中给予批阅修改。丁老师逐字逐句进行审阅，尤其是阿尔泰语系各语言的例句，他都逐一核对，对不当和错误之处都一一指出，并提出了具体的修改意见。丁老师在提出修改意见的同时，还为我指出了今后努力的方向，鼓励我继续做下去。丁老师的无私指导让我既找到了自己的不足，又看到了未来的方向，可谓是终身受益。论文定稿后，丁老师又为我参加论文答辩做了周密的安排。在本书即将出版之际，丁老师在百忙之中又为本书写了序言，这让我再次感到了老师的温暖和仁爱。在此，学生深表感谢！

在最初确定论文题目的过程中，季永海老师、周国炎老师、王远新老师、胡素华老师、罗自群老师从不同角度提出了非常有价值的修改意见，特别是胡素华老师从类型学理论的角度提出了具体的建议，使我的思路一下子变得清晰了。我要感谢阿孜古丽老师，从她那里，我学到了维吾尔语，这为我论文的写作奠定了很重要的基础。我要感谢戴庆厦、罗自群、高娃、蓝庆元、聂鸿音、何思源等各位老师，他们在课堂上讲授的点点滴滴，都融入到了我的脑海中。他们那亲切的话语为我打开了一扇又一扇知识的门窗。这里还要特别感谢周国炎老师，正是由于他的多方协调，才使我能够顺利地进行论文答辩。

在答辩过程中，丁石庆老师、张公瑾老师、姚小平老师、赵明鸣老师、宝玉柱老师、周国炎老师都对论文的修改提出了具体的意见。宝玉柱老师在仔细审阅了我的论文之后，写出了长达数页的评论、意见和建议，尤其是从阿尔泰语系语言本体角度，提出了许多宝贵的意见。论文多处按照宝老师的建议作了修改。在此，向以上各位老师表示衷心的感谢！

同时，我还要感谢中央民族大学。在这座美丽的校园里，我完成了三年的博士学习生活。在这里，我尽享中央民族大学图书馆、国家图书馆、北大图书馆等各种学术资源，领略到了各民族的风采，尤其是领略到了各民族语言的风采。我终于有机会接触了维吾尔语、满语、朝鲜语、日语、壮语等语言。这既是我论文写作的基础，也是我永远享受不尽的财富。

我要感谢付广华、陈锋两位室友。他们孜孜不倦的求学精神、拼搏进取的顽强意志、乐于助人的高尚情怀，都深深地影响了我。感谢他们在日常生活中给了我无私的帮助。我还要感谢我的同学刘春梅、银莎格、刘朝华、李丽虹、王松涛、白色音等，是他们一次次的帮助，让我又感受到了同学间的坦诚、温暖、友情与无私，这些都是人生最宝贵的东西。我的心灵又一次得到了净化。我要永远保存这份真挚的记忆！

　　家人的帮助给了我无尽的动力。在论文材料整理、输入的过程中，我妻子做了大量的工作。在日常的生活中，她总是竭尽一切努力为我创造学习的条件，让我有更充足的时间投入到学习中来。感谢她默默无闻的支持！

　　再次感谢所有帮助过我的人们！